INTERPRETA TUS SUEÑOS

Sylvia Browne
En colaboración
con Lindsay Harrison

Interpreta tus sueños

En este mundo fascinante y desconocido se esconden las
soluciones para tu vida

URANO

Argentina – Chile – Colombia – España
Estados Unidos – México – Uruguay – Venezuela

Título original: *Sylvia Browne's Book of Dreams*
Editor original: Dutton, a member of Penguin Putnam Inc., New York
Traducción: Alicia Sánchez Millet

First published in the United States under the title SYLVIA BROWNE'S
BOOK OF DREAMS by Sylvia Browne and Lindsay Harrison.
Published by arrangement with Dutton, a member of Penguin Putnam Inc.

Copyright © Sylvia Browne, 2002
© de la traducción 2003 *by* Alicia Sánchez Millet
© 2003 *by* Ediciones Urano, S. A.
    Aribau, 142, pral. - 08036 Barcelona
    www.mundourano.com
    www.edicionesurano.com

ISBN: 84-7953-525-3
Depósito legal: B. 42.126 - 2003

Fotocomposición: Ediciones Urano, S. A.
Impreso por Romanyà-Valls, S. A. - Verdaguer, 1 - 08786 Capellades (Barcelona)

Impreso en España - *Printed in Spain*

DEDICATORIA

De Sylvia:
A mis amigos, familia, empleados y ministros
y muy especialmente a Montel Williams,
un amigo y una persona maravillosa y generosa,
no sólo conmigo sino también con millones de personas.

De Lindsay:
A mi madre, siempre,
y gracias de todo corazón a Bernie,
por ser nuestro «cazador de sueños».

Índice

EL SOÑADOR

Cruza mi puerta,
tejedor de tramas,
y tú también, viejo amigo,
con tantos sueños perdidos.

Ven a mi habitación,
donde se cuentan historias,
y olvidemos para siempre
las penas del ayer.

Ven aquí, doncel,
tú que llevas el mundo en tus ojos.
Ven aquí, doncella,
y por favor, no llores.

Pasa la gente,
jóvenes, mayores y ancianos,
y cada vida es
una historia que se ha de contar.

Para el oído atento
y para el corazón pleno
llega la esperanzadora ayuda
para soportar la fuerza del destino.

¡Ven a mi mundo,
oh, soñador de los sueños!
¡Ven a mi mundo,
oh, confabulador de tramas!

Nadie es demasiado pequeño,
ni demasiado grande,
que no pueda recibir
la gracia de Dios.

Ven, aventúrate,
agarra mi mano con valentía,
y llegaremos a la tierra prometida
de la que te hablé.

Deja que te ayude ahora
en la vida con todas sus penurias
y con todas sus alegrías,
y con el tiempo seremos libres.

Lo único que oirás
es la verdad perceptiva.
Lo que yo percibo por ti,
será una prueba evidente.

No existen alegrías
sin amargura.
¡Ven a mi habitación,
oh, soñador de los sueños!

Sylvia C. Browne

Introducción

Los sueños, así como todos los enriquecedores viajes que emprende nuestro espíritu cuando dormimos, me han apasionado durante más de treinta años. He estudiado cientos de investigaciones sobre los sueños. He explorado sueños con literalmente miles de clientes. He leído sobre la importancia de los sueños en muchas de las grandes obras espirituales del mundo; sólo la Biblia contiene 121 referencias. He dado conferencias sobre los sueños. He impartido cursos sobre la interpretación de los sueños. Y durante años me he prometido a mí misma que algún día escribiría un libro sobre los sueños que ayudara a simplificarlos, a hacerlos menos confusos, más accesibles y, ante todo, más reconfortantes, hasta que lleguemos a comprender que incluso nuestras pesadillas son una bendición.

El 11 de septiembre de 2001, nuestras vidas cambiaron para siempre, y todavía no hemos asimilado la magnitud que ha tenido dicho cambio. Al cambiar nuestras vidas, también lo hicieron nuestros sueños, a medida que intentábamos procesar la tragedia, el miedo, la pérdida, la tristeza, el valor, el orgullo, la unidad, y la palpable y exquisita fe en Dios y en cada uno de nosotros que estaba donde tenía que estar cuando la necesitamos, y que por siempre jamás estará presente. En todo este proceso, nuestros sueños también estuvieron y siguen estando presentes para ayudarnos a escapar, a volver a tener esperanza, a revivir y a desprendernos de lo peor de esta historia a fin de mitigar algo el sufrimiento durante el día; nos llevan al pasado y al futuro, e incluso a El Otro Lado, para obtener el tan necesitado consuelo de nuestros seres queridos, que silenciosamente nos ayudan a sanarnos y a seguir adelante. El número de clientes, cartas, llamadas y personas del público que querían y necesitaban hablar más sobre sus nuevos e intensificados sueños, me hicieron darme cuenta de que por fin había llegado el momento de cumplir la promesa que me había hecho a mí misma de escribir el libro que llevaba preparando durante casi la mitad de mi vida.

Quería que este libro recogiera algunos de estos sueños intensificados sin que llegara a convertirse en un libro sobre el 11 de septiembre, así que tanto en mis conferencias como en mi página web anuncié que me gustaría que el público me mandara sus sueños, para incluirlos en los archivos que he estado guardando durante todos estos años. Todos habéis respondido con vuestra habitual generosidad y apertura, por lo que os estaré siempre agradecida. En estas páginas encontraréis muchos de ellos, aunque no todos; he tomado las debidas precauciones para proteger vuestro anonimato, de modo que no tendréis que reivindicarlos como vuestros, salvo que así lo deseéis. El hecho de que tantas personas hayan confiado en mí, sabiendo que mi intención era publicarlos, es un honor que no tomo a la ligera y del cual nunca abusaré. Para aquellas personas cuyas cartas no aparecen aquí, os aseguro que las he leído todas (hay testigos que pueden confirmarlo), y si mi querido pero estricto responsable de la edición de este libro, Brian Tart, me hubiera dejado, habría estado encantada de incluirlos a todos.

Este libro es una recopilación de montañas de investigaciones, de archivos llenos de material de clases sobre sueños que yo había impartido, y de sueños que me habían enviado cientos de personas. Es un tributo a este fantástico e inexplorado territorio del cual estamos sólo arañando la superficie, este sorprendente fenómeno denominado «soñar» que todos tenemos en común. Os proporcionará percepciones sobre por qué soñamos, cómo liberar la negatividad mientras soñamos, cómo recopilar información, e incluso la razón por la que a veces se inmiscuyen monstruos y demonios. Os guiará a ansiadas reuniones con vuestros seres queridos que creíais haber perdido y a través de vuestra propia historia extraordinaria. Os ayudará a comprender que los sueños son un mundo en sí mismos, un mundo en el que vivimos durante casi seis años en una vida de duración media —y que siempre converge en el eterno «ahora» de Dios—, un mundo lleno de recuerdos de vidas pasadas, de problemas actuales y soluciones, y una intuición precognitiva sobre lo que nos puede deparar el futuro; un mundo donde los mensajes, las advertencias, la esperanza, la ayuda, los espíritus guía, e incluso una solución para la añoranza universal del Hogar, esperan pacientemente a que los descubramos.

Estoy convencida de que los sueños no son más que una dimensión de nuestras mentes, una dimensión que, cuando la vemos objetivamente, nos permite acceder a una rica gama de conocimiento. La mente inconsciente, que actúa cuando estamos dormidos, es el lugar donde se guardan nuestros recuerdos pasivos y la llave de acceso a los registros de todas nuestras vidas y de cualquier vida que hayamos vivido sobre la Tierra y en El Otro Lado. Los sueños son el camino hacia esa llave. Esa llave abre la puerta a una eternidad de sabiduría. Cuanta más sabiduría adquirimos, más comprensibles, útiles y sustentadores se vuelven nuestros sueños.

Gracias una vez más por los cientos y cientos de cartas; éste no es sólo un trabajo mío, es un trabajo en colaboración. Así que bienvenidos a *nuestro* «Interpreta tus sueños».

1

Los milagrosos viajes del sueño

Nada hay más fascinante, más personal y más exclusivamente nuestro que los viajes que emprenden nuestras mentes y espíritus mientras dormimos. Los sueños y otras aventuras nos confunden, nos alarman, nos preocupan, nos consuelan, nos divierten, nos alivian, nos informan, nos iluminan y, por encima de todo, nos mantienen más cuerdos y sanos de lo que jamás podríamos esperar si no los tuviéramos. Los viajes que realizamos durante el sueño, incluso las pesadillas, son regalos, son nuestros aliados, a los que hemos de dar la bienvenida en lugar de temerlos, y que merecen cualquier esfuerzo que hagamos para desvelar sus misterios y apreciar cada una de las valiosas lecciones que tienen que ofrecernos.

He estudiado el mundo del sueño y de los sueños durante más de treinta años. En el transcurso de estos estudios he leído mucha de la bibliografía que supongo también habréis leído vosotros, y con frecuencia al terminar su lectura he acabado más confundida que cuando la empecé. Algunos «expertos» juran que cada sueño encierra un gran significado cósmico, que comprenderíamos si fuéramos lo bastante inteligentes para descifrarlo. Otros están convencidos de que los sueños no tienen sentido, que son como pequeños espectáculos de revista que nos entretienen cuando dormimos. Mientras que otros se esfuerzan por hallar el simbolismo sexual de cada pequeño detalle de nuestros sueños (me hubiera encantado conocer a Sigmund Freud, aunque sólo fuera para poder decirle: «¿Cuál es su problema?»), y unos pocos genios llegan a insistir en que en el momento que nos quedamos dormidos, nos desintegramos en gotas de vapor y andamos errantes por el universo por razones que no me entran en la cabeza.

Podía haber tirado la toalla y olvidarme de todo este tema de los sueños por ser demasiado confuso para comprenderlo, de no haber sido por algunas realidades básicas sobre las que no tenía duda alguna. En primer lugar, y lo más importante: me eduqué con mi abuela Ada, una vidente y maestra brillante, que compartía conmigo su pasión por los sueños, especialmente los proféticos; yo la adoraba, y me enseñó que la mente subconsciente comprende su significado, tanto si la mente consciente lo entiende como si no.

Luego estaba mi pasión por las religiones del mundo, que me llevó a leer varias veces todas las grandes obras sagradas y a apreciar lo importantes que son los sueños en el maravilloso entramado que ha tejido cada una de ellas. Si la Biblia incluía esas 121 referencias, ¿cómo podía pasarlas por alto?

Además, quizá porque nací vidente, devoré todos los libros de los grandes videntes, desde Edgar Cayce hasta Arthur Ford y Ruth Montgomery, con la esperanza de no sentirme tan desorientada. Al mismo tiempo, debido a que mi curiosidad sobre el funcionamiento exacto de la mente humana era infinita (supongo que pensaba que *aprendería* a ser «normal»), leí cuanto libro caía en mis manos y tomé todos los cursos que pude sobre psiquiatría, psicología e hipnosis; incluso en ese proceso llegué a ser maestra de hipnosis e hice amigos de por vida con algunos de los mejores psiquiatras y psicólogos del país. Estoy segura de que hay algunos miembros de la comunidad psiquiátrica a los que no les gusta oír esto, pero la verdad es que el mundo de la psiquiatría y el de la videncia tienen mucho en común, incluyendo un profundo interés en desvelar y comprender los secretos ocultos en los sueños.

Cuando mi carrera como vidente ya estaba en marcha, aumentaba cada vez más el número de clientes que me pedían ayuda para interpretar sus sueños. En la mayor parte de las situaciones, no me importa lo más mínimo decir: «No lo sé». Pero cuando un cliente quiere y necesita algo de mí, le debo algo más que un encogerme de hombros y un simple «No sé qué decir». De modo que por el bien de mis clientes y por mi propia curiosidad insaciable me comprometí a hacer todo lo posible por desvelar los misterios de los sueños, hasta el punto que durante muchos años he tenido el placer de impartir cursos sobre la interpretación de los sueños que han tenido mucho éxito, a un número cada vez mayor de clientes que estaban tan fascinados como yo.

Un día me desperté tan impresionada por un sueño que acudí a uno de mis profesores en busca de ayuda, y el valor de descifrar un mensaje recibido en los sueños se hizo más evidente que nunca. Fue durante un período de grandes cambios en mi vida, que por cierto, es cuando nuestras aventuras suelen ser más vívidas, intensas y significativas. En aquellos tiempos combinaba mis dos carreras a tiempo completo, como vidente y maestra de escuela, tomaba un curso avanzado de hipnosis, y —lo peor de todo—, me encontraba en medio del desagradable divorcio de mi primer marido Gary (técnicamente, mi segundo marido, pero eso es otra historia para otro libro). No había disputas ni por el dinero ni por las propiedades, puesto que Gary y yo no teníamos ni dinero ni propiedades por las que luchar. Pero librábamos una gran batalla muy desagradable sobre la custodia de nuestros dos preciosos hijos, Paul y Chris, y nuestra preciosa hija adoptiva, Mary, y yo no estaba dispuesta por nada del mundo a que nadie en esta Tierra me separara de mis hijos. Fue una etapa dolorosa y terrible que todavía hace que se me cierre la boca del estómago cuando escribo sobre ella, treinta años después.

En mi sueño, en el momento álgido de mi miedo, estoy de pie en una clase, agarrando con fuerza a mis tres hijos, Paul, Chris y Mary, que están apiñados a mi lado; los cuatro estamos en el centro de un círculo protector que yo había dibujado en el suelo. Varias figuras andróginas no amenazadoras, que llevaban unas máscaras verdes sin rostro, caminaban en fila india alrededor del círculo, cantando: «Ten cuidado con el tres, ten cuidado con el tres», una y otra vez. Las figuras no era lo que me asustaba, sino su repetida advertencia, y me desperté con una gran sensación de impotencia y más asustada que en toda mi vida.

Me desperté y permanecí casi histérica el resto de la noche intentando descifrar ese «ten cuidado con el tres». ¿De qué «tres» se suponía que tenía que tener cuidado? Sin duda, no se trataba de los tres inocentes niños que intentaba proteger a toda costa. ¿Se trataba de una fecha para una futura vista sobre la custodia que no iba a ser favorable para nosotros, quizás el «tercer» día del mes, o «tres» meses más tarde? ¿Quizá mi ex marido había ingeniado «tres» cargos contra mí para intentar convencer al juez de que yo no era una madre apropiada? Pero lo más impensable, ¿estaba teniendo una premonición para que me fortaleciera emocionalmente porque iba a perder a esos «tres» niños, a lo cual estoy segura que no habría sobrevivido? Puede que pensara en un millar de posibilidades esa noche mientras me paseaba por la casa como una lunática, pero ninguna de ellas me parecía lo bastante correcta, mucho menos me ofrecía el tipo de ayuda que una advertencia debería proporcionar. Siempre he dicho que vigilaré atentamente a un enemigo, me pondré en guardia dispuesta a atacarle, pero no puedo hacer nada a menos que sepa qué o quién es.

Afortunadamente, en aquellos tiempos estaba estudiando un curso de hipnosis avanzada y mi profesor era un gran conocedor del funcionamiento del subconsciente, incluyendo los mensajes que éste envía a través de los sueños; todavía se encuentra entre los colegas en los que más confío y que considero con mayor intuición. Esa mañana le esperé en la puerta de su oficina. Cuando llegó, estaba tan desesperada que espero haberme podido controlar y no haber llegado a agarrarle por las solapas, pero todavía no estoy segura de no haberlo hecho. Pacientemente me llevó hasta la silla que tenía al lado de su mesa de despacho y simplemente me dijo: «Dime qué te pasa».

Le informé sobre la reñida batalla sobre la custodia de nuestros hijos que estaba consumiendo mi vida y luego le conté el sueño, con todos sus inquietantes detalles. No suelo llorar, sobre todo delante de otras personas. Esa mañana lo hice.

«Supongo que pensarás que una vidente no debería sentirse tan impotente —le dije—, pero, como sabrás, no tengo la menor videncia para mí misma. Si ese sueño intentaba decirme algo y pierdo la custodia porque no he entendido el mensaje, nunca me lo perdonaré. ¿Qué se me escapa, John? ¿Qué puede significar "ten cuidado con el tres"?»

Su sonrisa era paciente y compasiva. «Dime —me dijo—, ¿quién está luchando contra ti por la custodia? ¿Quién está intentando quitarte los hijos?»

Eso era fácil. «Mi ex marido, su madre y, lo creas o no, mi propia madre.»

En lugar de señalarme lo que era evidente, dejó que fuera yo misma la que me diera cuenta. Me llevó unos segundos, pero al final añadí: «En otras palabras, tres personas. Tres personas con las que he de ir con cuidado». Me invadió la sensación de alivio que se produce cuando se desvela algo que sabes que es cierto. El sueño no era una predicción terrible. No me estaba engañando con misteriosa información nueva en una especie de enervante juego de las adivinanzas. Sencillamente era aclarador y me recordaba que permaneciera alerta respecto a esas tres personas que estaban conspirando para utilizar a mis hijos a fin de hacerme daño.

Cuando me marché del despacho de John, sentí como si me hubieran sacado de encima todo el peso del mundo. El miedo que me había mantenido despierta y paseando durante la mayor parte de la noche fue substituido por un sentido de poder resolutivo, como cuando enciendes la luz y descubres que ese aterrador y oscuro monstruo que había en el rincón de tu dormitorio no era más que unos cuantos cojines apilados sobre una silla. A partir de ese día, mi abogado y yo prestamos todavía más atención a «los tres», y gracias a ello, ganamos. Se me concedió la custodia total de mis hijos. Gracias a Dios.

Si hubo algún acontecimiento que me ayudara a sellar mi compromiso para explorar el mundo de los sueños, hacer que su magia estuviera más al alcance de todos, fuera más comprensible para mis clientes y para mí misma, ese fue el sueño, sus consecuencias y todo lo que aprendí de esa experiencia.

Aprendí que existe una valiosa claridad que podemos hallar cuando dormimos, siempre y cuando dominemos su vocabulario y sepamos traducirlo.

Aprendí por experiencia propia lo perdidos, confusos y a menudo asustados que están mis clientes cuando vienen a verme en busca de ayuda para descifrar sus sueños, y le prometí a Dios y a mí misma que haría todo lo que estuviera en mi mano para que no se vinieran abajo.

Aprendí lo importante que es la objetividad a la hora de intentar averiguar el propósito del sueño, y lo fácil que es para la mente consciente complicar en exceso el significado de un sueño cuando, a menudo, la respuesta más sencilla es la correcta.

Aprendí, ante todo, que el mundo de los sueños es mucho más rico, variado y vasto de lo que jamás había imaginado, y que, tal como veremos a lo largo de este libro, los sueños no son más que el comienzo de ese mundo.

Lo esencial del sueño

Todos sabemos cómo debemos dormir, y también sabemos que es una necesidad biológica y psicológica. Pero en la década de 1950, los investigadores empezaron a realizar estudios formales, bien documentados y exhaustivos, sobre todo el proceso del sueño, y tras más de cincuenta años, los estudios continúan, demostrando lo infinitamente complejo que es en realidad este mundo.

He leído los resultados publicados de la mayoría de estos estudios. Algunos son fascinantes, mientras que otros francamente son tan aburridos, técnicos y están tan mal escritos que apenas he podido acabar de leerlos. Una gran parte de esas investigaciones aportan información valiosa acerca del sueño y sobre cuándo y cómo dormimos, que pueden ayudarnos a sacar el máximo provecho de esas preciosas horas en las que nuestra mente consciente se retira y cede el protagonismo al subconsciente y al espíritu.

Ahora ya es casi del dominio público que existen dos fases básicas del sueño: la fase REM, que son las siglas en inglés de «movimiento ocular rápido» (*Rapid Eye Movement*), y corresponde a la fase más ligera del sueño, y la fase del sueño de ondas lentas, que es el sueño más profundo y en el que el movimiento de los ojos y otras respuestas musculares son prácticamente inexistentes. Los sueños se producen en la fase REM, y cuando nos despertamos durante o inmediatamente después del sueño REM, es más probable que recordemos nuestros sueños.

La fase de sueño de ondas lentas supone un 75 por ciento de nuestro sueño, mientras que el 25 por ciento restante pertenece a la fase REM. Gracias a muchas mentes brillantes, a investigadores curiosos incansables y a los grandes avances tecnológicos en el campo de la medicina, también sabemos que nuestras ondas cerebrales fluctúan en ciclos de aproximadamente 90 minutos mientras dormimos. Las ondas cerebrales medidas mediante electroencefalogramas han reflejado gráficamente distintos niveles durante esos ciclos de 90 minutos:

> Nivel Beta: cuando estamos muy despiertos, activos y también alerta.
>
> Nivel Alpha: cuando estamos despiertos pero relajados, y mantenemos los ojos cerrados.
>
> Nivel Theta: cuando estamos muy somnolientos o a punto de quedarnos dormidos; generalmente estamos en la fase REM.
>
> Nivel Delta: cuando estamos profundamente dormidos y en la fase de sueño lento.

Una vez que alcanzamos el nivel Delta del ciclo, el orden se invierte y nuestro sueño se va volviendo de nuevo más ligero. Cuando nos despertamos sintiéndonos descansados y renovados, es muy probable que estos ciclos de 90 minutos se hayan producido sin interferencias ni interrupciones.

Los científicos han desmenuzado tanto los estudios de los ciclos del sueño, y sobre todo de la fase REM, que han descubierto que nuestros ojos se mueven en sentido horizontal mientras soñamos algo que vemos lateralmente, y que se mueven en sentido vertical cuando en el sueño miramos de arriba abajo. Afortunadamente, este asunto de que nuestro cuerpo traduzca los movimientos de nuestros sueños prácticamente se reduce a los ojos. Las mismas partes del cerebro que controlan nuestros ciclos del sueño son las que también inhiben nuestras otras actividades motoras. Esto explica por qué en el sueño relativamente superficial de la fase REM, cuando todavía estamos dormidos pero tenemos una vaga conciencia de lo que nos rodea, esporádicamente tenemos sueños en los que queremos correr desesperadamente pero nuestras piernas se niegan a moverse; es una combinación de la situación que se produce en el sueño y de la inhibición normal, temporal, de los movimientos corporales inducida por el mismo. Por frustrantes que puedan ser esos sueños, la otra alternativa sería que la biología no nos detuviera y que nuestros cuerpos salieran corriendo mientras estamos dormidos, lo cual sería peor, por no decir potencialmente peligroso, ¿no creéis? De hecho, hay una rara disfunción cerebral denominada «trastorno de la conducta durante la fase REM del sueño» que hace que las personas que la padecen reaccionen físicamente a sus sueños sin ser conscientes de ello, y al final acaban haciéndose daño a sí mismas o a alguien que se encuentre en su camino.

Puesto que un buen dormir depende del equilibrio natural y del buen fluir de los ciclos REM y de ondas lentas, y de los distintos niveles de actividad de las ondas cerebrales, os ruego encarecidamente que, a menos que un doctor cualificado os lo recete, no os automediquéis con fármacos ni toméis alcohol para dormir. Es muy posible que la automedicación os haga dormir más deprisa. Pero, os garantizo, y esto está demostrado por un sinfín de expertos e investigadores, que también trastornará el equilibrio de vuestros ciclos del sueño. O bien pasaréis demasiado tiempo en el nivel Theta, asediados por un aluvión de sueños que cuando despertéis os parecerá que habéis pasado la noche en una especie de extraña casa de los espejos, o estaréis demasiado rato en el nivel Delta, durmiendo tan profundamente y sin sueños que os levantaréis con sensación de resaca y emocionalmente vacíos.

Creedme, a pesar de algunos debates actuales entre un puñado de investigadores que creo que han enterrado su humanidad bajo una montaña de datos, no tengo la menor duda de que soñar es tan esencial como respirar. Tanto si recordamos nuestros sueños como si no, tanto si empezamos a comprender lo que significan como si no, éstos son una válvula de escape, un mecanismo de supervivencia absoluta, la forma que tiene nuestra mente de protegerse y conservar cierto sentido de equilibrio en un mundo que con frecuencia parece ofrecer muy poco de lo dicho. El investigador sobre los sueños William C. Dement dijo una vez: «Soñar nos permite a todos estar silenciosamente locos y sin peligro, todas las noches de nuestra vida». Estoy totalmente de acuerdo. Los sueños son tan necesarios que en los estudios clínicos se ha descubierto que, tras varias noches de privar a una persona de su fase REM, lo primero que hacen la mente y el cuerpo cuando se les permite dormir ininterrumpidamente es gratificarse con un espectacular aumento de duración y frecuencia de los ciclos REM para recuperar el tiempo perdido. Son tan necesarios que sin ellos, a la fría luz del día, podemos experimentar cualquier cosa, desde desorientación hasta incapacidad para concentrarnos o reaccionar con lógica ante la ansiedad, la depresión o las alucinaciones; en otras palabras, esas indulgencias, a menudo inquietantes, podemos expresarlas libremente y en privado mientras dormimos.

De modo que, antes de comenzar esta exploración juntos en el extraordinario e indispensable mundo de los sueños, lo único que os pido es que —no importa lo que descubramos, por oscuro, luminoso, extraño, gozoso, temible o triste que sea— recordéis que hemos de celebrar que soñamos, y os habéis de prometer que soñaréis con valentía y sin buscaros excusas. Empezad desde esta misma noche, y seguid durante el resto de vuestra feliz, saludable, espiritual y curiosa vida que Dios os ha dado.

2

Dentro del mundo de los sueños

Como ya he dicho antes, estoy segura de que hemos leído los mismos libros sobre la interpretación de los sueños, y a menudo he terminado tan perpleja como vosotros. Los libros que más me sacan de mis casillas son los que empiezan por hacer una apología de lo sencillo que en realidad es interpretar nuestros sueños, y luego empiezan a ofrecer unas explicaciones tan complicadas y enrevesadas de los símbolos de los sueños, que acabamos sintiéndonos impotentes o demasiado estúpidos para intentarlo. De modo que aclaremos un par de cosas desde el principio.

Por una parte, interpretar nuestros sueños no siempre es tan fácil. Al igual que muchas otras actividades, requiere práctica, tiempo, información exacta y voluntad para mantener una mente abierta y sincera. Generalmente, es más difícil interpretar nuestros propios sueños que los de los demás, puesto que con frecuencia estamos tan cerca de una situación que «los árboles no nos dejan ver el bosque». De modo que cuanto más objetividad podamos aportar al proceso, más probabilidades de éxito tendremos.

Por otra parte, rara vez existe sólo una respuesta «correcta» a lo que significa un sueño. Puede haber otras posibilidades diferentes, pocas, pero del todo cuerdas. Y, sinceramente, en la medida en que entendamos el mensaje general del sueño, no importa demasiado el sentido literal de los detalles.

Un ejemplo perfecto es el de una clienta que vino a verme hace algunos meses, justo cuando yo estaba empezando a escribir este libro. (Es sorprendente con qué frecuencia la vida me plantea situaciones pertinentes justo en el momento en que las necesito.) Estábamos en medio de una lectura* que nada tenía que ver con los sueños, cuando de pronto ella sintió la necesidad de contarme una pesadilla recurrente a la que se venía enfrentando desde hacía meses:

«Estoy atrapada en una pequeña habitación de paredes grises y sin ventanas —me dijo—. Tengo un bebé en mis brazos, a mí me encantan los bebés, pero éste no me produce ninguna dicha, me está poniendo nerviosa y me frustra porque tiene un apetito insaciable. Por más biberones que le doy, sigue pidiendo más y más, como si estuviera muy necesitado, pero creo que nunca podré satisfacerle. Me siento impotente y no sé qué hacer, porque soy responsable de este bebé, pero lo único que realmente quiero es dejarlo y que otra persona se haga cargo de él.»

¿El bebé? Su esposo. ¿El biberón? Su grave adicción al alcohol, que se niega a reconocer, y mucho menos a hacer algo para remediarla. O, quizá, también resultaría igualmente legítimo pensar que el bebé era ella, sintiéndose tan indefensa e impotente como un recién nacido ante el problema de alcoholismo de su marido. El hecho de que el bebé representara a él o a ella no era tan importante como la imagen repetida que recibía mientras dormía, sobre la verdad a la que no se podía enfrentar

---

* Para los lectores que no estén familiarizados con la autora, se refiere a las lecturas psíquicas o sesiones que ella realiza a sus pacientes, en las que lee toda la información que tenemos almacenada y a la que nuestra mente consciente no tiene acceso. (*Nota de la T.*)

cuando estaba despierta: se sentía atrapada en un matrimonio muy conflictivo que hacía mucho tiempo que había dejado de proporcionarle felicidad. Quería huir, pero su sentido de la responsabilidad no se lo permitía.

No capté psíquicamente esa información sobre el alcoholismo de su esposo. No hizo falta. Ella me lo había dicho al principio de la lectura. También me contó cuánto le amaba y que en realidad no era tan grave; sin duda, no lo bastante como para poner en juego su matrimonio. Éste era un buen ejemplo de lo que es estar demasiado involucrado en una situación para captar el mensaje de un sueño, y de cuánto más honesta es la mente del espíritu en el subconsciente, mientras la mente consciente está ocupada fabricando excusas y activando sus mecanismos de defensa.

Por cierto, ocho meses más tarde recibí una carta suya, en la que me decía que, tras repetidos rechazos por parte de su esposo a reconocer su problema de alcoholismo, mucho menos a ponerle una solución, y tras mucha terapia por su parte, le había dejado. No fue fácil, pero sabía que era lo correcto y lo más saludable que podía hacer. Me gustó especialmente uno de sus comentarios: «Francamente, si hubieras sido tú quien me hubiera dicho lo perdida que estaba, estoy segura de que me habría negado a aceptarlo. Pero, puesto que fui yo misma quien me lo dije, no podía negarlo».

Esto ilustra otro aspecto maravilloso que quiero presentar antes de empezar: nuestros sueños, y la mente del espíritu que está detrás de ellos, suelen ser mucho más inteligentes que nosotros, de modo que es una gran pérdida de tiempo no dominar su lenguaje y *escucharlos*.

El eterno propósito de los sueños

El hecho de que los seres humanos probablemente hayan intentado resolver los misterios de los sueños desde los albores de la humanidad debería inspirarnos en lugar de desanimarnos. Las interpretaciones escritas de los sueños se remontan a aproximadamente el año 4.000 a.C., pero incluso antes de esa fecha, las sociedades «primitivas» (a veces mucho más sabias que las «civilizadas», hay que reconocerlo) pensaron del mundo de los sueños que era nada más ni nada menos que una versión más poderosa del mundo real en el que pasaban sus horas de vigilia, de manera que esos mundos eran inseparables, interdependientes y de similar importancia.

Los antiguos romanos, que creían que los sueños eran mensajes de sus dioses, acostumbraban a confiar en el Senado para interpretar los sueños que parecían significativos, mientras que los griegos solían asignar intérpretes de los sueños a sus jefes militares para que les ayudaran. En África, los curanderos y chamanes buscaban en sus sueños claves que les permitieran diagnosticar y curar enfermedades. Los chinos y los mexicanos pensaron que el mundo de los sueños era una dimensión separada a la que el alma viaja cada noche, una dimensión donde sus antepasados los esperaban para compartir el consuelo y la sabiduría. Los egipcios creían que los sueños eran sagrados, y honraban a los sacerdotes encargados de interpretarlos. Casi quinientos años antes del nacimiento de Cristo, una reina del norte de la India llamada Maya tuvo un sueño una noche en el que jugaba con un elefantito blanco puro y perfecto. Al final del sueño la cría de elefante se introdujo en su vientre, y cuando Maya se despertó supo que había sido una señal de que algún día daría a luz a un niño igualmente puro y perfecto. Ese niño fue Siddhartha, que se convirtió en el brillante Buda, y así nació otra gran religión mundial, que, al igual que sucedería con el cristianismo, se basaba en prestar atención a un sueño de una promesa divina.

La extraordinaria espiritualidad de los indios americanos nativos también se ha reflejado desde tiempos antiguos en su profundo respeto por el mundo de los sueños donde vivían sus antepasados. De hecho, fue el pueblo ojibwa el que creó el cazasueños, una red bellamente tejida de aros de madera de sauce y cuerdas hechas de plantas con una pluma que cuelga de su centro montada sobre un aro. Según la leyenda, cuando el cazasueños se coloca en la cabecera de la cama de un niño dormido, atrae todos los sueños hacia él. Los malos sueños quedarán atrapados en la red, sin poder hallar la salida, mientras que los buenos sueños conocen el camino hasta el centro, donde se encuentran con la pluma y se pueden deslizar por ésta para entrar en la mente del espíritu del niño. Al amanecer, los rayos del sol brillarán sobre los malos sueños atrapados en el cazasueños y los disolverán para siempre.

Comparto estas anécdotas no sólo porque me gustan, sino también porque ilustran de una forma muy bella la infinita profundidad de la relación entre la historia de la humanidad y los sueños. Nuestra curiosidad por los sueños es inmemorial. Nuestros esfuerzos por comprenderlos son ilimitados. Nuestra necesidad emocional de tenerlos es innegable. Y, como descubriremos en los capítulos siguientes, el alivio psíquico que nos proporcionan nos permite acceder a nuestro propio poder extraordinario, a nuestra gran riqueza de talentos espirituales, a una eternidad de conocimiento, de recuerdos, de reuniones y de regresos al Hogar, y cada noche son una afirmación de la bendita inmortalidad que Dios nos ha otorgado.

Se calcula que cada noche soñamos durante un mínimo de dos horas. Si nuestro ciclo medio de vida en esta encarnación es

de setenta años, eso significa que pasamos 51.000 horas de
nuestra vida en presencia de Dios, explorando, aprendiendo,
vislumbrando el futuro o el pasado de seres queridos, vivos o
que están ya en El Otro Lado, a veces sin hacer más que eliminar cosas o resolver algún problema mundano, a veces salvando
alguna vida, volando con los ángeles, o recibiendo inspiración
divina que puede beneficiar a toda la humanidad. Cincuenta y
una mil horas llenas de respuestas, que sólo nos pertenecen a
nosotros, que están esperando a que las descifremos.

Las cinco categorías de los sueños

Tal como he dicho, he estudiado e investigado los sueños con
avidez durante treinta años, he desarrollado y revisado mi propia visión para interpretarlos, a medida que continuaba aprendiendo qué es lo que para mí tenía sentido y lo que no lo tenía.
Para ser sinceros, si algo no tiene sentido, no me importa lo sabio, inteligente o actual que pueda parecer sobre el papel o la la-
bia con la que se pueda transmitir en una conferencia o en una
cinta, porque en lo que a mí respecta, eso no sirve de nada. Me
encanta la lógica, cuanto más sencilla y más directa mejor;
constituye un elemento esencial en mi método para la interpretación de los sueños.

Además, no voy a negar que mis puntos de vista sobre el
mundo de los sueños se basan en otros dos puntales básicos que
impulsan e inspiran cada momento de mi vida cotidiana: mi
devoción incondicional hacia Dios, y la espiritualidad y los dones psíquicos que Dios me ha concedido. Esto no significa que
para beneficiaros de este libro tengáis que estar totalmente de
acuerdo con mi sistema de creencias. Sencillamente, os doy a
conocer cuál es mi postura y os pido que respetéis mi compro-

miso con ella, del mismo modo que yo lo haré siempre con la vuestra. Nunca diré que mi forma de interpretar los sueños sea la única correcta. Sólo la expongo como «mi» propia forma de hacerlo, con Dios, con espiritualidad y con una profunda lógica, a través de los ojos de una vidente, que es la única visión que puedo ofrecer. Creo de todo corazón que en algún lugar de estas páginas hallaréis algunas de las respuestas que habéis estado buscando respecto a la estrecha relación que tenéis con vuestros sueños, o al menos, espero que disfrutéis intentándolo.

Así que, teniendo todo esto presente, empezaré, lógicamente, con el primer paso que sigo para entender cualquier sueño: responder a la pregunta clave: «¿Qué tipo de sueño es?»

Es una agradable sorpresa comprobar con que facilidad llega la respuesta a esta pregunta, una vez que sabes que simplemente tienes que preguntarlo. Y es asombroso lo que se facilita la interpretación de un sueño y de las emociones que éste puede dejar, cuando lo hemos situado en su contexto.

Toda experiencia de un sueño pertenece a una de estas cinco categorías:

El sueño profético
El sueño liberador
El sueño de deseo
El sueño de información o de resolución de problemas
Las visitas astrales

Ésta es una breve historia personal respecto al valor de clasificar un sueño. Desde mis veinte y pocos años he tenido una pesadilla esporádica recurrente. Estoy de pie en un campo abierto, una interminable manada de caballos blancos y fuertes me está pisoteando. Curiosamente, no me hacen daño y no parecen amenazadores, sencillamente me están sepultando, aunque siempre soy consciente de que estoy en ese campo abierto, en medio del camino de esos caballos, por voluntad propia. No es exactamente miedo lo que siento, sino indefensión e impotencia.

Antes de saber que existían diferentes tipos de sueños, no podía entender ese sueño en mi vida. Pero una vez que aprendí a preguntarme qué tipo de sueño era y qué tipo de sueño no era, resultó mucho más fácil. ¿Un sueño de deseo? Lo dudo. ¿Un sueño profético? No lo creo. ¿Un sueño de información? No, puesto que no obtenía ninguna información nueva del mismo. ¿Un sueño de resolución de problemas? Probablemente no, puesto que no hacía nada para intentar detener a los caballos o huir de ellos. Sin duda, podía asegurar que tampoco era una visita astral. Pero donde sí encajaba perfectamente era como sueño liberador. Esta supuesta pesadilla era, en realidad, la mente de mi espíritu que hacía ondear una bandera roja para alertarme de que tenía una sobrecarga de cosas. Es cierto que tengo la bendición de vivir una vida entregada a Dios, a la espiritualidad y al uso de mis facultades psíquicas de todas las maneras posibles para intentar dejar este mundo un poco mejor que como lo encontré. Al mismo tiempo, soy la madre y abuela más comprometida y apasionada con su papel, que jamás hayáis conocido. Mentiría o estaría loca si dijera que nunca me siento desbordada. ¿No es perfectamente lógico que lo que me asfixia en este sueño no sea una horda de oscuros, viciosos y dañinos monstruos, sino una manada de hermosos caballos tan fuertes, puros, poderosos y magníficos como las fuerzas que me guían? Gracias a que aprendí a clasificar los sueños antes de intentar descifrar su significado, comprendí que mi «pesadilla» recurrente era una bendición; la mente de mi espíritu exhalaba un suspiro de cansancio diciendo: «En tu caso yo reduciría un poco la marcha».

Una vez más, saber qué *tipo* de sueño estoy intentando interpretar es siempre mi primer paso para descifrar sus misterios. Es más sencillo de lo que imagináis, puesto que cada una de las cinco categorías tiene sus propias características, comenzando por la que muchas personas tienen la bendición de experimentar, aun cuando parece una maldición: el fascinante sueño profético.

3

Sueños proféticos: presenciar el futuro durante el sueño

«Me encontraba en un lugar no muy bien iluminado, pero no era tenebroso. Era como un auditorio, y Sylvia estaba hablando en él. O para ser más exactos, era su guía Francine la que hablaba a través de ella. Había una audiencia, todos parecían estar en trance. Y había una anciana menuda delante de mí. Hacía preguntas tontas y yo me estaba impacientando. Mi reloj de pulsera y el reloj de pared marcaban las doce menos un minuto. Ya no me quedaba tiempo para preguntar nada y Sylvia se levantó para marcharse. Entonces me miró directamente a los ojos y dijo: "No vayas a Nueva Jersey el 10/7. Reza por Nueva Jersey el 10/7". Me quedé preocupada al oír esto y me acerqué a mi madre que estaba entre el público. La rodeé con mis brazos y le dije: "No te preocupes, mamá, no iremos a Nueva Jersey el 10/7". Mi madre me abrazó y le di un beso en la frente. Empezó a llorar. Entonces una señora que estaba detrás de ella se despertó y me miró a los ojos. Le repetí el mensaje: "No debes estar en Nueva Jersey el 10/7. Reza por Nueva Jersey el 10/7". La señora se puso histérica y empezó a llorar. Entonces las palabras y la emoción se apoderaron del público y todos se pusieron histéricos y empezaron a llorar.»

Ese sueño me lo mandó a mi despacho una mujer llamada Kathryn. Es un ejemplo clásico de sueño profético. Es también un ejemplo clásico del cuidado que ha de tener el soñador y el resto de las personas para no sacar conclusiones precipitadas y tener reacciones exageradas cuando se presenta este tipo de sueños.

Todo sueño profético tiene dos cualidades en común. En primer lugar, aunque Kathryn no lo mencionara, siempre son en color, nunca en blanco y negro. En segundo lugar, la acción en el sueño es secuencial, un acontecimiento detrás de otro, uno conduce al siguiente, en una especie de orden lógico. A diferencia de otro tipo de sueños disparatados, incoherentes, que pueden ser muy divertidos, los proféticos se desarrollan en forma de historias paso a paso y, gracias a eso, en general, la mente consciente les puede seguir la pista más fácilmente cuando el soñador está despierto. Tal como veremos en los próximos capítulos, no todo sueño secuencial o en color es un sueño profético. Pero todo sueño profético es secuencial y en color.

También hay un problema común con los sueños proféticos, éste inclusive, y es justamente la razón por la que me opuse con todas mis fuerzas a proponer una evacuación del estado de Nueva Jersey el 10 del 7: a menudo son demasiado poco específicos como para suponer una ayuda real. No cabe duda de que el sueño de Kathryn suena a advertencia. Pero ¿a quién va dirigida? ¿Es un peligro que aguarda a Kathryn, o a su madre, o a las dos en Nueva Jersey el 10/7 que evitarán si no van a ese estado en esa fecha? ¿O se trata de un peligro más general que puede afectar a los residentes de Nueva Jersey el día 10 del 7? ¿De qué se trata? ¿Dónde se centra? ¿Y qué es lo que se puede hacer, si es que se puede hacer algo para prepararse o evitarlo?

Desgraciadamente, hay posibilidades de que algo horrible le suceda a alguien en Nueva Jersey el 10/7. Cuando suceda, sería demasiado fácil para todos los que conocemos el sueño levantarnos y decir: «¡Ajá! ¿Lo ves? ¡Ese sueño tenía razón!» Repito, cuando un sueño o una predicción es tan general, también es probable que se refiera a alguna situación, de alguna manera y en algún lugar. Por lo tanto, si deducimos que 10/7 significa 10 de julio, ¿no sería útil saber de qué año? ¿Quién puede decir que el 10 del 7 no hace referencia al mes de julio del 2010? Por no empezar a especular si hace referencia a las 7.10 de la mañana, o a las 7.10 de la tarde, en lugar de tratarse de una fecha. ¿Entendéis lo que quiero decir? Cuanto más lo analizas, menos «obvio» y más confuso se vuelve el sueño. No es de extrañar que Kathryn estuviera preocupada. Sólo le habían revelado una parte de alguna advertencia sobre un oscuro futuro, sin apenas suficiente información para hacer algo al respecto. Aplaudo su valor y su impulso humanitario de compartir los detalles que se le habían revelado, por si acaso.

Una mujer a la que simplemente llamo Ellen tuvo un sueño profético igualmente preocupante, con ramificaciones todavía más sorprendentes: «En el mes de junio de 2001 tuve un sueño al que no he dejado de darle vueltas desde entonces. Mi marido y yo íbamos en un coche, él era quien conducía, lo cual era asombroso, porque tiene una discapacidad física y nunca ha conducido. El cielo se estaba cubriendo, como si se acercara una tormenta de verano. Le sugerí que diéramos la vuelta y regresáramos a casa. En el camino de vuelta a casa el cielo estaba cada vez más oscuro y soplaba un fuerte viento. A lo lejos se veía el perfil de una ciudad, con sus altos edificios al fondo, como la escena de la Ciudad de Esmeralda de la película *El mago de Oz*. Cuando nos acercamos a esa ciudad, pude ver dos grandes "columnas", que en aquel momento supuse que eran tornados. El

cielo ya estaba completamente negro, sin embargo esas dos torres estaban en llamas, tenían fuego en la parte superior. Conti-
nuamos conduciendo hacia ellas y encontramos a una familia
(un hombre, una mujer y un niño) en el arcén de la carretera en
un camión Ryder de alquiler, de color amarillo brillante. Les
preguntamos si querían subir a nuestro coche. Nos dieron las
gracias y se montaron en la parte posterior del camión para protegerse. Mientras tanto, le dije a mi esposo que necesitaba ir al
aseo, pero no había ningún sitio donde parar. Divisé una casa
al frente y le dije que se detuviera allí para preguntar si podía
ir al retrete (algo que no haría jamás en la vida real). En la casa
vi a una mujer sentada en una mecedora leyendo un libro. Le
pregunté si me dejaba usar su servicio, y amablemente me invitó a pasar. Estaba muy tranquila y no parecía preocupada por la
"tormenta" que se estaba avecinando fuera. Tras usar el servicio,
le di las gracias y le pregunté si no le importaba quedarse allí.
Recuerdo que le dije que nunca había visto nada semejante, le
pregunté si era algo más que una tormenta y luego si tenía miedo. Su respuesta fue: "¿Por qué? Claro que no. ¿Y por qué lo tienes tú?". Le pregunté si eso era el final del mundo y en ese momento me miró por primera vez y me dijo: "Sí, tal como yo lo
conozco". Me desperté con esa alarma, temblando e intentado
poner en orden las piezas. Una tarde, la semana pasada, mientras miraba las escenas de devastación de las Torres Gemelas,
volví a recordar el sueño, pero con mayor intensidad. Empecé a
temblar. No puedo entender por qué he sido yo la que he tenido este sueño. Si tengo alguna facultad latente para predecir el
futuro, me gustaría saber cómo puedo usarla para poder ayudar».

Ellen no es más que uno de mis muchos clientes que tuvo
algún tipo de sueño profético respecto a la atroz tragedia del 11
de septiembre. Sí, en resumidas cuentas ésa era la esencia de ese

sueño: Ellen indudablemente vio el ataque, y cuando miró la televisión el sentimiento que tuvo era correcto: esas dos «columnas» en llamas del sueño eran las Torres Gemelas. Ellen, como cualquiera que haya tenido un sueño profético sobre el 11 de septiembre, no debe recriminarse nada porque sabe que no recibió suficiente información para haber podido evitar de algún modo la tragedia, y porque durante el sueño su actitud era amable, solidaria y se preocupaba mucho por la gente. De hecho, salvo raras excepciones, todos mis clientes que han compartido sueños proféticos conmigo durante todos estos años están muy interesados en saber cómo utilizarlos para ayudar a los demás, y que Dios los bendiga por su bella y compasiva humanidad.

Quiero recalcar varios puntos importantes:

Por una parte, quiero ser muy sincera, y aunque ya he dicho esto en la televisión nacional, también quiero decirlo por escrito, puesto que este tema está tan presente en nuestras mentes. Aunque soy vidente, en ningún momento vi el ataque terrorista del 11 de septiembre. La semana antes soñé con fuego varias veces, pero pensé que quizá se podría provocar algún incendio en la casa de alguno de mis hijos y sencillamente les advertí que tuvieran especial cuidado. Yo he vivido mi parte de agonía respecto al 11 de septiembre, deseando que quizá de alguna manera hubiera podido evitar que alguna de esas personas fueran a trabajar ese día o que no hubieran tomado el avión. Pero no fue así, y tengo mis propias ideas sobre cuál puede ser la razón, que mencionaré brevemente. Ninguna de esas ideas, sin embargo, elimina por completo la intensa desolación que todos hemos sentido desde esa horrible mañana, y mis oraciones por los seres queridos de las víctimas, por nuestros incontables héroes y por todos los que adoramos a un Dios afable se elevan constantemente entre millones de plegarias.

Por otra parte, no quiero que tengáis la idea falsa de que

no podéis tener sueños proféticos porque nunca habéis tenido signos de predecir el futuro en estado de vigilia. Yo paso la mayor parte de mi tiempo de vigilia haciendo de profeta, pero jamás he tenido un sueño profético. Mi espíritu guía Francine siempre me recuerda que si no hubiera diferencia entre nuestra mente en estado de vigilia y nuestra mente cuando estamos dormidos, todos estaríamos locos. He de admitir que tiene razón. He aprendido a bendecir mis dones psíquicos y a estar agradecida por ellos, pero creedme, estoy igualmente agradecida por el descanso nocturno que tengo de ellos. Los dones son dones, tanto si se manifiestan cuando estás despierto como si lo hacen cuando duermes, de modo que hemos de aprender a aceptarlos cuando quiera que aparezcan.

Una cosa más, un consejo de alguien cuya vida cotidiana está muy dedicada al futuro: las personas que tenéis sueños proféticos habéis de protegeros de la frustrante ansiedad que ese don particular os puede crear. Como ya he dicho en algunas conferencias y también lo he puesto por escrito muchas veces, si queréis volverme verdaderamente loca, empezad a mostrarme todos los días accidentes de aviación y de automóvil, asesinatos y desastres naturales, pero no me digáis el número del vuelo, la descripción del coche, la identidad de la supuesta víctima o el lugar del desastre natural, porque saldré corriendo a la calle agitando los brazos como una histérica y gritando: «¡Atención todo el mundo!» Eso nos haría mucho bien a todos, ¿no es cierto?

Comienzo todos los días con la misma plegaria y os la recomiendo a todos los que tengáis sueños proféticos, para evitaros un montón de lágrimas de desesperación:

«Querido Dios, si me has elegido para mandarme un mensaje sobre el futuro que se supone que he de utilizar para beneficiar a alguien, por favor dame suficientes detalles para poder ayudar. Si esos detalles van a permanecer ocultos, por favor evítame el mensaje. Pero si hay algo más que quieres que sepa, o algo que quieres que haga, por favor haz que se repita el sueño, de la forma que creas conveniente, para que lo pueda entender y ponerme a tu servicio.»

Ofreced esta oración cada noche antes de iros a la cama. Ayuda a eliminar mucha confusión, y también a que los detalles importantes de los sueños proféticos aparezcan con la suficiente claridad para que podáis hacer algo con ellos. En el caso de Kathryn, por ejemplo, cuyo sueño hemos mencionado antes, es posible que no vuelva a tener el mismo sueño específico a raíz de esta oración. Pero puede tener otros, donde los números 10/7 aparezcan en forma de un número de teléfono, de dirección de una calle, de factura de una tarjeta de crédito o de algo similar, y los detalles por los que había estado rezando empiecen a revelarse, *si se supone que ha de recibirlos y actuar al respecto.*

En primer lugar, si explico de qué manera son posibles los «flashes» que tenemos sobre el futuro, eso debería ayudarnos a aclararnos por qué no siempre se nos da tanta información como sentimos que necesitamos cuando los tenemos. Creedme, no son tan al azar ni aleatorios como imagináis.

De dónde vienen los sueños proféticos

He escrito mucho sobre este tema en otros libros, especialmente en *The Other Side and Back*, de modo que aquí seré lo más breve posible respecto a esto. Antes de que cada uno de nosotros elija venir a la Tierra desde El Otro Lado para vivir otra encarnación, escribimos un detallado mapa para esta vida que nos asegure que cumpliremos todas las metas que nos hemos propuesto. En ese mapa lo incluimos todo, desde nuestros padres, hermanos y hermanas, amigos y cónyuge hasta nuestras alegrías y tragedias, enfermedades, retos, preferencias y aversiones, las elecciones buenas y malas que hacemos durante el camino, e incluso nuestro «punto de salida», o el momento preciso y el modo en que nos marcharemos de aquí para regresar al Hogar. Todos hemos llegado habiendo elegido cinco Puntos de Salida, y podemos elegir cualquiera de ellos dependiendo de si hemos cumplido suficientes metas de las que nos habíamos propuesto para esta vida.

Cuando vemos algún acontecimiento futuro despiertos o dormidos, como la muerte de alguien, lo que significa es que telepáticamente hemos sintonizado con un mapa o los mapas, o el Punto de Salida de otra persona, o incluso, a veces, con el nuestro. Monika, por ejemplo, escribió: «Mi amigo Stefan está muy enfermo. Ha empezado a tener un sueño recurrente donde se ve en su fiesta de su cincuenta y cinco cumpleaños, y todos los invitados son seres queridos que ya han fallecido». No es muy frecuente que podamos leer nuestros propios mapas (nunca he conocido a un vidente que pueda serlo consigo mismo, incluida yo), pero Stefan sabe que eligió un Punto de Salida en su cincuenta y cinco cumpleaños, o muy cerca de esa fecha, y se le está dando este sueño profético recurrente para que pueda prepararse y consolarse con los felices encuentros con los que le están esperando a su regreso al Hogar.

Quisiera que entendieseis, y os lo dice de todo corazón una persona que siempre se está debatiendo con este tema, que no todo mensaje profético se va a producir, justamente porque *los que recibimos estos mensajes no debemos intervenir en ningún mapa ni Punto de Salida.* Es así de simple, y, a veces, de descorazonador. De modo que os recomiendo encarecidamente que prestéis mucha atención a vuestros sueños proféticos. Conseguid tantos detalles como podáis, y seguid rezando para que se os revelen todos los datos que sean necesarios para que os sean de utilidad si sentís que es importante o urgente para lo que se os ha mostrado. Pero, si al final, os dais cuenta de que no habéis podido evitar algún desastre, avisar o proteger a alguien de algún peligro, porque no habéis podido ser lo bastante específicos, no perdáis ni un minuto culpándoos. Sólo significa que quienquiera que tuviera que haber sido avisado o protegido tenía que ceñirse al resultado que se había asignado en su mapa mucho antes de venir aquí.

Otro problema al que os enfrentáis muchas de las personas que tenéis sueños proféticos es la tendencia a simpatizar hasta tal punto con el mapa o Punto de Salida de otra persona que no podéis permanecer al margen ni ser objetivos. Un ejemplo excelente es el de una clienta a la que llamaré Karen: «En un sueño muy vívido, yo era un hombre de mediana edad, ligeramente obeso, y trabajaba en una oficina que tenía paredes de cristal por todas partes. Me levantaba de mi mesa, caminaba por el despacho y cerraba las persianas. Luego volvía a mi mesa, cogía la pistola que tenía encima de la misma, me ponía de pie al lado de la mesa y me disparaba en el estómago. Pude sentir la entrada de la bala, me apreté el estómago y caí al suelo. Luego sentía que iba a la deriva mientras me desangraba hasta morir. En el momento de quedarme inconsciente me desperté. A la mañana siguiente una compañera de trabajo recibió una llamada telefónica para comunicarle que la noche anterior su hermano se había pegado un tiro y había muerto, bajo circunstancias igualmente inquietantes».

Karen, y cualquier otra persona que se haya visto personalizando el futuro de otra persona, ha de pedirle a Dios que la ayude a mantener una sana separación de sus sueños, y nunca irse a dormir sin antes haberse entregado a la luz blanca del Espíritu Santo, como todos deberíamos hacer varias veces al día como hábito de protección.

No puedo dejar el tema de los mapas y de los Puntos de Salida sin prestar atención a la pregunta que me han hecho un millar de veces desde el 11 de septiembre de 2001: «¿Estás diciendo que esas víctimas inocentes del ataque terrorista *eligieron* morir de ese modo?» La respuesta es sí. Eso es justamente lo que estoy diciendo. Puede que creerlo nos cueste el resto de nuestra vida y de la vida de nuestros hijos y nietos, pero llegará un día en que empezaremos a comprender la enormidad de nuestro crecimiento espiritual, humanitario, de honradez, de integridad, bondad, compasión y sentido de unidad que inspiraron los acontecimientos de esa mañana. Y podemos dar las gracias a esos miles de espíritus iluminados y muy avanzados que aceptaron, mucho antes de nacer, hacer ese sacrificio para un bien que ahora sólo podemos empezar a imaginar. Por favor, no perdáis el tiempo preguntándoos cómo pudo Dios «dejar» que pasara semejante tragedia. No pudo. No lo hizo. Al igual que con todos los grandes males, ése fue estrictamente humano y define al mundo como un mundo «sin Dios». Dios está en la repercusión de esos hechos y en su bienvenida con su amor eterno a todas aquellas espléndidas almas que regresan al Hogar.

Dios y las profecías

Jane escribió recientemente: «He tenido muchos sueños proféticos. Pero, debido a lo que me han dicho de pequeña y a mis propias creencias, a veces no sé qué hacer respecto a mis preocupaciones sobre si estos sueños son malos y si me dirijo hacia lo que Dios quiere de mí».

Una carta más detallada de Tammy dice así: «Desde que puedo recordar he visto, mientras dormía, muertes futuras, problemas médicos, e incluso a los propios muertos. Vi la muerte de mi suegro en sueños antes de que se produjera. Hace unas pocas semanas estaba en Maine y vi a una mujer, que yo sabía que estaba muerta, de pie en un camino. He soñado enfermedades de seres queridos antes de que se las diagnosticaran. Mi problema es que no entiendo si estos sueños son un don de Dios u obra del diablo. Fui educada en un entorno cristiano, pero no puedo hablar de esto en la iglesia sin ser juzgada o que me hagan sentirme como si estuviera loca. ¿Puedes ayudarme? Si los sueños sobre el futuro realmente son obra de Dios, ¿qué prueba tengo para que me respalde?».

Para empezar, quisiera hacerte comprender que yo no creo en absoluto en el «diablo». Tal como decía antes, estoy convencida de que la mayoría de las entidades malignas que existen lo hacen en forma humana, no en espíritu, y sin duda, no son lo bastante poderosas para concederle a nadie el don de los sueños proféticos. En mi libro *The Other Side and Back*, en el capítulo titulado «El lado oscuro» explico mi visión sobre el mal, y por eso no voy a hablar de ello aquí. Pero, dado que Jane, Tammy y tantos otros clientes que se hacen esta misma pregunta resulta que son cristianos, y puesto que yo soy cristiana gnóstica y una ávida estudiante de la Biblia, entiendo cuántos puntos de vista aparentemente conflictivos hay en los distintos libros bíblicos respecto a la relación entre Dios y aquellos a quien Él les ha dado el don de la profecía. Veamos el Levítico 19,31, por ejemplo, que reza: «No vayáis en busca de magos ni consultéis a adivinos, porque seréis por ellos corrompidos». O Jeremías 27,9, que dice: «...no prestéis oído a vuestros profetas, ni a vuestros adivinos, ni a vuestros intérpretes de sueños...»

Por una parte, vemos los amados y devotos sirvientes de

Dios cuyos sueños forman parte de la esencia de nuestra fe. Jacob, en Génesis 28,12: «Y vio en sueños una escala fija en la tierra, cuyo remate tocaba el cielo, y ángeles de Dios que subían y bajaban por ella». En el capítulo 37 del Génesis comienza la historia de José, hijo de Israel, cuya facultad para interpretar sueños le elevó de prisionero a virrey de Egipto, y según Génesis 39,21: «El Señor asistió a José, y compadecido de él…». Fue a través de grandes profetas como Moisés, Samuel y Elías como Dios habló a su pueblo. Y como cristiana, no puedo ver otra cosa que la profecía más divina en Mateo 1,18-24: «Estando desposada su madre María con José, antes de que conviviesen se halló que había concebido en su seno por obra del Espíritu Santo. Mas José, su esposo, que era justo y no quería denunciarla públicamente, deliberó repudiarla en secreto. Estando él en este pensamiento, he aquí que un ángel del Señor se le apareció en sueños, diciendo: "José, hijo de David, no temas recibir a María tu esposa, porque lo que se ha engendrado en ella es obra del Espíritu Santo. Y dará a luz un hijo, a quien pondrás por nombre Jesús [Salvador], pues él salvará a su pueblo de sus pecados". Con eso José al despertarse hizo lo que el ángel del Señor le había ordenado, y recibió a su esposa».

En otras palabras, sugerir que los profetas y los sueños proféticos proceden del mal es sugerir que fue el «diablo», en lugar de Dios, quien envió un ángel a José mientras dormía para anunciarle el futuro nacimiento de Cristo, y que, de hecho, la mayoría de las grandes religiones del mundo, con los profetas en el centro, son todas ellas algún complot inexplicable de Satán. ¿Tiene eso sentido para vosotros? Para mí tampoco. Os ruego que confiéis en mí cuando os digo que es Dios el que nos da todos estos dones, incluyendo el de la profecía. Es la forma en que los utilizamos lo que determina si son «buenos» o «malos». Os prometo que, si no supiera con absoluta certeza que mi vida como vidente es un don de Dios y que gira en torno suyo, al momento la abandonaría e intentaría hallar la forma de devolver todo el dinero que he conseguido con esta profesión. Soñad vuestros sueños proféticos sin temor, apuro ni miedo de desagradar a Dios. Dadle las gracias por haberos dado ese don y dedicádselo a Él para que se cumpla su divino y amoroso propósito.

Cuando los sueños proféticos se «equivocan»

Pongo «equivocan» entre comillas porque en realidad no existe el «acertado» o el «equivocado» en el mundo de los sueños. Puede haber confusión, mensajes mal interpretados, imágenes que convergen, y multitud de conclusiones que, aunque lógicas, sean una mala interpretación. Todas estas cosas ocurren por una serie de razones, desde que nuestras mentes conscientes combinen sin darse cuenta dos o más sueños en uno, o nuestra tendencia natural a proyectar nuestros miedos en la interpretación de los sueños, hasta el simple hecho que recordamos mucho menos de nuestros sueños de lo que pensamos. Los investigadores sobre los sueños calculan que perdemos la mitad de lo esencial de un sueño cinco minutos antes de que termine, y que transcurridos diez minutos hemos perdido casi el 90 por ciento. No es de extrañar que tantos de nuestros sueños nos parezcan tan confusos a la fría luz del día.

El sueño de una mujer llamada Wendy ilustra perfectamente este punto. «Soñé que mi marido conducía por cierta carretera y que su coche se estropeaba. (Creo que era un reventón.) Salió del coche para cambiar la rueda, y alguien que llevaba una máscara de payaso se detuvo para ayudarle y le hirió gravemente. Le conté el sueño a la mañana siguiente. Unos días más tarde se encontraba en la misma carretera con su buen amigo. Su amigo se levantó el pantalón para enseñarle a mi marido su nuevo tatuaje, y era el mismo payaso aterrador que yo había visto con la máscara en mi sueño. El coche no se estropeó y su amigo jamás le ha hecho daño. ¿Por qué mis sueños son a menudo medio proféticos y medio incorrectos?»

¿Entendéis lo que quiero decir? No hay nada «malo» en ese sueño. La imaginería es muy clara y concisa, sencillamente está transpuesta. Ella vio la carretera donde estaría su esposo, vio a otra persona con él, y vio la imagen del aterrador payaso relacionada con esa otra persona. Como intérprete de sueños, puedo prometerle a Wendy que sencillamente está experimentando la versión profética del sueño de una metáfora mezclada. Como vidente, puedo prometerle que su instinto es correcto: su esposo no corre peligro con su amigo. Simplemente me aseguraría de que empieza a ser más diligente en lo que se refiere a la revisión de las ruedas de su vehículo.

Kara escribió: «Tuve varios sueños en los que mi esposo moría, pero nunca estuve segura de qué modo. Casi un mes después del último sueño le diagnosticaron una grave cardiomegalia, y sus médicos enseguida le pusieron en la lista de espera para los trasplantes de corazón. ¿Sobrevivirá?»

Algo similar me planteaba en una carta una mujer llamada Stacy: «Tengo el sueño recurrente de que mi novio y yo vamos en avión. Es su primer vuelo, yo le estoy tranquilizando y explicando qué ruidos son normales en el avión y qué es lo que ha de esperar. Justo después del despegue tenemos un accidente, pero todo el mundo sobrevive. Tengo este sueño un par de veces al año y hace que me preocupe respecto a los futuros viajes que podamos hacer juntos. Queremos ir a Inglaterra en los próximos dos años, pero tengo miedo de volar con él por si estos sueños son una advertencia».

Esto son dos ejemplos clásicos de los propios temores del soñador proyectados en lo que fácilmente podría confundirse como sueño profético. Al principio, los sueños repetidos de Kara de la muerte de su esposo sin que ella supiera la razón son expresiones de su miedo a estar sola. Puedo asegurarle a Kara que psíquicamente su sueño es profético en cuanto a que le está informando que ella sobrevivirá a su marido, pero éste se recuperará de su crisis actual y todavía les quedan muchos años juntos.

El sueño recurrente de Stacy respecto a sobrevivir con su novio a un accidente de aviación expresa un miedo que muchos asociamos con el pánico a volar, el miedo a estar en una situación en la que no tenemos el control. Pero incluso su propio subconsciente le está reafirmando que no tiene nada que temer por volar junto a su novio, porque incluso en el peor de los casos, que es el accidente que tiene lugar en su sueño, *todo el mundo sobrevive*. Esto es en realidad un «sueño liberador» de los que hablaré en el capítulo siguiente, que parece profético por la intención de Stacy de ir a Inglaterra. Yo le diría a Stacy que debería ir a Inglaterra y pasárselo en grande.

Los sueños proféticos, incompletos, poco precisos o combinados, son bastante frecuentes y pueden causar muchos miedos y ansiedades innecesarios. Pedirle a Dios mensajes claros y sólo mensajes con los que podamos hacer algo, nos ayudará a aclarar las cosas. Pero al igual que con cualquier otro don de Dios, al don de los sueños proféticos siempre se le puede sacar punta. Es un procedimiento fácil e interesante, que a muchos clientes les ha resultado útil para ser más concisos en su facultad de «leer el futuro», por así decirlo, en esos mapas de la vida que con tanto detalle trazamos en El Otro Lado.

No quisiera que a partir de ahora os durmierais sin primero entregaros a la luz blanca del Espíritu Santo. Eso reza para todos nosotros, incluida yo. Es limpiadora, purificadora y reconfortante, y nos ayuda a ser conscientes de nuestra existencia en la divina seguridad de los brazos de Dios.

Una vez que os habéis protegido con el manto de la luz blanca, antes de quedaros dormidos, durante al menos una semana o dos, quiero que os hagáis una pregunta respecto a un acontecimiento sencillo que se ha de producir en el futuro próximo. Quiero hacer hincapié en lo de «sencillo». ¿Quién ganará el siguiente partido de fútbol, béisbol o baloncesto? ¿Qué ropa llevará un compañero de trabajo mañana? ¿Qué canción oirás por la radio al día siguiente? ¿De qué amistad o familiar inesperado tendrás noticias antes de que acabe la semana? De nuevo, algo sencillo, y que no sea nada por lo que tengas una preferencia de que sea de un modo u otro, de modo que tu mente consciente no se sienta tentada a interferir con cualquier respuesta que puedas darle mientras duermes. Es muy posible que no se presente ninguna respuesta durante las primeras noches. De hecho, es más que probable. Tener el don de la profecía y conseguir respuestas a la carta son dos cosas totalmente distintas, del mismo modo que ser un gran atleta o un gran músico no significa que nunca tengas que practicar. De modo que persistid en ello, cambiad las preguntas todas las veces que queráis y anotad cualquier respuesta con la que os despertéis, tanto si parece importante como si no. Recordad, esta parte del proceso es sólo para ayudaros a que os concentréis y que empecéis a desarrollar una habilidad, y poco o nada tiene que ver con la exactitud.

Una vez que haya pasado una semana o dos, pasad a haceros preguntas todavía sencillas y sin importancia pero un poco más personales. «Espero poder jugar al golf el domingo. ¿Lloverá?» «Espero una llamada de un viejo amigo el viernes. ¿A qué hora he de estar en casa para no perderme la llamada?» «¿De quién llegará una carta el lunes?» «¿A quién me encontraré en la tienda de comestibles mañana?» De nuevo, no os hagáis preguntas importantes, ni urgentes o existenciales que os produzcan una presión innecesaria; simplemente centraos en la pregunta, escribidla si gustáis, relajaos e idos a dormir.

Cuando os despertéis, escribid todos los sueños que recordéis o incluso fragmentos de los mismos. No os esforcéis en intentar aplicarlos a vuestra pregunta. Simplemente escribidlos y dejadlos a un lado. Tarde o temprano, con paciencia y una mente abierta, empezaréis a encontrar la conexión entre vuestros sueños, o los fragmentos de ellos, y la respuesta que estabais esperando. No es momento para ser literal. No importa si no tenéis un sueño en el que jugáis al golf. Si lo único que tenéis es un «flash» de un sueño donde estáis al aire libre, o aunque sólo estéis mirando por la ventana, observad qué día hacía, anotadlo, y ved si el tiempo que hace el domingo encaja con vuestro sueño. ¿Queréis saber a qué hora habéis de estar en casa el viernes para recibir la llamada? Prestad atención a cualquier momento en que miréis el reloj en vuestros sueños, no importa lo casual que os pueda parecer. Y observad cualquier cosa en el sueño que se pueda traducir en horas y minutos, como el número de un apartamento o de la dirección de una calle o un código postal; anotadlo, y luego observad su exactitud cuando llegue el viernes. Con esto ya tenéis una idea. Esto no es más que una forma de reforzar y ayudar a definir este «músculo» único que se nos ha dado, para aprender a reconocer de qué modo nos hablan los sueños y hacernos una idea de hasta qué punto podemos plantearnos y respondernos preguntas proféticas a través de los sueños. Cuanto más practiquéis, más buenos seréis, y más podréis empezar a ampliar el tipo de preguntas a asuntos más importantes, para vosotros mismos *y para los demás*. Creedme cuando os digo que el don de la profecía, ya sea despierto o dormido, se tiene para compartirlo, con generosidad, alegría y responsabilidad. Si el egoísmo o la avaricia entran en escena, una mañana os despertaréis con un don menos de los que teníais la noche anterior.

En cuanto a la exactitud, procurad que vuestras expectativas sean realistas. Sólo Dios es perfecto. En cuanto al resto de los mortales, el cien por cien de exactitud es ridículamente imposible, y cualquier vidente que os diga que siempre acierta es un mentiroso. No quisiera que os quedarais enganchados en lo de puntuaros, sobre todo en esta fase en la que estáis intentando desarrollar vuestras habilidades, pero una meta final del 60 o el 80 por ciento sin duda sería más que suficiente en cuanto a los sueños proféticos.

Notas personales

No quiero terminar con el tema de los sueños proféticos sin referirme a un par de cartas que me tocaron mi fibra de vidente de un modo particularmente fuerte.

La primera, de M., dice así: «El padre de mi hijo y yo nos separamos hace dos años. Me costó casi dieciocho meses olvidarle por completo. Todavía le adoro, es un padre estupendo para nuestro hijo y fue un buen hombre en nuestra relación. Durante la mayor parte de nuestra relación padeció la enfermedad de Graves (hipertiroidismo). Pero, aproximadamente cada dos meses tengo el mismo sueño de que volvemos a estar juntos. En el sueño siempre acabamos teniendo relaciones sexuales y luego me despierto. Estoy realmente confundida. ¿Puedes ayudarme?».

Nueve de cada diez veces yo diría que este tipo de sueño es un sueño de deseo, del que hablaré más adelante. Creo firmemente que la falsa esperanza es injusta y destructiva. Pero he de darle a M. la información que se me ha dado psíquicamente, sin juzgar ni procesar, y esa información es que ese realmente es un sueño profético. M. ha de seguir siendo el espíritu paciente, generoso y adorable, y haga lo que haga, no ha de intentar forzar o acelerar las cosas. Ella y el padre de su hijo van a encontrar la forma para volver a estar juntos. Lo único que ha de hacer es procurar dejar la vía libre y que las cosas fluyan.

Una mujer joven, a la que llamaré A. K., escribió: «Tengo el sueño recurrente de que estoy embarazada, o de que tengo un bebé, y que estoy sola, que por alguna razón el padre de la criatura me abandona. Y básicamente, ésa es la historia de mi vida real. Soy madre soltera con un hijo pequeño y el padre me dejó hace tiempo. ¿Es mi sueño recurrente una predicción tan exacta como pienso que es? ¿Es que todo aquel que deje entrar en mi vida me va a dejar?

Entiendo lo profético que el sueño de A. K. pueda parecerle a ella, pero en su caso, es otra cosa: se está programando a sí misma, tanto despierta como dormida, a sentir que no merece dar ni recibir amor duradero y comprometido. El sueño de A. K. no es profético, es un reflejo de una seudoprofecía que ella ha creado para sí misma, un sentimiento de que «tarde o temprano se va a dar cuenta de que soy una perdedora y me dejará, de modo que ¿para qué voy a hacer ningún esfuerzo en esta relación?» Recordemos que si A. K. puede programarse una baja autoestima, también puede hacer lo contrario. De hecho, por su propio hijo tanto como por ella insisto en esto. En el capítulo siguiente hablo de las técnicas de programación de sueños positivos con más detalle. Pero, por ahora, todas las noches a partir de este momento, antes de que A. K. se vaya a dormir y después de rodearse a ella y a su hijo con la luz blanca del Espíritu Santo, quiero que le pida a Dios sueños que le aseguren que, como hija suya, es merecedora y capaz de gozar de un amor duradero, que es valorada, sabe valorar y es divina. Resulta que soy una gran creyente en el valor de los terapeutas profesionales que se han formado para guiarnos paso a paso a través del proceso de aprendizaje de llevar una vida plena, productiva y emocionalmente sana. Cuanto más aprenda A. K. a ser una hija de Dios que confía en sí misma, más podrá transmitírselo a su hijo, lo que la convertirá en una madre maravillosa, y ése es uno de los propósitos más divinos y que más merecen la pena en esta Tierra.

Por último, un sueño profético de la señora L.: «Soñé que mi madre padecía un cáncer terminal. Al día siguiente se lo conté a mi esposo, pero no se lo conté a nadie más, y lloré durante varios días, porque de algún modo sabía que ese sueño se iba a hacer realidad. A los seis meses mi madre murió de un cáncer de ovarios».

Por triste que resulte este sueño, también es una inspiración de muchas formas. La señora L. sabía en el fondo de su alma que era un sueño profético y actuó de manera muy bella y apropiada. Por una parte, no se entregó a su dolor e histeria asustando al resto de su familia, y muy especialmente a su madre, con su sueño. Por otra parte, utilizó ese sueño de forma positiva, procurando que los seis meses que le quedaban de estar con su madre en este planeta estuvieran llenos de amor, de acercamiento, y fueran profundamente espirituales. Estoy orgullosa de la señora L. por darle a su madre una despedida tan pacífica y por proporcionarse a sí misma recuerdos con ella que siempre apreciará. Su madre se marchó a El Otro Lado tranquilamente y con una vida muy feliz aquí en la Tierra, está con la señora L. y la visita muy a menudo.

· · ·

Si eres uno de los hijos o hijas de Dios a los que éste les ha concedido el don de los sueños proféticos, disfrútalos, pero también tómalos en serio. Personalmente, puedo aseguraros que con este don también está la responsabilidad de usarlos con compasión, amabilidad y discreción, para servir a Dios, o de lo contrario, no utilizarlos en absoluto. No dejéis que vuestros sueños proféticos os asusten. No habríais sido bendecidos con ellos si no hubierais sido también bendecidos con el valor para reconocer la diferencia, y con la ayuda y la guía de Dios, podréis. Él cree en vosotros, y yo también.

4

El sueño liberador

Los sueños liberadores suelen ser los más confusos, caóticos, absurdos e inquietantes que experimentamos. También son de los más necesarios, porque es a través de este tipo de sueños como nos deshacemos de la basura mental y emocional que acumulamos cada día. Algunos sueños liberadores son absurdos, y sólo merecen una buena y breve sonrisa cuando nos despertamos. Muchos otros son pesadillas, que podemos recordar durante mucho tiempo, puesto que el miedo es una emoción muy fuerte y de la que es muy difícil desprenderse. Pero sin los sueños liberadores, incluyendo las pesadillas, todos estaríamos crónicamente estresados o completamente psicóticos, de modo que compensan con creces el malestar que nos proporcionan.

Los siguientes son tres sueños liberadores o pesadillas recurrentes clásicos, típicos entre los muchos que he recibido, y que os ayudarán a haceros una idea del patrón que suelen seguir.

«Tengo tres hijos —escribió Lyn—. En diferentes ocasiones he soñado que los tres morían. ¿Por qué he de soñar con la muerte de las personas que más quiero en mi vida?»

Así mismo, la carta de J. decía: «Soñé que a mi hijo de ocho años le pegaban un tiro. Tanto despierto como dormido, el mero pensamiento de ese horrible suceso me remueve el estómago. Por favor dime si estoy viendo una tragedia que no podría soportar.»

Y luego está la de L.B.: «He tenido un sueño recurrente justo poco después de casarme y que nunca deja de asediarme. En el sueño mi esposo me ha dejado, ni siquiera me habla y no tengo idea de cuál es la razón. Parece que sé dónde está, pero no puedo llegar hasta él, y casi invariablemente soy consciente de que hay otra mujer implicada. Me levanto muy furiosa y asustada. Durante mis horas de vigilia no tengo razón alguna para tener sospechas de él. Nuestro matrimonio y amistad son muy sólidos, de modo que ¿de dónde surgen estos sueños?».

Los sueños o las pesadillas como éstos son muy desagradables, y también son muy comunes. Probablemente, los lectores también habrán tenido su dosis de sueños similares. Yo sí los he tenido. No son sueños proféticos, y sin duda tampoco son expresiones de algunos deseos subconscientes perturbadores. Lo que son —lo único que son— es una liberación subconsciente de lo que sucedería «en el peor de los casos», la cosa más horrible que podamos imaginar, tan terrible que no permitimos que nuestra mente consciente fantasee sobre ello durante más de uno o dos segundos, antes de que pasemos a otra cosa más llevadera. Aquello que nuestra mente consciente aparta lo más rápido posible, nuestro subconsciente lo recoge y actúa al respecto, no para ser perverso y ver cuánto puede asustarnos, sino para asegurarnos que, aunque suceda nuestra versión de «lo peor», de algún modo nos las arreglaremos para sobrevivir, por devastador que pueda ser emocionalmente. Observad que ninguno de los tres sueños que he citado, y ninguno de estos sueños de liberación del «peor de los casos» que todos tenemos, terminan con un «y estaba tan destrozado por lo que había pasado que morí». Es normal y humano que, despiertos o dormidos, sea cual sea la circunstancia, necesitemos creer de algún modo que, a largo plazo, todo irá bien. Uno de los propósitos de los sueños liberadores es dar a nuestra sabia y eterna mente subconsciente la oportunidad de demostrarnos que, al final, seguiremos existiendo.

En general, los sueños liberadores pueden ofrecernos una visión infinitamente expandida de nosotros mismos, de lo que está sucediendo en nuestras vidas y sobre cómo nos sentimos realmente respecto a las cosas, sentimientos que, al igual que esos escenarios «del peor de los casos», nuestra mente consciente está demasiado ocupada, confundida o asustada para afrontar. Un par de sueños de una mujer llamada Aurelia demuestran estupendamente este punto. En el primero: «Sueño que la puerta de mi casa no se cierra durante la noche y que he de hacerla reparar, pues cualquiera puede empujarla y abrirla. A veces, incluso sueño que la cierro por la noche y que la encuentro abierta por la mañana. Siempre pienso en poner una silla o un ladrillo para atrancarla, pero sé que necesito algo más pesado para evitar que entre alguien y no sé qué hacer». En el segundo: «Descubro que mi madre me ha tirado mi libro de bolsillo negro y mucha de mi ropa. Eso me enfurece y le digo que no tiene derecho a tirar mis cosas e interferir en mis asuntos».

De nuevo, éstos no son sueños proféticos. Y no son señales de que la mente subconsciente o el espíritu de Aurelia le estén diciendo que tiene miedo a que le roben. Veamos, ¿qué persona en su sano juicio no teme que le roben? Si ella tuviera que retroceder a mucho antes de su actual situación y la observara objetivamente, estoy segura de que descubriría que en esos tiempos estaba siendo utilizada, que las personas que estaban a su alrededor «violaban su espacio privado» por costumbre cuando a ellas les convenía, y que incluso algo tan personal como la intimidad de Aurelia (¿qué es más personal que el bolso y la ropa de una mujer?) no era respetada como algo que le pertenecía. Ella no sabe cómo hacer frente a esto cuando está despierta, porque no quiere ofender a nadie, pero su subconsciente se expresará y defenderá sus derechos como a ella le gustaría hacerlo. Si le hiciera una de mis lecturas, le diría que empezara a poner algunas barreras razonables a esas personas que se están aprovechando de ella. Una vez que ponga dichas barreras y las refuerce con diligencia, esos sueños desaparecerán.

El simbolismo de los sueños

El tema de los sueños liberadores es una oportunidad perfecta para explorar el simbolismo que utilizan nuestras mentes subconscientes para comunicarse con nosotros, simbolismos que se encuentran en todos nuestros sueños, pero que a menudo se vuelven más evidentes y más confusos en los sueños liberadores. Al igual que yo, probablemente desearíais que a veces vuestro subconsciente se dejara de juegos de adivinanzas y dijera de una vez lo que intenta decir. Pero tiene razones para no hacerlo, y no lo hará.

No olvidéis, ni dudéis nunca, que nuestro subconsciente, donde vive la mente del espíritu, es infinitamente más sofisticado de lo que nuestra mente consciente puede esperar ser alguna vez. Se ha mantenido activo y vigilante durante toda una eternidad, y así continuará por siempre jamás. Ha experimentado y guardado cada momento, desde las encarnaciones en la Tierra hasta vidas brillantemente activas en El Otro Lado, y ha creado un lenguaje de símbolos profundo y elocuente que entiende perfectamente, incluso cuando nuestra mente consciente está ahí pasmada, sin decir nada, mirando asombrada esos símbolos sin tener nada mejor que decir que un gran «¡bah!».

Además de una vida eterna, la mente de nuestro espíritu también tiene una paciencia eterna. Entiende nuestras limitaciones humanas, de modo que cuando hay un mensaje importante que quiere que nuestra mente consciente capte, sigue mandándolo una y otra vez, de formas diferentes y con símbolos diferentes, hasta que al final lo entendemos. No es que nuestro subconsciente sea denso y poco claro cuando nos envía sueños simbólicos que no podemos entender, es nuestra mente consciente la que tiene un problema de traducción. Siempre podremos estar seguros de que nuestro subconsciente capta el mensaje tanto si nuestra mente consciente lo entiende como si no, e incluso tanto si podemos recordar conscientemente nuestros sueños como si no.

Nuestro subconsciente también es amable, gentil, adorable y muy consciente de lo que nuestra mente consciente puede o no puede manejar. Por descontado que la forma simbólica de contar una historia que emplea nuestros sueños, incluso los más desagradables, tendrá mucha más gracia que una fría y rígida descripción racional. Nos enfrentamos a toda la realidad detallada y personal que necesitamos mientras estamos despiertos. Ser bombardeados con más de lo mismo mientras dormimos sería una sobrecarga tremenda; quizá sería más fácil de interpretar, pero al final no habría ningún descanso o diferencia con la realidad. Por confuso y frustrante que pueda ser a veces, el simbolismo de los sueños es una bendición, algo esencial para nuestra salud mental, y hemos de dar gracias a Dios por ello.

Tras treinta años de investigación exhaustiva, de leer sobre el tema de los sueños y estudiar más teorías de las que puedo contar, al final he descubierto que la visión que me ha resultado más útil es una combinación de la psicología de la *Gestalt* y de las obras del psicólogo suizo Carl Jung.

La psicología de la *Gestalt* fue fundada a principios de

1900 por un psicólogo alemán llamado Max Wertheimer. *Gestalt* es una palabra alemana que significa «patrón, forma o molde». Dicho de forma muy simplificada, la psicología de la *Gestalt* básicamente adopta la postura de que la totalidad de una experiencia es más importante que cualquiera de sus partes por separado. En otras palabras, aplicada a los sueños, si entiendes el sentido general del sueño, las interpretaciones de los detalles dentro del mismo son rizar el rizo.

Así, por ejemplo, en el sueño de Aurelia, en lo que a mí respecta, podríamos volvernos locos separando e intentando adivinar qué es lo que realmente significaban la silla y el ladrillo que ella mencionaba, o el porqué del libro de bolsillo negro. Quizá sea la forma en que trabaja la mente (o que trabaja esporádicamente), pero me he dado cuenta de que examinar algo demasiado de cerca hace que perdamos la visión general de eso en lo que estamos interesados. Creo que para Aurelia es mucho más práctico captar el mensaje sobre la importancia de crear unas barreras que obsesionarse con el color del bolso con el que ha estado soñando.

El fascinante Carl Jung, que fue uno de los más grandes psicólogos del siglo XX, dedicó una gran cantidad de su vida a los sueños, a su simbolismo y a la importancia que en general tienen en nuestras vidas. En su libro *Sobre la naturaleza de los sueños*, publicado en 1945, Jung describió una visión que él denominó «valorar el contexto». Eso significa que, a fin de descifrar plenamente el significado de los símbolos en nuestros sueños, hemos de tener en cuenta nuestro propio «contexto» o asociaciones personales con esos símbolos. Pongamos el ejemplo de que en tus sueños ves con frecuencia pájaros. Nueve de cada diez «diccionarios de sueños» dicen que los pájaros significan un anhelo de libertad y un indicativo de la llegada de buenas noticias. Pero sucede que a ti siempre te han aterrorizado los pájaros. De modo que tus sueños con pájaros fácilmente pueden ser una pesadilla de sentirte atacado o amenazado, mientras que para mí el mismo sueño puede ser feliz y liberador. Además, los dos tendríamos razón respecto a *nosotros mismos*. Mi cita favorita de Carl Jung sobre este tema es: «Aprende todo lo que puedas sobre el simbolismo; luego, cuando analices un sueño, olvídalo todo».

Muchos intérpretes de sueños utilizan el criterio de la *Gestalt* en su sentido más literal y creen que todo lo que aparece en el sueño —cada persona, cada objeto íntimo, cada animal y cada uno de los símbolos— es realmente *tú mismo*. A fin de usarlo de la manera más sencilla posible, piensa en tu sueño como si fuera una película en la que estás interpretando todos los papeles, y observa si eso responde a cualquier pregunta que tengas sobre el mismo. Si te funciona, fantástico. Nunca dejes que nadie, incluida yo, te diga que sólo hay una forma «correcta» de revelar el misterio de los sueños. «Comprender» es la meta. Al igual que con cualquier otro destino, siempre has de tomar el camino que te conduzca mejor al sitio y que te evite al máximo las probabilidades de ir en la dirección equivocada.

Al igual que Jung, creo que la vía más eficaz es la visión de que todo aquello que en un sueño te produce algún tipo de reacción emocional es que te *concierne a ti* y a tu asociación personal con las personas, lugares y cosas que aparecen en el sueño. Quiero hacer hincapié en todo aquello que *te produce algún tipo de reacción emocional en el sueño*. No importa qué o a quién evoca el sentimiento. La intuición y la comprensión pueden venir de lugares sorprendentes.

Más adelante en este libro hablaremos de los arquetipos, que simplemente son símbolos comunes de los sueños, y de los significados que con frecuencia tienen entre las personas cuyas asociaciones con esos símbolos son bastante imparciales. Estos arquetipos, o los que podáis leer en cualquier otro libro sobre sueños o «diccionario de los sueños», os pueden ser de utilidad. Pero lo importante que habéis de recordar respecto al significado de cualquier símbolo de un sueño es que sólo es válido si es válido *para ti*. Ninguna lista de arquetipos publicada será tan útil como vuestra propia lista de símbolos de los sueños y sus significados que os aconsejo vivamente que hagáis. No os impacientéis ni esperéis haceros con vuestra lista de forma rápida y fácil. Sencillamente empezad a anotar, en forma de lista, las personas y cosas que aparecen con regularidad en vuestros sueños, y luego, despacio pero sin pausa, a medida que los recuerdos e inspiraciones empiecen a tener lugar, iréis rellenando los huecos en la lista de significados que corresponderá a la primera lista. No corrijáis ni juzguéis vuestra lista ni os sintáis obligados a compartirla con nadie, a menos que de verdad queráis hacerlo. Recuerda, es *tu* propia lista de arquetipos, que no se parece a ninguna otra, pero en la que todo es tan exacto como en la de cualquier otra persona, y será un mapa de incalculable valor a medida que profundicéis en la exploración de vuestros sueños.

Nunca olvidaré a una clienta llamada Elise que con cierta vergüenza me pidió que la ayudara a descubrir por qué se despertaba casi con ataque de pánico cada vez que soñaba con melocotones. No eran arañas, ni monstruos, ni accidentes de coche, ni la pérdida de su trabajo o el abandono de su esposo, sino melocotones. Ya fueran en un bol, en un árbol, en el suelo de su armario, en su bolso, a veces prominentes, a veces sólo de fondo, pero siempre, siempre la afectaban profundamente por alguna razón que ni siquiera podía sospechar. Le hice varias preguntas para intentar llegar al fondo del asunto, pero las dos estábamos confusas hasta que la guié en una meditación. Elise ya me había dicho durante la lectura que le hice que, cuando tenía doce años, su madre había muerto de repente debido a una rara complicación en un embarazo. Pero relajada durante la meditación, con su mente tranquila y abierta, Elise también desenterró un recuerdo largamente olvidado: durante las semanas anteriores a su fallecimiento, la madre de Elise tenía un insaciable deseo de comer melocotones. De modo que en todos esos sueños, Elise intentaba hacer las paces con la repentina muerte de su madre y el trauma y el dolor que le había producido, y su lista de símbolos de los sueños y sus significados incluían «melocotones = pérdida, muerte, tragedia». Probablemente, este significado no se pueda aplicar al resto de las personas, pero para ella era totalmente válido y un perfecto ejemplo de por qué nuestra lista de arquetipos siempre será mucho más exacta para nosotros que cualquier lista general de cualquier libro de sueños, incluido éste. La lista que encontraréis en el capítulo 9 sólo es una guía, no se ha de tomar en sentido literal, a menos que os identifiquéis con ciertos símbolos y sus interpretaciones más comunes.

Reescribe tus sueños liberadores

Hay buenas y malas noticias en lo que respecta a los sueños liberadores. Las malas noticias son que rara vez son agradables. La razón es evidente: rara vez sentimos la necesidad de liberar cosas en nuestras vidas con las que estemos satisfechos. ¿Cuándo fue la última vez que llegaste a casa después de haber pasado el día o la tarde pensando «Si no me desahogo, voy a explotar»? Por supuesto, esto es justamente para lo que sirven los sueños liberadores, para sacar a la luz temas no resueltos o no expresados y eliminar subconscientemente cualquier frustración, ira, lamento, culpa, resentimiento, traición, bochorno o vergüenza que hayas estado arrastrando. Eso hace que se convierta en una noche emocional muy ocupada, y es probable que nos cueste olvidarla enseguida cuando nos despertamos, tanto si recordamos conscientemente el sueño como si no.

La buena noticia es que con la práctica, paciencia y determinación, podemos programarnos para reescribir los finales de esos sueños liberadores recurrentes que nos dejan ansiosos y desolados, lo que nos dará la oportunidad de dar rienda suelta a nuestras emociones de una forma saludable, pero también de levantarnos de la cama con una sensación gratificante de haber ganado por fin.

Un sueño de C. C. me ayudará a mostraros exactamente lo que quiero decir: «Hace cinco años que me quedé viuda, después de que mi esposo y yo nos hubiéramos alejado y viviéramos separados. Desde entonces he tenido un sueño recurrente de una figura oscura que llena la entrada de mi dormitorio. Por supuesto, me asusta mucho y rezo a Dios para que me proteja. Tras este sueño, siempre sueño que mi marido ha regresado de entre los muertos y que he de estar con él, aunque en contra de mi voluntad. Lloro mucho y rezo para que esto no suceda. Pensaba que estos sueños desaparecerían con el tiempo, pero no es así».

En primer lugar, quiero que confíes en mí cuando te digo que, al igual que la mayoría de nuestros sueños de «monstruos», la figura negra que llena la entrada del dormitorio de C. C. es la propia C. C., o para ser más exactos, es la parte de C. C. que está sufriendo innecesariamente por un sentimiento de culpa no resuelto y que se niega a perdonarse a sí misma por el hecho de que ella y su marido estaban separados cuando éste murió y que sus últimas comunicaciones fueron tensas y desagradables.

Su segundo sueño es el miedo de que su sentido de culpa y su falta de perdonarse a sí misma la conduzcan a repetir el mismo matrimonio desgraciado con otro hombre a fin de intentar resolver ese asunto incompleto, por así decirlo, o bien hacer algún tipo de penitencia para pagar su deuda imaginaria. Pero esas cargas no son más que carga programada con antelación que arrastra su mente consciente. La verdad es que su corazón y su espíritu saben perfectamente que no hay razón alguna para sentirse culpable. Cada día se hace más fuerte, y aprendió más de ese matrimonio de lo que ella piensa, incluido el hecho de que ha trabajado muy duro y ha pasado muchas cosas como para volver a vivir con ese tipo de hombre y sufrir por segunda vez toda esa experiencia.

Así es como yo quisiera que C. C. empezara a programarse para que nunca más vuelva a temer a esos sueños. De hecho, hasta puede desear tenerlos si es diligente. Incluso, a pesar de que ella no crea que esto funcione, espero que me haga caso y lo intente de todos modos. Le prometo que quedará gratamente sorprendida. Ella, al igual que todas las personas que tienen sueños recurrentes como éstos han de hacer lo siguiente:

Antes de irte a la cama, rodéate de la luz blanca del Espíritu Santo, imaginando la luz blanca, pura, brillante, resplandeciente, cálida y protectora del amor de Dios que te envuelve suavemente desde la cabeza hasta los pies como si fuera un sutil manto. Entonces ofrece una plegaria que, aunque pronunciada con tus propias palabras, diga lo siguiente: «Querido Dios, si esos dolorosos sueños se han de repetir esta noche, permíteme transformarlos en una historia de fuerza, victoria y sentido de poder personal». Luego añade algo más específico; en el caso de C. C.: «Esta vez voy a mirar de frente a la figura oscura que aparece en la entrada y voy a dejar que mi miedo se convierta en un sentimiento de compasión tolerante y amorosa al reconocer que la figura no es más que la personificación con el corazón roto de mi sentido de culpa y mi dolor no resueltos. Voy a mirar directamente a esta parte triste y enferma de mí y voy a decir en silencio: "Te quiero, te perdono, resuelvo esto y te libero en el perfecto amor del eterno abrazo de Dios"».

No dejes de pedir cada noche ese tipo de final para tus sueños. Tarde o temprano, se resolverán de ese modo. Es muy probable que cuando C. C. lo haga, el segundo sueño en el que se encuentra tan infelizmente casada de nuevo con su difunto esposo sin haber podido elegir, se desvanezca como el miedo residual y vacío que realmente es.

En caso de que vuelva a aparecer, también puede programar un final feliz para ese sueño, al igual que antes, con la ayuda de Dios y a través de la oración. Sea cual sea el final que podáis imaginar para un sueño liberador recurrente hará que os despertéis sonriendo, sencillamente tenéis que seguir pidiendo hasta que lo consigáis. Quizás el difunto esposo de C. C. le exija que vuelva a casarse con él, y ella le diga tranquilamente que no puede, mientras le presenta a su nuevo marido ideal que es todo lo que él no era. Quizás él le proponga matrimonio, y C. C. reúna a sus hijos a su alrededor y le diga: «No, gracias, quiero a mis hijos demasiado como para educarlos en un hogar desgraciado». Quizás esté caminando hacia el altar con él, muy hermosa con su traje de novia pero llorando atemorizada, y de pronto él desaparezca en el aire. Recuerda, es tu sueño, tu final, no hay reglas ni limitaciones, siempre que el final sea feliz, que te ayude a reafirmarte, a tener confianza en ti mismo. Nunca dejaré de insistir en que tengas paciencia. Sigue pidiendo, sigue exigiendo, y al final se producirá el nuevo final. Bastará con una sola vez, una sola noche para que tú y Dios transforméis una pesadilla en una victoria personal y ese sueño desaparezca para siempre; puedes estar segura de ello.

Uno de mis clientes aportó una ligera y útil modificación a esta técnica de «reescribir» que os animo a que probéis si pensáis que os puede funcionar. «Tengo muchos sueños poderosos, llenos de colorido y hermosos. Puesto que parecen una película, siempre puedo hacer una pausa, rebobinar y cambiar el final si no me gusta como acaba la primera vez. A veces una persona me presenta los sueños como si estuviera presentando una obra de teatro.»

Aprecio la idea de hacer una pausa, rebobinar y cambiar el final de un sueño si el primero no te gusta, porque es una imagen visual que cualquiera que tenga un vídeo puede imaginar. En cuanto a la «persona» que presenta el vídeo, es el espíritu guía de mi cliente.

Los que no estéis familiarizados con lo que es un «espíritu guía», os diré que es alguien que conocemos en El Otro Lado y que está de acuerdo en acompañarnos durante esta encarnación, con delicadeza y en silencio, observándonos desde el Hogar para asegurarse de que cumplimos las metas que nos hemos fijado en nuestros mapas antes de venir aquí. La mente de nuestro espíritu es libre de expresarse mientras dormimos y está muy familiarizada con nuestro espíritu guía, de modo que no es raro que éste aparezca en nuestros sueños, especialmente en forma de narrador, o maestro o maestra de ceremonias, cerca de la acción pero sin participar en ella. Los espíritus guía son nuestros grandes defensores a lo largo de toda nuestra vida. En los últimos capítulos hablaremos con más detenimiento de las formas en que contribuyen a nuestras horas de sueño, pero por ahora vale la pena mencionar que pedirles que nos ayuden a reprogramar nuestros sueños liberadores para obtener resultados más positivos y poderosos es una excelente costumbre. Si no sabes el nombre de tu espíritu guía, invéntatelo. A la mía le puse el nombre de Francine, porque su nombre, Ilena, no me decía nada, y ella nunca ha puesto ninguna objeción. Tu espíritu guía tampoco lo hará. Prefieren ser reconocidos, aunque sea por un alias, que pasar desapercibidos.

«Reescribir» los finales de los sueños liberadores que nos asustan es una de las técnicas más eficaces que podemos dominar para nuestra salud mental y emocional, y para la claridad de la comunicación entre nuestra mente consciente y la del espíritu que reside a salvo en nuestro subconsciente. Es especialmente eficaz para que te despiertes como triunfador en alguno de tus sueños liberadores más comunes, lo cual, aunque con algunas excepciones, tarde o temprano le ocurre a la inmensa mayoría de las personas. Veamos si algunos de éstos os resultan familiares.

Temas comunes de los sueños liberadores

«ANACRONISMOS»

«Tengo un sueño recurrente en el que vuelvo a la escuela. (Tengo 42 años y hace unos quince que tengo este sueño.) Llego tarde y no tengo transporte, de modo que empiezo a andar. Cuanto más me alejo, más me cuesta caminar. Todas mis articulaciones se vuelven rígidas y los músculos se contraen y me duelen, al final voy arrastrando los pies. Por último me rindo y me paro… En sueños similares he terminado en una oficina donde me muestran una mesa de despacho y me dicen que me ponga a trabajar, pero no tengo ni idea de lo que he de hacer.» (Tamara)

«He tenido el mismo sueño durante muchos años. Tengo la misma edad que ahora, pero estoy en la escuela. En realidad debería estar en el instituto, pero me toca repetir porque no fui a una clase.» (M.)

«Tengo un sueño recurrente en el que todavía estoy en el instituto. (Tengo veintinueve años.) En este sueño me doy cuenta de mi edad y me frustro al ver que todavía estoy allí. Todos mis compañeros de colegio también están allí y me alegra verlos, pero ellos todavía tienen dieciocho años mientras que yo tengo casi treinta.» (B.)

«Estoy solo y de nuevo en la zona pobre de la ciudad donde viví desde los nueve hasta los dieciocho años. Siempre es un día cálido de fines de primavera o principios de verano. Pero no hay nadie alrededor, nunca. Todos los vecinos se han trasladado, se han ido. Camino por el barrio preguntándome dónde estarán y me siento muy solo.» (A. C.)

Estos sueños, y todos los que se les parecen, en los que nos encontramos atrapados en alguna situación del pasado, demuestran a la perfección cómo la mente de nuestro espíritu es consciente del mapa de la vida que escribió en El Otro Lado antes de iniciar esta vida en particular. Todos tenemos de vez en cuando un miedo inconsciente de no estar siguiendo nuestros planes, de no cumplir todo aquello que nos habíamos propuesto, y de no estar en armonía con el potencial que diseñamos para nosotros mismos. La importuna preocupación se suele liberar en estos sueños de estar perdidos, errantes y en un entorno inadecuadamente familiar en el que nos sentimos impotentes e inapropiados, y son de lo más común en los momentos en los que nos estamos cuestionando las elecciones que hemos hecho en nuestra vida, momentos en los que, incluso aunque tengamos cierto éxito, nos seguimos haciendo la vieja pregunta: «¿Eso es todo?».

Los sueños liberadores anacrónicos se dejan reprogramar fácilmente, con un final revisado de un repentino y feliz anuncio a todo el mundo que aparece en el sueño para darles a conocer aquello de «¡Eh, acabo de recordar que no pertenezco a esto!» y con una salida certera hacia la brillante y cálida luz del sol. Pero todavía más, son llamadas muy valiosas para que despertemos (si me perdonáis la expresión), un recordatorio para hacer un balance de dónde estamos respecto al potencial que sabemos que tenemos, *sobre todo espiritual*. Está garantizado que sean cuales fueren los detalles que contengan nuestros mapas, incluimos en ellos un montón de oportunidades para enfrentarnos a la inhumanidad, mezquindad y negatividad, y que en lugar de dejarnos seducir o vencer por las mismas, las superamos. He dicho y escrito un millón de veces que a veces complicamos mucho el asunto de nuestro propósito en la vida. Cuando leemos mucha literatura y retórica, todo ello se reduce a «Haz el bien, ama a Dios, y luego cállate y vete a casa». Me creas o no, cuando sabes que estás desarrollando nada más ni nada menos que lo mejor de tus habilidades, te desharás de los sueños anacrónicos de una vez por todas.

«SER PERSEGUIDO POR ALGÚN DEMONIO»

«En la mayoría de mis sueños intento gritar para pedir ayuda, o intento escapar de alguien que quiere hacerme daño. En general, son mis propios gritos los que me despiertan.» (Mitchell)

«Siempre tengo horribles sueños en los que alguien me persigue o en los que estoy muy asustado por algo que no puedo ver.» (V. S.)

«En un sueño recurrente, soy una niña que busca un sótano oscuro lleno de zonas de almacenaje. Hay algo o alguien detrás de mí, que me persigue y me asusta tanto que tengo demasiado miedo para gritar socorro.» (Cora)

«Conduzco por una estrecha carretera en muy mal estado. A ambos lados hay pantanos, que están medio congelados por un gélido viento huracanado. De pronto, la carretera se estrecha y desaparece. Quiero dar marcha atrás, pero está tan oscuro que no puedo ver nada y mi coche se sale de la carretera. Intento desesperadamente sacar mi coche del arcén para volver a la carretera, cuando la persona o cosa de la que huía me atrapa. La sensación de esa mano sobre mi hombro es tan aterradora que me despierto.» (T.)

En un momento u otro, creo que la mayoría hemos tenido sueños de algo maléfico y amenazador que nos persigue y de lo que intentamos escapar desesperadamente.

Para la gran cantidad de personas —tanto tú como yo sabemos quiénes son— que tienen muchos sueños de este tipo debido a que tú o algún ser querido ha sido víctima de un crimen violento, os ruego que nunca os vayáis a dormir sin la protección añadida de rodearos con la luz blanca del Espíritu Santo. Pero con la misma fuerza os pido que busquéis a un terapeuta profesional cualificado para que os ayude a superar el trauma horrible y real del síndrome de estrés postraumático. Por poderosos que sean nuestros sueños liberadores para sacar nuestros temores, dudas e inseguridades a la superficie y darnos la oportunidad de enfrentarnos a ellos y resolverlos, los sueños en los que revivimos repetidamente una tragedia personal tienen el potencial de mantener abiertas heridas profundas que necesitan el tipo de ayuda que sólo un experto en el campo de la psiquiatría y de la psicología puede ofrecer.

Para el resto que también sois perseguidos en vuestros sueños liberadores por una amenaza más vaga, sin rostro, sin nombre, ésta es la oportunidad perfecta para poner en práctica la técnica de la reprogramación. Seguid rezando para reescribir el final del sueño, y llegará la noche en que tendréis el valor para dejar de correr, giraros y enfrentaros a vuestro perseguidor cara a cara. Nueve de cada diez veces, ese «monstruo», ese «demonio» del que estáis intentando escapar sois *vosotros mismos*: alguna culpa, alguna inseguridad, alguna debilidad, algún sentimiento de alejamiento espiritual, algo que lamentar, alguna traición, alguna costumbre o adicción, algún defecto que hayáis percibido que estáis seguros de que os destruirá si os atrapa. Puede que os encontréis mirando una réplica exacta de vosotros mismos. Puede que os encontréis contemplando vuestro concepto del mal, o un monstruo, o a alguna persona que asociéis con el mal, o sencillamente alguna forma terrible y grotesca que consideráis constituye esa parte de vosotros de la que habéis estado huyendo. A fin de cuentas, a nuestro subconsciente le gusta hablar con imágenes, y suele ser más fácil tratar con los miedos intangibles si les asociamos una imagen y forma. Os prometo que sea lo que sea ante lo que os giréis y miréis, será mucho menos aterrador de lo que imaginabais cuando huíais. Por favor *giraos*.

Cuando lo hagáis, permaneced firmes, buscad los ojos de vuestro perseguidor y decid con valor, tanto si tenéis miedo como si no: «A través de la gracia del amor y el poder infinito de Dios, te libero y te disuelvo en la pacífica luz blanca del Espíritu Santo, ahora y por siempre jamás».

En el capítulo 9 trataré los sueños liberadores más comunes y hablaré de sus símbolos y arquetipos. De momento, sólo quiero recordaros que los sueños liberadores, cualquiera que sea la forma en que se presenten, por desoladores que sean, son una bendición. En tus oraciones antes de ir a dormir, no reces nunca para no tener esos sueños, porque suponen un gran beneficio. Por el contrario, reza para que una vez que hayas soltado toda esa energía emocional reprimida, puedas terminar esos sueños de formas que refuercen tu conciencia en estado de vigilia de que eres un hijo o hija de Dios para toda la eternidad. Dale las gracias por el crecimiento, aprendizaje y percepción que te proporcionan tus sueños liberadores, porque incluso con los inevitables dolores del crecimiento que hemos de soportar, la vida sin crecimiento en realidad no es vida.

Notas personales

Para J. W., que escribió: «No dejo de tener sueños en los que me atrapa y zarandea un ser enorme con unas manos grandiosas. No puedo ver lo que es, sencillamente sé que lo siento enorme en comparación conmigo y hace que me sienta muy incómoda. ¿Podrías decirme qué es lo que me está pasando?»

A simple vista parece un sueño liberador normal. Pero, por favor, J. W., presta atención a cómo pierdes el control de tus sentimientos y al hombre en tu vida que está intentando dominarte en todos los aspectos. Puedes intentar reclamarle tu poder, pero no es probable que coopere, en tal caso realmente necesitas apartarte de él lo antes posible.

S. S. escribió: «Mi padre murió el 18 de octubre de 1988. Todavía me persigue un sueño en el que estoy en mi habitación y mi padre entra de repente por la puerta. Viene hacia mí con un cuchillo en la mano dispuesto a matarme. Pero en lugar de hacerlo se sienta en la cama de al lado, gira la mano hacia sí mismo y se degüella».

Comprendo el horror que sientes ante esas imágenes, S. S., pero no te preocupes, tu padre no está ligado a la Tierra. No está atrapado aquí y no está intentando torturarte con imágenes violentas como una especie de grito de ayuda. Por el contrario, el sueño es tu grito de ayuda, tu subconsciente está implorando que reconozcas y te liberes de tu creencia de que de algún modo podías haber evitado su muerte. No podías, te lo garantizo. En cuanto al cuchillo, sencillamente es una imagen que has construido para describir tu dolor no resuelto. Espero que encuentres la paz al saber que tu padre salió por el punto de partida que había elegido mucho antes de venir aquí y tú no podías hacer nada al respecto. Está viviendo una vida feliz y productiva en el Hogar y te visita a menudo lleno de un amor infinito hacia ti.

Por último, gracias a T. por ofrecerme un ejemplo tan perfecto de la vida real de lo que sucede cuando nos enfrentamos a nuestros miedos en los sueños liberadores en lugar de huir de ellos. En su sueño, T. era perseguida por un feroz dragón con una cola larga y escamosa de color rojo y negro. Durante la persecución, T. se dio cuenta de que el dragón, que se había parado a comer, la había divisado de nuevo y se disponía a perseguirla otra vez. «Cuando intentaba correr, el dragón me embistió. Instintivamente coloqué mi rodilla para protegerme y de algún modo acabó tocando la mandíbula inferior del dragón, provocando que éste cerrara la boca. Hubo una pausa. Yo me había quedado de piedra sin moverme del sitio. Sentía un miedo tan intenso que me preguntaba si podría llegar a la verja que había cerca de mí antes de que me devorara, luego caía en la desesperación al darme cuenta de que no podría y de que me esperaba una muerte lenta y dolorosa. Mi miedo y mi desesperación eran tan intensos que sentí que empezaba a despertarme, pero no dejaba de repetirme: "Enfréntate a tus miedos, enfréntate a tus miedos" y me las arreglé para seguir en el sueño. Todavía sentía un miedo increíble, el corazón me latía con fuerza y volví a mirar al dragón. Entonces empecé a estudiarlo y a ver lo bello que era, con su piel brillantemente coloreada de rojo y negro con dibujos adamantinos. El dragón permaneció allí y dejó que estudiara su belleza, como si yo no pudiera hacer otra cosa. Mi miedo se fue desvaneciendo poco a poco y el sueño terminó. Cuando tengo un sueño de este tipo, la ansiedad y el malestar suelen durar algún tiempo. Esta vez, por el contrario, varios días después de este sueño en particular, disfruté de una pacífica sensación de realización interior, como si hubiera pasado una gran prueba.»

Lo hiciste, T., una prueba a la que todos podemos aspirar para aprender y superarla con el mismo valor y gracia que Dios nos ha dado.

5

El sueño de deseo

Del mismo modo que nuestro subconsciente nos muestra nuestros miedos, sentido de culpa, lamentaciones y confusión en nuestros sueños, también nos muestra nuestros deseos. Los sueños de deseo son exactamente lo que suena: maravillosos reflejos de lo que queremos, o al menos de lo que creemos que queremos, y generalmente nos despertamos de ellos con una sonrisa y cierto sentido de satisfacción, porque aunque haya sido sólo durante unos breves momentos que hemos dormido, hemos ganado nuestra propia versión de la lotería.

Algunos de nuestros sueños de deseo son dulcemente literales. Queremos un descapotable BMW plateado, y soñamos que estamos conduciendo uno al lado de la playa al amanecer. Detestamos tener exceso de peso, y soñamos que somos delgados. Nos encanta el béisbol, y soñamos que conseguimos la gran marca con la que ganamos la World Series. Estamos en la Facultad de Derecho, y soñamos que defendemos y ganamos un caso en el Tribunal Supremo. No cabe duda, los sueños de deseo son preciosos regalos de nuestro subconsciente y de Dios; no se han de analizar, sino simplemente debemos prestarles atención y disfrutarlos.

Algunos otros de nuestros sueños, sin embargo, no se han

de tomar de forma tan literal como puede parecernos en un principio, y es importante que sepamos reconocer la diferencia. El sueño de la señora D. explica la razón:

«Siempre sueño con mi novio del que estaba perdidamente enamorada. Ahora estoy casada, soy feliz y no entiendo mi sueño. En el sueño, mi ex quiere tener una relación sexual y es muy cariñoso conmigo, más de lo que lo era en la vida real. Cuando me despierto me siento renovada, porque tengo la sensación de que todavía me ama y que siempre me amará. Es una locura. Yo quiero a mi marido, pero me excito mucho cuando pienso en este sueño. ¡Auxilio!»

Este *no* es un sueño sobre la reconciliación de la señora D. con su anterior novio, de modo que ni siquiera debe pasársele por la cabeza intentar contactar con él y comprobar si queda algún asunto por resolver con ese hombre. No es así. Ella misma admite que en el sueño él es mucho más romántico de lo que nunca fue capaz de expresar. No, él no es lo que ella está deseando, y es comprensible que le haya puesto un rostro a lo que *realmente* está deseando: el romance, la pasión, la relativa simplicidad, la anticipación, la urgencia inmediata, y todas las cualidades únicas que ofrecen las nuevas relaciones, especialmente las turbulentas, cualidades que fácilmente quedan desplazadas con la continuidad y el sentido práctico cotidiano del matrimonio. Todos hemos de estar atentos a lo que nos están revelando nuestros sueños de deseo. Con algún esfuerzo por parte de la señora D., con una comunicación abierta y una reprogramación para cambiar la cara de su ex novio por la de su esposo, cuando vuelva este sueño, sus deseos de más romance e intimidad en su vida se pueden hacer realidad sin moverse de donde está ahora.

Es realmente cierto que la mayoría de los sueños de deseo suelen estar más relacionados con los buenos sentimientos que deseamos que con algunas personas o cosas específicas que utilizamos para representar estos sentimientos, y por divertidos que sean los retratos, son los sentimientos los que duran y los que pueden enseñarnos mucho acerca de nosotros mismos. A riesgo de afirmar lo que realmente es obvio, lo que deseamos en nuestras vidas es un buen indicativo de lo que pensamos que nos falta, de modo que los sueños de deseo son una gran clave para que empecemos a llenar esos vacíos.

A continuación describo un sueño de deseo que me hizo sonreír por la imaginativa mala interpretación de su soñadora, T. E., que prestó demasiada atención a los detalles triviales y no la suficiente al cuadro emocional general:

«Soy una madre soltera con una niña de veinte meses que todavía no habla. En mi sueño ella está de pie cerca de mí y de pronto dice: "Treinta y nueve". Casi me desmayo. Luego siguió con los números 40, 50 y 60. Cuando me desperté me preguntaba si quizás un ángel me había dado un mensaje para que jugara a la lotería. Ni siquiera sé jugar, pero salí a rellenar un boleto de la llamada bono loto. Los boletos no tienen los números 50 o 60, de modo que jugué el 39 y el 40 y otros cuatro números. A la mañana siguiente fui a mirar el boleto, y el 39 y 40 estaban entre los números acertados. Sólo acerté tres, así que me devolvieron el dinero, pero desde entonces me he preguntado lo que significaría ese sueño. ¿Lo he interpretado mal?

Sí, T. E. lo interpretó mal, y de un modo totalmente inofensivo. Una clave podía haber sido descubrir que dos de los cuatro números que le «dieron» no eran números que puedan aparecer en la bono loto. (Yo tampoco sé nada de ese juego, así que eso también es nuevo para mí.) Luego está la idea de los ángeles, que son tan divinos en la jerarquía divina que nunca se encarnan en forma humana, revisan rutinariamente los números de la loto y pasan información al respecto, lo cual, como ya he dicho me hizo sonreír.

Por el contrario, éste es un sueño de deseo muy sencillo, que expresa con qué ansia espera T. E. que su hija alcance la edad en que pueda empezar a hablar, que en lo que a mí respecta es mejor que ganar la lotería. En este caso, los números específicos no significan nada, igualmente podría haber sido una recitación del alfabeto o que hubiera cantado una canción infantil. T. E. está ansiosa por oír sus primeras palabras y eso es todo; no la culpo, es una experiencia emocionante. (Por cierto, T. E., cuando tu hija empiece a hablar, evita la tentación que tendrás de hablar demasiado en su nombre.)

En un tono más triste y serio H. M. escribió: «Tuve un sueño cinco noches seguidas en el que mi suegra fallecida me decía que había una carta escondida en mi casa que tenía que leer. Cada vez que empezaba a decirme dónde estaba, algo me despertaba. He buscado por toda la casa de arriba abajo, pero hasta la fecha no he encontrado nada».

No hay ninguna carta, H. M, te lo prometo, deja de buscar. Éste sólo es un sueño de deseo. H. M. y su fallecida suegra tenían lo que H. M. consideraba que era un asunto por resolver, y ella desea que pudiera haber algún tipo de comunicación entre ambas para poder decirle a su madre política todo aquello que se le quedó en el tintero. La suegra de H. M. todavía está muy cerca de ella, de modo que puede decirle todo lo que desee, y, cuando se vaya a dormir, debería rezar para poder tener una conversación ininterrumpida con ella, para que ésta le pueda decir a H. M., no dónde se encuentra esa carta imaginaria, sino lo que hubiera dicho en la carta de haberla escrito.

Una clienta llamada Nora me contó un sueño de deseo aparentemente igual de simple, que me gustó sobre todo porque me identifico muy bien con él. Vale la pena mencionar que Nora y su esposo estaban atravesando algunos problemas conyugales serios en esos momentos. Nora, concretamente, se sentía rechazada, no realizada y no valorada. En el sueño ella iba en bicicleta por un parque soleado y se peleaba con alguien que quería quitarle la bicicleta. Me recuerda un día durante mi primer matrimonio en el que mi marido y yo tuvimos una seria pelea y llena de frustración me marché de casa, me monté en mi bicicleta y pedaleé todo lo rápido que pude para irme lo más lejos posible, hasta estar demasiado agotada para seguir preocupándome.

Es fácil ver el valor aparente del sueño de deseo de Nora, el deseo de sentirse tan libre y satisfecha como se sintió en ese breve y tranquilo momento en el parque, y proteger ese sentimiento cuando alguien intenta arrebatárselo. De todos modos, sentía curiosidad respecto a por qué soñó con la bicicleta cuando hacía años que no montaba en bicicleta. No llevó mucho tiempo desenterrar un par de recuerdos importantes de la niñez. Uno era que, a una temprana edad, insistió en ir en bicicleta a la escuela que estaba casi a cinco kilómetros de su casa, en lugar de preferir que la llevaran en coche o ir en autobús; se prometió que iría a donde quisiera sin tener que depender de nadie. El otro eran algunos paseos esporádicos en bicicleta con su madre, compartiendo el mismo sillín, rodeando a su madre con los brazos por la cintura, apoyada en su espalda mientras paseaban. Bajo la superficie del sueño totalmente adorable de Nora, que se expresaba a través de la imagen de la bicicleta, estaba su anhelo de independencia, de confianza en sí misma y de sentirse cómoda, de tener confianza en sí misma, de gozar de una relación íntima y estrecha con alguien.

Ésta es una de las cosas más fascinantes respecto a los sueños de deseo: si reflexionamos un poco y observamos el fondo que se oculta tras el «deseo» obvio, a menudo descubrimos algunos deseos más profundos que dicen mucho sobre aquello que nos falta emocional y espiritualmente y que es lo que estamos buscando.

Ésta es una de las razones por las que considero esencial tener un diario de sueños.

Diarios de sueños

La idea de apuntar los sueños no tiene nada de original ni de única. De hecho, la idea es tan antigua que se han descubierto un montón de sueños escritos en forma de jeroglíficos en las pirámides egipcias, de modo que hace miles de años que a alguien, incluida yo, se le ocurrió el concepto del diario de sueños como si fuera una especie de recopilación de imágenes. Sí, yo también aconsejo tener papel y lápiz al lado en la mesita de noche, para escribir las imágenes clave de vuestros sueños en cualquier momento que os despertéis durante la noche, para que por la mañana podáis recordarlos mejor.

He de reconocer que lo que me exaspera es el énfasis que ponen algunos autores en seguir la pista de todos los sueños ominosos, tristes o proféticos que tenemos como si nuestros sueños más felices y de deseo no fueran igualmente importantes. Admito que en nuestro estado de vigilia solemos aprender más de los momentos difíciles que de los buenos. Pero todo sueño tiene algo que decirnos respecto a nosotros mismos, y francamente, yo estoy tan interesada en descubrir lo que realmente estoy deseando como en averiguar lo que me está preocupando.

Haciendo un paréntesis, si queréis aprender más respecto a vosotros mismos con vuestros sueños de deseo de lo que aprenderíais si os limitarais a anotarlos junto con cualquier pensamiento y conclusión, intentad anotarlos, luego los guardáis en un lugar seguro y no los volvéis a mirar durante al menos seis meses. Os sorprenderá ver cuántas veces, tras revisar vuestros deseos al cabo de algún tiempo, descubrís que en algunos casos habéis hecho algunos progresos, mientras que en otros pensaréis: ¿qué es lo que quería realmente? A fin de cuentas, nuestros deseos cambian a medida que nosotros cambiamos, y un diario de sueños puede ser otro medio para medir nuestro crecimiento emocional y espiritual.

De cualquier modo, sé que la mayoría pensáis: «Ese diario de sueños es una gran idea, Sylvia, pero ¿cómo se supone que he de escribir mis sueños si no puedo recordarlos?» Es una buena pregunta, que merece una buena y detallada respuesta.

Recordar los sueños

No dejéis que nadie os convenza que recordar los sueños sucede de forma natural y que os pasa algo raro si os cuesta hacerlo. Al igual que interpretar los sueños, es una habilidad aprendida, una disciplina que requiere paciencia, práctica e información de confianza para que os sirva de guía. Tal como dije en el capítulo 1, los sueños sólo se producen en la fase REM del sueño, que no es más que una parte del ciclo normal de 90 minutos, de modo que cuanto más tiempo pase entre la fase REM y el despertar, más difícil será recordar lo que has experimentado mientras dormías. Hay una forma de controlar tu «tiempo de soñar», que veremos más adelante en este capítulo, pero por el momento quiero que sepas que si tienes problemas para recordar tus sueños, no eres el único y que puedes mejorar.

Los únicos utensilios que necesitas son papel y lápiz y un despertador (ya explicaré más adelante, en este mismo capítulo, para qué se necesita el despertador) al alcance de la mano.

Ahora bien, espero que no te canses de leer mi defensa de la oración, porque nunca dejaré de repetirla y nunca me discul-

paré por hacerlo. El primer paso en la disciplina de recordar tus
sueños es pedirle a Dios, y a tu espíritu guía si lo prefieres (no
puede hacerte daño), que te ayuden. Sé que parece sencillo y
demasiado fácil para ser cierto, pero cuando se trata de rezar no
es así, te lo aseguro. Tus propias palabras sonarán a música en
los oídos de Dios. Si quieres ofrecer una de mis oraciones favoritas, estoy encantada de compartirla:

Queridísimo Dios:
El día ha concluido, un día como otros tantos y muchos
más que viviré en tu bendita gracia y luz.
A medida que tu manto de oscuridad cae, permite
que la paz llegue a mi corazón y que la desesperación sea
substituida por el júbilo de saber que he completado otro
día a tu servicio.
Invoco a los benditos ángeles para que me amparen y
me proporcionen un sueño tranquilo y sueños bendecidos
que pueda recordar cuando me despierte, de los que pueda aprender y crecer con la sabiduría perenne del espíritu
eterno que Tú has infundido en mí cuando me creaste.
Amén.

Mientras te acomodas en la almohada, deja que tu cuerpo
y mente se relajen. No puedo sugerir sin reírme que «dejes la
mente en blanco», lo cual parece ser un consejo muy popular
entre muchos «expertos» del dormir, la hipnosis y la meditación. Estoy convencida de que no hay nada más ocupado en
esta Tierra que mi mente cuando intento dejarla en blanco.
Pero, por el contrario, puedes ponerla a trabajar de una forma
positiva y productiva, que al mismo tiempo resulte relajante y
beneficiosa para todo tu cuerpo.
Cierra los ojos y haz algunas respiraciones de limpieza,

deja que toda tu atención se centre en los pies. Imagina una luz pura y blanca, la luz blanca del Espíritu Santo, que está viva con su energía protectora, rodeándolos lentamente. Una banda de luz púrpura sagrada, el toque de Dios y una banda brillante de luz verde sanadora forman remolinos dentro de la luz blanca que envuelve tus pies, calentándolos, limpiándolos y relajándolos, entrando dentro de los mismos para disolver todos esos nudos de tensión acumulados en los tendones, en los músculos. El divino resplandor tricolor empieza a expandirse, subiendo por tus tobillos, pantorrillas, muslos, aliviando, bendiciendo, restaurando, protegiendo; atraviesa tu zona pelviana, sube por tu columna, penetra en cada órgano, en tus pulmones, en tu corazón, limpiando tu sangre para que circule oxigenada, sin obstáculos y cargada de vida; pasa por tus brazos, muñecas y cada unos de tus dedos, uno a uno, disolviendo, aliviando, sanando; cruza tus hombros y asciende hasta el cuello, de color blanco, púrpura y verde, obrando su magia, transformando la tensión en confort; la rigidez en soltura; sigue ascendiendo hasta la parte superior de tu cabeza, todavía protegiendo y restaurando, hasta que quedas completamente envuelto en su sagrado resplandor; tu cuerpo está relajado divinamente y tu mente no está en blanco sino llena de tranquilidad, de la dicha serena de estar sano y ser perfecto, de ser un hijo de Dios que se queda dormido en la protección de los brazos de su Padre.

Esto no sólo es una espléndida forma de finalizar el día, sino que sólo lleva unos pocos minutos, y le indica a tu subconsciente que prepare tu cuerpo para un buen descanso tranquilo, y que estás receptivo y ansioso por escuchar lo que tenga que decirte.

Si te despiertas durante la noche con un sueño fresco en tu mente, adopta la costumbre de coger tu cuaderno de notas y el lápiz inmediatamente y escribir sin demora cualquier cosa destacable, símbolo importante o persona que recuerdes, para que a la mañana siguiente te ayude a recordar.

Si duermes durante toda la noche, adopta la costumbre de pasar tus primeros diez minutos al despertar con tu bloc de notas y el bolígrafo, tanto si estás en la cama como si te levantas y empiezas a moverte. Anota cualquier cosa que recuerdes; puedes empezar por seis elementos clave: las personas que han aparecido en tus sueños; el entorno o entornos; el guión (aunque parezca caótico e incomprensiblemente ilógico); si era en blanco y negro o en color; cualquier palabra específica que vieras u oyeras; y, por último, cómo te sentías durante el sueño y cómo te sientes ahora que estás despierto.

Cuando hayas terminado de leer este libro, también tendrás información suficiente para decidir a cuál de las cinco categorías pertenece cada uno de tus sueños —de nuevo, esas categorías son: proféticos, liberadores, de deseo, de información o resolución de problemas y visitas astrales—. Idealmente deberías poner cada sueño en su casilla apropiada, y luego, a medida que vas avanzando, podrás ver mejor si hay algún desequilibrio notable entre cada una de ellas (muchos sueños liberadores y de información, por ejemplo, y pocos o ninguno profético, de deseo o visitas astrales). No existe ni «bueno» ni «malo» en cuanto al equilibrio de tus sueños en estas categorías; es sólo una cosa interesante más que aprender sobre ti mismo.

Cuando se trata de aprender sobre ti, lo mejor es volver a leer tus sueños, categoría por categoría, repitiendo este proceso dejando pasar unas pocas semanas, cada vez. Te prometo que no me necesitarás ni a mí ni a nadie más para señalarte lo evidentes que realmente son algunas de las progresiones de tus sueños, que indican tu propio progreso en algunos aspectos emocionales o espirituales, y tu falta de progreso en otros. Cuando los sueños son recientes, contienen más señales de las que puedes reconocer al principio respecto a los obstáculos que se interponen en tu camino, si consideras que no estás creciendo tanto como te gustaría.

Una de las costumbres más eficaces que debemos trabajar en lo que a recordar los sueños respecta es una que procede de los aborígenes australianos, una cultura de miles de años de antigüedad, en la que el mundo de los sueños, la naturaleza y los espíritus son inseparables y están interconectados de manera sagrada. De hecho, la leyenda de la creación de la Tierra de los aborígenes es conocida entre ellos con el nombre de «Tiempo de los Sueños».

Tiempo de los sueños

Según un anciano de una tribu aborigen: «Dicen que estamos aquí desde hace sesenta mil años, pero hace mucho más. Hemos estado aquí desde el principio de los tiempos. Hemos venido directamente del Tiempo de los Sueños de los grandes Antepasados Creativos».

El Tiempo de los Sueños fue el comienzo, ese «tiempo antes de que comenzara el tiempo», cuando los antepasados de espíritu grande de los aborígenes emergieron de debajo de la Tierra y viajaron por su superficie, concediéndole su forma física y sus leyes antes de regresar a sus moradas subterráneas y convertirse en parte de la propia Tierra. Estos antepasados espíritus eran medio humanos, pero también se asemejaban a animales y plantas.

La Serpiente del Arco Iris, por ejemplo, era un espíritu ancestral en forma de una enorme serpiente que, cuando salió de la superficie de la Tierra, se arrastró por el mundo creando los ríos y los valles con su largo, enorme y sinuoso cuerpo. También estaba Bila, la mujer sol cuyo fuego alumbró al mundo y que fue destruida por dos hombres lagarto llamados Kudna y Muda. Asustados por la repentina oscuridad que habían provocado, Kudna y Muda empezaron a lanzar *boomerangs* al cielo en todas direcciones, para intentar hacer volver la luz. Por último Kudna lanzó su bumerán hacia el cielo oriental y apareció una brillante bola de fuego, que rodaba lentamente a través del cielo hasta que desapareció de nuevo más allá del horizonte occidental, y así se crearon el día y la noche. Y cuando una planta o animal transgredía alguna de las amorosas leyes humanas de sus espíritus ancestrales, era castigado convirtiéndose en una piedra, y esas piedras se convirtieron en las montañas de la Tierra.

Aunque mis propias ideas sobre la creación difieren de las de los aborígenes, encuentro que sus historias del Tiempo de los Sueños y su continuado respeto por los mismos, por la naturaleza y por sus ancestros espirituales son maravillosas e inspiradoras. Me encanta que sus creencias hayan sobrevivido durante quizá cien mil años sin contar con la ventaja de tener un lenguaje escrito. Me encanta que sus conexiones espirituales con los animales y la Tierra la convierta en una de las culturas más respetuosas con el medio ambiente de este planeta. Y también me encanta que cuando van de peregrinaje por sus tierras sagradas creadas por sus espíritus ancestrales durante el Tiempo de los Sueños, llamen a sus deambulares Viajes de los Sueños, para volverse a conectar con la eternidad, «el tiempo antes de que comenzara el tiempo».

A fin de conservar sus espíritus en sintonía con los de sus antepasados, muchas tribus aborígenes practican su propio ritual del «tiempo de los sueños», que han aprendido desde su infancia, donde programan sus relojes corporales para despertarse poco antes del amanecer y luego volver a quedarse brevemente dormidos, antes de despertarse de nuevo al romper el día. Saben que durante ese breve «segundo sueño» se producen los sueños más vívidos, los que podrán recordar más fácilmente, y que su «tiempo de los sueños» no es sólo un homenaje al Tiempo de los Sueños que los creó a ellos, sino también una forma esencial de nutrición para su propia supervivencia espiritual.

Puesto que sencillamente es cierto que los sueños son esenciales para nuestra supervivencia mental, emocional y espiritual, puesto que los sofisticados investigadores sobre el sueño apoyan el concepto de «tiempo de los sueños», tanto si están familiarizados con los aborígenes como si no, y puesto que personalmente puedo dar fe de que funciona, te prometo que si creas tu propio «tiempo de los sueños», te sorprenderá la claridad que aportará a tu diario de sueños. Lo único que has de hacer es programar tu despertador unos quince minutos antes de tu hora habitual de levantarte, y luego permítete remolonear durante un cuarto de hora más. Experimentarás la fase REM sin tener que entrar en la fase de sueño normal, donde el recuerdo de tantos sueños se desvanece o se pierde por completo. Tras una o dos semanas de esta disciplina, tu subconsciente aprenderá que puede contar con esos quince minutos cada día para comunicarse contigo claramente, y gracias a hacer que tu propio «tiempo de los sueños» se convierta en una valiosísima parte de tu ciclo del sueño, no podrás volver a decir que no recuerdas tus sueños.

También están esos otros viajes que tan a menudo pasan por sueños, pero que en realidad son mucho más, viajes que, incluso más allá de los sueños, demuestran su poder, su potencial infinito y la atemporal eternidad de nuestros espíritus, viajes que todos nosotros hacemos varias veces a la semana, tanto si lo creemos como si no.

6

Cuando son más que sueños: información y resolución de problemas durante el sueño

Nos ha sucedido a todos. Nos quedamos dormidos preocupados por algún problema, y nos despertamos con la solución. O nos despertamos sabiendo algo que no podíamos saber antes de quedarnos dormidos la noche anterior. ¿De dónde procede esa nueva información? ¿Y cómo resolvemos tan fácilmente un problema mientras dormimos cuando hemos pasado días o semanas esforzándonos por hallar una solución en nuestras horas de vigilia? ¿Por qué el consejo de «consúltalo con la almohada» parece funcionar?

Los escépticos de mente cerrada y «expertos» varios nos ofrecen una amplia gama de explicaciones. La «información» que creemos recibir mientras dormimos es en realidad una serie de casualidades o coincidencias que dan en el clavo. Una de mis favoritas es la de que, cuando oímos esta información despiertos, sencillamente experimentamos falsos recuerdos de haberla soñado, eso es todo. En lo que respecta a la resolución de problemas, estos expertos aseguran que realmente siempre hemos tenido las soluciones, lo único que sucede es que mientras dormimos estamos lo bastante relajados como para dejar que se aclare nuestra confusión y las soluciones se puedan revelar con claridad.

Si estas explicaciones tienen sentido para vosotros, felicidades. Si lo tuvieran para mí, si no supiera con absoluta certeza que este mundo y nuestro subconsciente no son tan casuales ni se los puede engañar tan fácilmente, y que hay fuentes mayores y superiores que están actuando constantemente a nuestro alrededor esperando a que nosotros les demos vía libre, no malgastaría ni un solo instante más en este capítulo o en este libro hablando de este asunto. Pero entre mi necesidad de lógica y mi profundo compromiso del alma con aquellas cosas en la vida que sé que son ciertas, me siento obligada a compartir mis explicaciones (y las de muchas otras personas que vivieron antes que yo) y dejar que decidáis adónde os lleva vuestro sentido común y vuestro compromiso con Dios en la vida.

¿Sabéis que Mozart recibió muchas de sus más gloriosas composiciones en sueños? ¿O que la teoría de la relatividad se le reveló a Albert Einstein a través de un sueño? Los sueños lo inspiraron todo, desde la invención de la máquina de coser de Elias Howe hasta la invención de la bombilla eléctrica de Thomas Edison. Dmitry Mendeléiev, un brillante químico y médico del siglo XIX, recreó la tabla periódica durante sus horas de vigilia tras habérsele revelado al completo durante un sueño. Robert Louis Stevenson se esforzó durante días con una historia breve que se negaba a tomar forma, hasta que un sueño la transformó en el clásico *Doctor Jekyll y Mister Hyde*. Y si el doctor Jonas Salk hubiera optado por desoír sus sueños, la vacuna de la polio puede que no existiera. ¿Casualidades? ¿Coincidencias? ¿Soluciones preconcebidas que sencillamente se han revelado durante la relajación del sueño? Lo único que se me ocurre decir al respecto es «ni por asomo».

Afortunadamente, no son sólo las personas extraordinarias

como éstas las que reciben información y respuestas durante la noche. Durante los últimos treinta o cuarenta años he oído montones de historias asombrosas, en que «gentes corrientes» se han despertado con más conocimiento que cuando se fueron a dormir. Mi idea de la lógica me dice que si no procediera de nuestro *interior,* vendría de *fuera,* y todos nosotros tenemos el don suficiente, seamos conscientes de él o no, para extraer ese conocimiento y utilizarlo.

Existen dos formas de recibir información y soluciones a nuestros problemas mientras dormimos: a través de la telepatía y de los viajes astrales. Ambas son bendiciones divinas maravillosamente útiles, y las dos se producen con la misma naturalidad que respiramos, una vez que nuestra ruidosa, escéptica y siempre perturbadora mente consciente se queda dormida.

La telepatía

«Anoche soñé que un amigo mío se había suicidado y que yo iba a su funeral. Al cabo de unas horas me despertó el teléfono. Era el hermano de ese amigo que me comunicaba que su hermano se había suicidado en la "vida real". Mi amigo jamás había mencionado la idea del suicidio. ¿Cómo podía yo saber algo semejante antes de recibir la llamada?» (Ellie)

«En el transcurso de los años he tenido sueños esporádicos de un antiguo novio al que no he visto ni he tenido noticias suyas desde el instituto. En un sueño iba a su boda. En otro, unos años más tarde, soñé que él y su esposa tenían un nuevo hijo. Un año después soñé que estaba en trámites para divorciarse y que me estaba buscando. Me encontré con su hermana por casualidad, y constaté que en todos los casos mis sueños eran exactos al cien por cien, hasta en lo que respecta a las fechas y todo lo demás.» (T. R.)

«Hace dos noches tuve un vívido sueño sobre terroristas que se ocultaban en Nueva Orleans. Pedí a mis guías y ángeles que confirmaran mi sueño, para saber que no se trataba sólo de una reacción en estos tensos y temibles tiempos. Cada vez que pedía una confirmación se me daba otra referencia a Nueva Orleans, y algunas de las señales estaban situadas en la ubicación física exacta que pedí que estuvieran. Puesto que esta visión es tan clara y persistente, me sabe mal pensar que se me ha dado alguna información que quizá podría ser útil y que no he hecho nada al respecto. Al mismo tiempo, imagino que las autoridades no me tomarían en serio. Espero que al escribirte al menos sentiré que se lo he dicho a alguien que no me va a tomar por loca y que sabrá qué hacer con la "información" si resulta ser cierta.» (L. M.)

Estos «sueños» son ejemplos maravillosos de telepatía, que sencillamente es el traspaso directo de información, conocimiento o sentimientos de una persona o entidad a otra sin usar ninguno de los «habituales» sentidos de la vista, el oído, el tacto, el gusto o el olfato. Es una transferencia instantánea y silenciosa desde cualquier «transmisor» subconsciente a cualquier «receptor» subconsciente, que se puede producir tanto si son conscientes de ello como si no en el momento en que sucede. Puesto que con frecuencia la información telepática se supone que va a tener un impacto en el receptor, y a veces incluso se pretende que éste actúe al respecto, tarde o temprano a la mente consciente se le permite participar.

En el «sueño» de Ellie respecto al suicidio de su amigo, su subconsciente —en este caso, su espíritu cuando dejaba su cuerpo— le dijo adiós de camino hacia el Hogar (algunos suicidas llegan a El Otro Lado, a pesar de lo que os hayan enseñado). El sueño permitió a su subconsciente estar totalmente abierto para captar este mensaje, y de pronto, sin pista alguna de sus otros cinco sentidos, ella «supo sin saberlo» que él se había marchado.

T. R. mantuvo sin pretenderlo una conexión telepática con su antiguo novio mucho después de que los dos se hubieran separado físicamente. Algún día descubrirá si él estaba «transmitiendo» deliberadamente y si también estaba tan «al corriente» de su vida como ella de la de él. La verdad es que esto no tiene demasiada importancia. Haber recibido satisfactoriamente la información y haber podido constatarla después ya es más que suficiente.

En cuanto a L. M., no sólo *no pienso* que esté loca, sino que *sé* que no es así. Ha recibido información telepática válida sobre los terroristas en Nueva Orleans, y aprecio que sea tan consciente como para hablar de ello. Lo cierto es que hay varias células terroristas reducidas en Estados Unidos, incluidas Nueva Orleans y Nueva Jersey. Mientras ella y muchas otras personas están recibiendo los mismos mensajes telepáticos, nuestras agencias de inteligencia, investigación y de seguridad están haciendo uno de los trabajos más brillantes, de concentración y cooperación de todas sus respectivas historias. Puedo decirle a L. M. con confianza que «no se preocupe y que deje a Dios hacer su trabajo», y que observe el desarrollo de las cosas, porque la información que ha recibido se confirmará.

La experiencia de L. M. demuestra bellamente que la telepatía no se limita a la comunicación de una persona a otra, o de un «espíritu» a otro. Se puede transmitir desde cualquier fuente de energía (una ciudad, por ejemplo, un país o cualquier conciencia colectiva) a cualquier otra fuente o fuentes (una persona o cualquier número de personas, tanto si se conocen entre ellas como si no).

Una de mis historias favoritas muy famosa y bien documentada sobre telepatía durante el sueño es la de un hombre llamado Victor Samson, que era redactor de noticias en el *Boston Globe*. Una noche se pasó un poco bebiendo después del trabajo en un bar cercano a su trabajo, y en lugar de irse a su casa decidió volver a su despacho y dormir allí.

Dormido en su sofá, el señor Samson tuvo un horrible «sueño» sobre una devastadora erupción volcánica en una isla que en su sueño se llamaba «Pele». Lava fundida manaba desde la cima de la montaña, destruyendo todas las poblaciones y a las miles de personas indefensas que hallaba a su feroz paso. Profundamente conmovido por lo que vio en su sueño, al momento de despertarse tomó el primer papel que encontró —una hoja de trabajo de un reportero— y escribió todos los detalles que pudo recordar. Entonces, todavía afectado y con algo más que un poco de resaca, se marchó a casa para dormir unas cuantas horas más antes de volver al trabajo.

A la mañana siguiente, muy temprano, el editor del *Globe* pasó al lado de la mesa de Samson, vio la hoja de trabajo, la cogió y leyó la sorprendente historia de esta pequeña isla y de los millares de personas que fueron diezmadas por la violenta erupción de un volcán. Sin tener la menor idea de que la historia en realidad no era nada más que el sueño de Samson, el editor la publicó y la envió por telegrama a todo el país.

Cuando Samson llegó más tarde a la oficina, el editor se enteró de que la historia que había publicado en toda la ciudad y el país no era más que el sueño de un alcohólico. Semanas más tarde, una flota de barcos llegó al puerto de Boston con noticias de que en la isla indonesia de Krakatoa, que los nativos llamaban Pele, una erupción volcánica había matado a casi cuarenta mil personas, a la misma hora en que Samson había tenido su sueño.

Era el mes de agosto de 1883 y en aquel entonces las noticias viajaban muy lentamente. ¿Coincidencia? ¿Casualidad? ¿Un falso recuerdo después del hecho? ¡Venga ya!

Hay quienes creen que algunas personas son «transmisoras» y otras «receptoras» en lo que respecta a la telepatía. Un criterio muy simple es que si te das cuenta de que estás pensando en alguien y al poco rato te llama, probablemente seas un «transmisor», mientras que si sueles saber quién te va a llamar antes de descolgar el teléfono, probablemente seas un «receptor». No creo que nadie deba ser clasificado o limitado a ser uno u otro. Venimos aquí desde El Otro Lado, nuestros espíritus están brillantemente dotados, son sabios, tienen experiencia, son eternos, y poseen la capacidad de comunicarse telepáticamente a través de la mente de nuestro espíritu, que utilizamos de forma habitual cuando estamos en el Hogar, lo que abarca la transmisión y la recepción. Sólo cuando nuestra mente consciente está implicada es cuando empezamos a convertir uno de los talentos más comunes, útiles e innatos que Dios nos ha dado en un asunto extraordinario, místico, mágico y «paranormal».

El viaje astral

Entre las facultades más comunes, útiles e innatas que Dios nos ha dado, hay algunas de ellas que se producen de un modo más natural durante el sueño, o que practicamos más cuando dormimos, como el viaje astral, que no es más que el descanso que se toma el espíritu de estar encerrado en las fronteras de este cuerpo limitado, incómodo y sujeto a la gravedad en el que se aloja, y viajar a dondequiera ir o a quienquiera ver. Al igual que la telepatía, el viaje astral no es un concepto misterioso y esotérico de la Nueva Era en el que sólo puedas creer o realizar si estás lo bastante loco como para que te dejen andar suelto por tu barrio. (Tengo 66 años, y he dedicado toda mi vida a estos temas; y, por cierto, puedes imaginar la paciencia que tengo con el término «Nueva Era».) Fue un viaje astral el que nos trajo aquí desde El Otro Lado, cuando nuestros espíritus entraron en los cuerpos que habían elegido, y también será un viaje astral el que nos devuelva al Hogar. Nacemos sabiendo cómo viajar astralmente, lo hacemos habitualmente mientras dormimos (de hecho, con un promedio de dos a tres veces a la semana), y el viaje astral es la esencia de algunos de nuestros «sueños» más vívidos y memorables.

Pam, por ejemplo, escribe: «Mi padre y uno de mis hermanos murieron en un accidente de coche. Vi el accidente en un sueño a todo color exactamente del mismo modo como sucedió. Era como si en el asiento de atrás del coche estuviera yo observando el horrible suceso».

El «sueño» de Pam no era realmente un sueño. Conectada espiritualmente a los dos hombres como estaba y sigue estando, su espíritu viajó hasta ellos en el instante en que sintió que estaban en peligro. No tuvo que imaginar que vio el accidente como si hubiera estado en el asiento trasero con ellos. Ella realmente estuvo con ellos, en su cuerpo espiritual, y estoy convencida de que su padre y hermano cuando la visiten algún día le dirán que la vieron allí, si es que todavía no lo han hecho. Por cierto, cuando digo «el *instante* que ella notó que estaban en peligro», quiero decir eso literalmente. Se tarda menos en viajar astralmente de un lugar a otro que en cerrar los ojos; ninguna parte, por lejos que esté en esta Tierra, en El Otro Lado o en cualquier otro lugar de la creación infinita de Dios, está fuera de nuestro alcance cuando dormimos.

Me encanta una historia que me envió una mujer llamada Martha, que era una especie de combinación de información, de resolución de problemas, telepatía y viaje astral desde aquí y desde el Hogar:

«Me quedé viuda hace ocho meses tras cuarenta y dos maravillosos años de matrimonio. No hay nada en este mundo que signifique más para mí que el anillo de brillantes que me regaló mi difunto esposo cuando renovamos nuestros votos en nuestro cuarenta aniversario de boda; me quedé desolada cuando no sé cómo mi anillo de brillantes desapareció del lugar especial donde siempre lo tenía guardado en mi tocador. Puse la casa patas arriba buscándolo. Revisé todos los bolsillos de todas las prendas de ropa y todos los bolsos que tenía. Vacié la basura, la bolsa del aspirador, busqué en todos los rincones de mi coche y del maletero, incluso llamé a un fontanero para que lo buscara por las cañerías. Me quedé con el corazón roto cuando al final acepté que había desaparecido para siempre. Entonces, en una semana, como caídos del cielo, tuve cuatro sueños diferentes en los que terminaba debajo de la cama por razones absurdas, incluida una en la que estaba trabajando en un programa de televisión y mi función consistía en estirarme debajo de la cama para asegurarme que la cámara no se desconectaba. Tardé unos días en reaccionar y pensar que quizás esos sueños estaban intentando decirme algo. Mi cama es demasiado baja para que pueda llegar demasiado lejos debajo de ella, así que vinieron unos amigos a ayudarme a moverla. No falló: mi anillo estaba justo en medio de la gruesa moqueta debajo de mi cama. Nunca comprenderé cómo llegó hasta allí, mucho menos cómo a través de mis sueños se me dijo dónde tenía que buscar.»

De esta historia me gusta todo, y aprecio que Martha saque a colación tantos temas importantes en una sola experiencia. En primer lugar, fue su difunto esposo quien puso el anillo debajo de la cama. Él la visita a menudo —viaja astralmente hasta ella— y le gusta hacerle saber que está cerca cambiando las llaves del coche de sitio, el mando de control remoto, un monedero, y todo tipo de objetos que no están donde ella sabe que los ha puesto. Cuando reflexione sobre esto, se dará cuenta de que el anillo no fue el primer artículo que «perdió» y que luego encontró en algún lugar extraño; sin duda fue el más importante, y consiguió captar su atención con ello, ¿no es así? Fue durante uno de sus viajes astrales, en los que ella se reunía con él cuando estaba dormida (se encontraron en un viejo muelle de madera en el lago donde él se le declaró), que confundió con un sueño de deseo, cuando él telepáticamente (al recordar sus «sueños» se acordará de que los dos se hablaban de alguna manera pero sin palabras) le dio la información suficiente para guiarla hasta donde estaba el anillo que tanto apreciaba. Bien por ella por prestar atención y tomar lo bastante en serio la pista para comprobarlo.

Recibo muchas cartas de viajes-sueños astrales tras la incomprensible tragedia del 11 de septiembre, todas ellas con el mismo tema. Había una de una mujer que se llamaba Teresa: «Tuve este sueño la terrible noche del 11 de septiembre. Tenía la sensación de que estaba volando. Parecía que nevaba, pero no era nieve, era ceniza densa, polvo y brasas. Había edificios alrededor y mucho peligro. La gente estaba asustada. No puedo decir qué es lo que hacíamos realmente, sólo sé que estábamos ayudando y que era muy difícil. Alguien me dijo que fuera a buscar más ayuda. Todavía debía estar volando mientras me dirigía a buscar toda la ayuda posible. Lo siguiente que recuerdo era que regresaba con ayuda y era Jesús quien venía conmigo. Es el más claro de todos mis recuerdos del sueño y ayudamos a muchas personas. Jamás había soñado nada igual y siempre lo recordaré de un modo muy especial».

Una dulce mujer llamada L. R. escribió: «Cuando me fui a dormir el 11 de septiembre, en el momento en que cerré los ojos, empecé a ver rostros que venían hacia mí, especialmente el de un hombre y una mujer. Entonces tuve una "visión más amplia" de la escena y vi a muchos espíritus de personas que pasaban. Miré de nuevo al hombre y a la mujer porque tenía mucho interés en saber quiénes eran. Ambos sonreían. Se acercaron más, hasta que pude verla a ella muy claramente. Todavía podía ver desfilar a todos esos espíritus que estaban cruzando, y desde las gigantescas nubes de humo que se elevaban hacia el cielo supe que de algún modo había viajado hasta las Torres Gemelas. Lo que siempre recordaré es que mientras subía el humo, los espíritus pasaban cruzando, del mismo modo que tú lo explicas en tus libros. No tengo la menor idea de por qué he tenido este sueño, que fue más intenso que un hecho real. Por supuesto, no puedo ir contándoselo a mis amigos sin que piensen que estoy mintiendo o que me he vuelto loca. Pero sentía que tenía que compartirlo de algún modo con la esperanza de que lo que vi sirva a aquellos que han perdido a sus seres queridos en ese horrible y aterrador día como testimonio de que innumerables almas se dirigieron a salvo hacia la paz del Hogar. Sé que si viera fotos de las víctimas reconocería a esa dulce mujer cuyo rostro y sonrisa todavía están grabados claramente en mi memoria. Aunque sólo una persona encuentre alivio con mi experiencia, esta experiencia habrá merecido la pena».

Tal como he dicho, estas dos cartas que describen viajes astrales durante el sueño representan a muchas otras similares que siempre valoraré muchísimo. Es un hecho claro e inspirador que en una noche horrible, y los días y las noches que han transcurrido desde entonces, legiones de espíritus de todo el mundo y de El Otro Lado estén trabajando constantemente para atender a todas las víctimas, a todos los familiares en duelo, a todos los miembros de los departamentos de bomberos y de policía, a todos los voluntarios, incluso a todas las personas de esta Tierra cuyo corazón todavía no se haya recuperado por completo de la despiadada maldad de estos funestos aconteci-mientos. Creedme, el aire de la noche está cargado de espíritus preocupados, que viajan astralmente adondequiera que sientan que se requiere su ayuda, y la inmensa mayoría de estos viajan-tes compasivos continúan despertándose por la mañana con quizás un vago recuerdo de sus ocupados «sueños» llenos de carga emocional.

La verdad sobre los viajes astrales

No hay límite para las personas y lugares que podemos ver, y que vemos, durante el viaje astral. Normalmente vemos a nues-tros seres queridos, los que se han marchado y los que todavía viven, de esta vida y de vidas pasadas, amigos íntimos con los que no hemos compartido ninguna encarnación, pero que son muy allegados cuando regresamos al Hogar. Habitualmente re-corremos todo el globo visitando los lugares que nos han gusta-do, vemos a las personas que añoramos o por las que estamos preocupados, y vamos a El Otro Lado, el lugar que más añora-mos de todos.

«He tenido un par de sueños donde me he encontrado con antiguos amigos, tanto vivos como muertos —escribe L. F.—. Uno de ellos concretamente era con una amiga de la universi-dad, de la que había oído que padecía un cáncer de mama ter-minal. No pude hallar la forma de saber qué es lo que le había pasado, así que pedí llegar hasta ella en un sueño y mi oración tuvo respuesta. Nos encontramos en una zona que parecía ári-da y rocosa. Ella caminaba por una zona de grandes rocas, casi jugueteando, y ambas disfrutamos de nuestra mutua compañía sin tener una comunicación verbal. El mensaje que recibí es que estaba bien y que era feliz. ¿Me estaba intentado decir algo más? ¿Debo compartir este sueño con otras personas allegadas a ella o debo guardármelo para mí?

L. F. debe sin duda compartir este «sueño», que por supuesto era realmente una experiencia astral, con las personas cercanas a su amiga, y transmitir el mensaje que ella le dio, que era todo lo que su amiga le estaba intentando decir: que está viva, que es feliz, y que se encuentra a salvo en la beatífica paz del Hogar.

En la reunión de L. F. hay un maravilloso recordatorio para todos nosotros: si hay alguien a quien quieres ver, alguien que se encuentre aquí en la Tierra o bien en El Otro Lado, reza para reunirte con esa persona en tus sueños. Si no sucede la primera noche que rezas por ello, o la segunda, la quinta o la décima, sigue pidiéndolo. ¿Qué puede valer más que dedicar unos minutos de tu tiempo a ello cuando te vas a dormir? Recuerda, la mejor forma de asegurarte de que vas a conseguir lo que quieres es creer que es posible, y luego pedírselo a Dios. No hay ningún momento en que Él no te esté escuchando con todo su corazón infinito y perfecto.

Algunos hechos sobre los viajes astrales

Estoy segura de que os estaréis preguntando cómo podemos distinguir un sueño de una experiencia astral; al respecto tenemos una buena noticia: hay formas sencillas que nos ayudan a aclarar cualquier confusión que podamos tener.

Cada vez que soñamos que volamos sin ir en avión, no es un sueño, es un viaje astral. Mark escribe: «Toda mi vida he tenido sueños de volar. Hay alguien conmigo, como si estuviera enseñándome. Me gustaría saber si esto es poco habitual».

Sherry dice: «Varias veces a la semana sueño que estoy por encima de la Tierra, volando por mí misma, viendo desde arriba mi antiguo barrio donde me crié, o mirando por la ventana de casa de mi esposo o de mi primer apartamento». Y Sam escribe: «Me gusta la sensación que siempre tengo en los sueños de volar. Me hacen sentirme muy libre y como si tuviera poderes especiales o algo parecido».

Éstas son sólo algunas de las docenas de cartas que he recibido de personas cuyo viaje astral durante la noche incluye darse cuenta de que vuelan.

Es muy habitual, así que espero que los que lo experimentéis no penséis que os pasa algo raro o que estáis locos. Y por cierto, Mark, ese «alguien» que está contigo en tus viajes astrales es tu espíritu guía, que está velando porque cumplas lo que te has propuesto mientras estás fuera de tu cuerpo haciendo estas excursiones con tu espíritu.

En cuanto al resto de nosotros, os ruego que me creáis: todos viajamos astralmente cuando dormimos, pero no todos experimentamos la sensación de volar. Sinceramente he de decir que, a pesar de tener una vida fuera del cuerpo muy activa por la noche, jamás he tenido un «sueño» de volar. Eso no significa que los viajes astrales de las personas que no experimentamos la sensación de volar sean más o menos interesantes que los de las personas que la tienen, sólo significa que el viaje se manifiesta de formas distintas.

Todos los «sueños» astrales se despliegan en una secuencia de acontecimientos lógicos, al igual que sucede cuando estamos despiertos, en lugar de suceder en forma de un amasijo fortuito de imágenes, personas y lugares. Éste me parece un buen momento para compartir la historia de uno de mis viajes astrales, que tuvo lugar, al igual que nos sucede a todos, justo cuando lo necesitaba. Estaba en un crucero por Alaska con mis nietos Angelia y Willy, disfrutando de un tiempo de descanso en familia antes de que Lindsay y yo empezáramos a trabajar en nuestro segundo libro, *Life on The Other Side*. No cabe duda de que el libro estaba tomando forma en el fondo de mi mente, pero casi toda mi atención estaba puesta en los niños, en los espléndidos panoramas, y en lo poco que me ha gustado ir de excursión en mi vida. Lo último que esperaba, en medio de toda aquella belleza y actividad incesante con los niños, era pasar una de las noches más perturbadoras de mi vida, que todavía recuerdo con toda suerte de detalles.

Estaba quedándome pacíficamente dormida en nuestro camarote, cuando al momento siguiente me encontraba en un lugar que nunca había visto ni imaginado, un vacío inmenso, gris y tenuemente iluminado, abarrotado de una masa silenciosa de espíritus que arrastraban los pies; su mirada apagada se dirigía hacia abajo, así que ninguno de ellos llegó a mirarme, como si estuvieran demasiado desilusionados para levantar sus cabezas, o demasiado confusos para preocuparse de hacerlo. La gama de edades era desde la adolescencia hasta la vejez, y se respiraba un aire tan denso de desesperanza que literalmente me costaba respirar.

No tenía ninguna pista de dónde estaba, pero «de algún modo» (que en general, significa «telepáticamente», en lo que al viaje astral se refiere), aunque nunca pronunciaron una palabra ni entre ellos ni para dirigirse a mí, sabía en qué clase de situación desesperada se encontraba esa pobre gente y cuál era la única forma en que podían salir de ella. Empecé a correr frenéticamente entre ellos rodeándolos con mis brazos uno por uno y diciéndoles e implorándoles a cada uno: «Has de decir que amas a Dios. Por favor, puedes salir de este lugar y regresar al Hogar si dices que amas a Dios». Mi voz casi histérica era el único sonido que se escuchaba allí. Estaba llorando, ellos no. Ya habían derramado todas sus lágrimas antes de llegar allí.

Más allá de ese horrible vacío pude divisar una entrada aparentemente ilimitada, que daba a lo que sólo puedo describir como la oscuridad más negra, fría, horripilante, desolada, desesperada, triste y sin Dios que mi imaginación pueda llegar a concebir. Me inundó tal pánico que me aparté y volví todavía más desesperada a esos trágicos espíritus que me rodeaban, abrazándolos e implorándoles con urgencia que dijeran que amaban a Dios, porque sabía que, si seguían alejados de Él de ese modo, acabarían en esa vil oscuridad.

Sabía lo que era esa oscuridad. Era la Puerta Izquierda, que atraviesan aquellos seres que le han dado la espalda a Dios y han acogido el mal cuando sus vidas terminan, sólo para volver a introducirse de nuevo en un útero para encarnarse otra vez. Francine ya me lo había dicho y he investigado sobre ello casi toda mi vida, pero sin duda hasta entonces nunca había visto esa entrada, ni experimentado una fracción de su horror.

Pero el espacio al que viajé, con todos esos pobres espíritus perdidos arrastrándose silenciosamente con semejante desesperación, no se parecía a nada que hubiera oído o imaginado. El breve tiempo que estuve allí me provocó una profunda depresión durante varios días. Me hubiera encantado haber escrito todo esto como una gran pesadilla, pero era demasiado real y sin duda demasiado secuencial en la forma en que progresaba la acción. Recuerdo que me desperté con un sudor frío y sollozando, e inmediatamente llamé a Lindsay para explicarle lo que me había sucedido mientras dormía y que sabía que teníamos que incluir en *Life on The Other Side*; todavía no estaba demasiado segura de lo que era o de lo que significaba.

Francine y una enorme cantidad de tiempo dedicada a la investigación me ayudaron a descubrir que había estado en una especie de antesala de la Puerta Izquierda denominada Sala de Espera, donde algunos espíritus desolados van después de la muerte; allí se encuentran a caballo entre Dios y la ausencia de Dios, ni luz ni oscuridad, sino algo gríseo y perdido, divididos entre la Puerta Izquierda y El Otro Lado, pero todavía con potestad para elegir, según decidan acercarse o alejarse de Dios. He escrito más sobre este tema en *Life on The Other Side*, pero en este libro sólo lo menciono brevemente como el viaje astral que me condujo hasta allí.

Varias veces al mes visitamos astralmente El Otro Lado, y la experiencia, a diferencia de esa concreta que tuve yo, es siempre emocionante. M. R., por ejemplo, escribe: «Me encontraba en un hermoso túnel, de apariencia sedosa y con todo tipo de tonos dorados. El túnel parecía tener su propia fuente de luz, y me sentía completamente envuelto en su amor. Salí del túnel y oí cantar como nunca había escuchado antes. Parecía que hubiera cientos y cientos de personas, todas ellas con una voz perfecta, y la única forma en que puedo describirlo es decir que la música sonaba tan clara y brillante como el cristal. Encontré un lugar debajo del escenario para escuchar, y tuve la dicha de escuchar a este sorprendente coro que cantaba alabanzas de Dios. Lo que me gustaría saber es dónde estaba y qué es lo que estaba escuchando».

M. R. hizo un sencillo viaje al Hogar, que siguió una progresión lógica, para escuchar un concierto de ángeles en un bello edificio llamado la Sala de las Voces. Impresiona saber que los ángeles nunca hablan, y se comunican con nosotros y entre ellos de forma telepática. Sus voces están estrictamente reservadas para esplendorosos himnos a Dios, su Creador, que cantan con júbilo en el día más sagrado de todos. Todos hemos tenido el sagrado honor de escuchar el coro de ángeles en la Sala de las Voces cuando hemos estado en El Otro Lado, y nuestros espíritus recuerdan exactamente cuándo es. ¡Qué inteligente fue M. R. al haber programado esa especial visita astral cuando tenía lugar ese acontecimiento sin precedentes! Sé que las dotes musicales que se le han concedido en esta vida son muy importantes para él, y ese viaje le ha aportado reafirmación e inspiración para ayudarle a seguir enfocado en el talento que Dios le ha dado.

Una advertencia importante respecto a los viajes astrales a El Otro Lado: no os alarméis demasiado si os encontráis un poco fuera de lugar, cuando no melancólicos, durante unos días después de haber realizado uno de vuestros viajes más eufóricos al paraíso. La experiencia de Gwen es bastante habitual; tras una visita al Hogar mientras dormía, nos cuenta: «Recuerdo que me sentía muy deprimida y triste. Tenía ganas de llorar. También recuerdo haber dicho en voz alta, en un tono bajo: "Por favor, no me dejéis". Al terminar de decir eso abrí los ojos, miré la pared de mi dormitorio y empecé a llorar. La depresión me duró algunos días, y todavía me persigue esa experiencia».

Todos estamos aquí por voluntad propia, por nuestra valerosa insistencia de seguir aprendiendo y evolucionando hasta alcanzar la mayor perfección posible para nuestro espíritu. Venimos de la incomparable belleza del Hogar, donde vivíamos entre nuestros amigos más queridos, santos, ángeles y mesías, en la constante y tangible presencia del amor de Dios, y sentimos añoranza desde el momento en que lo abandonamos hasta que regresamos. En general, nuestras visitas astrales son recordatorios tonificantes de todas las personas y cosas que nos esperan al final de esta dura excursión de acampada por la Tierra donde todos avanzamos con dificultad. Pero, a veces, especialmente cuando nos estamos esforzando, esas visitas hacen que añoremos más de lo normal a nuestros seres queridos que están en El Otro Lado y que hagamos diferencias entre aquí y allí comparando con añoranza. Cuando se instaura esa depresión, tened paciencia con ella, seguid recordando que todos esos seres queridos que están en ese lugar perfecto y sagrado siempre os estarán esperando allí, y también os visitan aquí, de modo que no perdáis la fe en que estáis aquí para cumplir un propósito, consciente o inconsciente, antes de regresar al Hogar.

No todos los viajes astrales durante el sueño son proféticos, pero todos los «sueños» proféticos son realmente viajes astrales. Recordáis que en el capítulo 3, sobre los sueños proféticos, he dicho que todos son en color y que siempre siguen una progresión lógica; lo mismo sucede con los viajes astrales. Esto es porque no existe un sueño profético que no incluya un viaje astral a un edificio muy real en El Otro Lado, denominado la Sala del Registro, donde se guardan todos los mapas del pasado y del presente de cada uno de nosotros sobre la Tierra. Tal como he dicho en ese capítulo, todos trazamos meticulosamente mapas detallados antes de venir aquí para reencarnarnos de nuevo, incluidos los cinco Puntos de Salida que hemos diseñado con antelación para cuando estemos dispuestos a regresar al Hogar. En los «sueños» proféticos, en realidad vamos a la Sala del Registro y ojeamos algunos de esos mapas, que son *el único lugar donde existe físicamente esa información*. Si vuestros «sueños» proféticos incluyen recuerdos de una estancia más vasta de lo que podáis concebir, con hileras e hileras de estantes llenos de manuscritos, todos ellos almacenados en un espléndido edificio abovedado con columnas de mármol, es que estáis recordando un viaje a la Sala del Registro.

No obstante, lo más habitual es que hayáis olvidado el viaje astral, debido a vuestra prioridad por leer los propios mapas. Algunas veces nuestras elecciones de qué mapas leer parecen estar hechas casi al azar y carecer de sentido, tal como un hombre llamado Greg me contó en una carta reciente: «Suelo soñar con personas que he visto durante el día. En mis sueños soy consciente de su muerte, y nunca falla: al día siguiente han muerto. Es evidente que es demasiado tarde para prevenirlas, de modo que ¿qué sentido tienen estos sueños?»

Es una buena pregunta, Greg, aunque quiero que recuerdes que sólo se nos da información a tiempo para poder prevenir a alguien si se supone que hemos de intervenir en un acontecimiento que esa persona ya ha planeado para sí misma. Lo que se te ha demostrado claramente cuando duermes es lo fácil y cómodo que es para ti el acceso a la Sala del Registro durante los viajes astrales. Intenta incluir oraciones antes de irte a dormir pidiéndole a Dios que te guíe a los mapas de aquellos a los que puedes ayudar a tiempo y evitarte la inutilidad de saber cosas sobre las que no puedes hacer nada.

«¿Cómo puedo diferenciar entre un sueño que es premonitorio y otro en el que subconscientemente estoy tratando de resolver algo? A menudo tengo sueños en los que todo sucede de una forma muy lógica, como si realmente estuviera sucediendo; son de un color vívido, y suelen ser de problemas de salud de mis amigos que ellos ni siquiera saben. ¿Se supone que he de contárselos para que se hagan una revisión, o sencillamente es que me preocupo por ellos?» (W. M.)

Sin reserva alguna, W. M., te recomiendo que sugieras a esos amigos con los que «sueñas» sobre sus problemas de salud que se hagan una revisión, e incluso que les comuniques los detalles que te dan tus «sueños». Has estado viajando astralmente para leer sus mapas en la Sala del Registro, justamente porque te preocupas por ellos, y los indicios son la progresión lógica de la acción y el hecho de que los «sueños» sean en un color vivo. (No hay color más vivo que el de El Otro Lado, por cierto, lo mismo sucede con todos los «sueños» que tienes donde los colores son demasiado vivos y asombrosos como para existir en la

Tierra; eso indica que has hecho un viaje al Hogar.) Si tus amigos optan por no hacer caso de tus sugerencias respecto a ir al médico, será responsabilidad de ellos. Pero al menos habrás compartido la información que has recibido desde esa fuente de toda confianza con una buena conciencia.

Cualquier sueño del cual no sólo formas parte sino que te ves inmerso en él no es de ninguna manera un sueño sin más sino una experiencia astral. Por definición, el viaje astral es simplemente tu espíritu que pasa un tiempo «fuera del cuerpo». Todos hemos oído hablar y leído sobre personas que, bajo el efecto de la anestesia o cuando se supone que están inconscientes, se han encontrado mirando sus cuerpos desde arriba, desde algún punto ventajoso elevado, observando, escuchando y recordando todo lo que sucedía a su alrededor. Eso mismo ocurre a veces en los viajes astrales cuando dormimos. No olvidéis nunca que nuestro espíritu es un ser que vive, ve, piensa, oye y siente, que está alojado en este cuerpo por todas las razones prácticas del mundo, pero atrapado a fin de cuentas. En algunas ocasiones, cuando nuestro espíritu se marcha para hacer una salida, no puede resistirse a la tentación de quedarse alrededor para observar el cuerpo del que se está tomando un respiro. Por desgracia, esto no siempre se recuerda como una experiencia agradable.

«En este sueño me podía ver durmiendo, en dirección a la puerta del dormitorio. Era como si estuviera flotando por encima de mi cuerpo y podía verlo todo. Oí que alguien llamaba a la puerta de la habitación. Era la muerte. No tenía rostro, sólo era oscuridad. Llevaba un abrigo negro y un libro bajo su brazo. Sabía que era la muerte, y también que tenía que decirle que se marchara. Recuerdo lo asustada que estaba. Le ordené una y otra vez: "Vete en el nombre de Dios", y se marchó. Cuando me desperté, estaba sentada en la cama diciendo: "Vete en el nombre de Dios". Estaba sudando y atemorizada. Encendí la luz y no me volví a dormir. Sé que la muerte no debería espantarnos. Creo que por eso todavía me pregunto qué significaba.» (D. W.)

Tal como dije en el capítulo de los sueños liberadores, es habitual proyectar partes oscuras o confusas de nosotros en algún tipo de forma física dentro de un sueño, para que nuestra mente consciente pueda enfrentarse a ellas. Este sueño es un ejemplo excelente, y en realidad hay un par de cosas que suceden al mismo tiempo. La primera puede suponer un cierto shock para el sistema —o, para ser más exacta, para cualquier parte de nuestra mente consciente que sepa lo que está sucediendo— el hecho de descubrir hasta qué punto te menosprecias. Hacemos varios viajes astrales a la semana mientras dormimos, pero no los recordamos todos conscientemente, y, por supuesto, no siempre hacemos una pausa para mirar nuestro cuerpo cuando despegamos. No es tan raro tener una sensación de ¡uf!, cuando nuestra mente consciente (aunque sólo sea una pequeña fracción de ella) se da cuenta de lo que ha sucedido, y, como si fuese la primera vez, experimenta la sensación de separación entre el cuerpo físico y el alma. Ese ¡uf! puede ser muy aterrador, y ese miedo puede asumir cualquier forma igualmente aterradora, incluida la de la oscura imagen sin rostro de la muerte, como sucedió en el caso de D. W.

En segundo lugar, no olvidéis que vuestro espíritu lleva los recuerdos de todos los momentos que ha vivido a lo largo de toda su existencia, tanto en la Tierra como en el Hogar. Puesto que la mayoría hemos vivido muchas vidas sobre la Tierra, también hemos «muerto» muchas veces. Nuestro espíritu sabe que cuando sucede esta cosa terrenal denominada «muerte», sencillamente viajamos de regreso a El Otro Lado, al lugar de donde veníamos en un principio, y dejamos nuestro cuerpo para siempre. Podéis estar seguros de que nuestro espíritu no encuentra a la «muerte» triste o temible, pues es consciente de que sólo se trata de una transición familiar a una forma de vida que siempre ha sido y que siempre será. Es sólo nuestra mente consciente, apegada como lo está a lo finito, al vehículo terrenal llamado «cuerpo», la que establece alguna conexión entre la muerte y el miedo. Así que D. W. se dio cuenta de que su espíritu estaba separado de su cuerpo y flotaba por encima de él, y su mente consciente reaccionó con pánico. Como ella misma dijo, sabe que la muerte *no debería* asustarnos. Pero todos tenemos muchos «debería» racionales, que caen como moscas cuando se los coge con la guardia baja, como fue su caso. Observemos que al invocar el nombre de Dios disolvió esta aterradora forma que le dio por llamar muerte, pero que no era nada más que la encarnación de su miedo consciente de que si se separaba de su cuerpo, podría morir.

Otro fascinante viaje astral en el que el «soñador» se encontró fuera de su cuerpo es el de G. H.: «Me vi como un egipcio, en forma de sombra, con el conocido tocado de la serpiente que sobresale hacia delante. Una voz me dijo: "Eres el egipcio llamado Oberón y te reencarnarás". Por favor, ayúdame a entender esto. Espero que no signifique que me reencarnaré literalmente. No quiero volver aquí».

G. H. no tiene nada que temer, pues sin duda se encuentra en su última reencarnación en la Tierra, así que no volverá a reencarnarse. Lo que vio fue a sí mismo en una encarnación de hace miles de años, que, para ser franca, no fue una de las más felices que ha tenido. Como ya explicaré con más detalle en el siguiente capítulo, cuando digo que podemos viajar astralmente a cualquier parte que deseemos mientras dormimos, eso sin duda también incluye el pasado. Es sólo en la Tierra donde hemos diseñado esta medida denominada «tiempo». Más allá de la Tierra, y, por supuesto, en el mundo de los espíritus de El Otro Lado, no hay «tiempo», no existe el «pasado» y el «presente», mucho menos el «hace miles de años». Todo es *ahora*, por difícil que le resulte a nuestra mente consciente entender este concepto. De modo que G. H. no debería pensar en esa breve visión de sí mismo encarnado en un egipcio llamado Oberón como un viaje a otra vida. Simplemente puede verlo como una instantánea de esta vida que siempre ha vivido y que siempre vivirá, en una de sus muchas etapas y formas.

Otro aspecto del viaje astral durante el sueño que puede resultar desconcertante o incluso aterrador si no lo esperas es el que describe Shannon en su sueño: «Siento como si me levantara de la cama y pudiera ver todo lo que hay en la habitación, tal como se supone que ha de estar, incluida yo misma, profundamente dormida. Lo que me trastorna es que de pronto puedo sentir y oír un viento fuerte, que parece rugir. Puedo literalmente sentir cómo mi pelo se va hacia atrás. Realmente me asusto y le pido a Dios que me ayude porque el sueño me aterra. El sueño, el sonido y la sensación del viento se detienen de pronto y me despierto justo en la misma posición en la que me encontraba en el sueño. Evidentemente era una pesadilla, porque tenía mucho miedo, pero ¿qué significaba?».

Por supuesto, no era una pesadilla ni algún tipo de sueño. Shannon sencillamente estaba experimentando un viaje astral *a velocidad media*. Vuelvo a repetir, esto es algo a lo que nuestro espíritu está acostumbrado; sólo puede crear un sentimiento de pánico cuando de pronto somos conscientes de ello mientras dormimos.

Existen tres velocidades de viaje astral cuando nuestro espíritu se ha separado del cuerpo. La primera velocidad es la más familiar para nosotros y la que menos nos desorienta: nuestro espíritu se mueve al mismo ritmo que nuestro cuerpo cuando camina. La velocidad intermedia es lo bastante rápida para crear la ilusión de que estamos de pie mientras todo lo que hay a nuestro alrededor pasa volando por nuestro lado de delante hacia atrás. (En otras palabras, lo que experimentó Shannon no fue un viento huracanado en su rostro, que le echaba el pelo hacia atrás. Por el contrario, era ella que se movía hacia delante a una velocidad intermedia.) A la velocidad supranormal, nuestros espíritus pueden viajar distancias incomprensibles con mayor rapidez de lo que nuestra mente finita puede ni tan siquiera empezar a imaginar, hasta llegar a recordar nuestro destino y lo que hicimos durante nuestra visita, pero sin ser en absoluto conscientes de cómo llegamos allí y cómo regresamos.

Un viaje astral que envió Alicia describe una experiencia típica de velocidad supranormal: «Estaba volando sobre lo que parecía ser un paisaje de un planeta volcánico. Del terreno gaseoso sobresalían inmensos monolitos irregulares. Volaba entrando y saliendo de estas montañas en forma de lanza, aunque no tenía la sensación de ir a un destino o dirección específicos; es decir, no intentaba encontrar nada ni llegar a ninguna parte. En ningún momento del sueño tuve emociones fuertes, como el miedo o reparo que se puede tener cuando te encuentras en una tierra extraña. No sentía que perteneciera a ese planeta. Sin duda era una extraña allí, lo cual no me preocupaba, simplemente estaba explorando porque para eso estaba allí. ¿Tiene esto algún significado?».

A mí me parece significativo por una serie de razones, aunque no estoy segura de que alguna de ellas tenga algo que ver con lo que Alicia pensaba cuando me hizo la pregunta. Es curioso lo bien que muestra lo que es un viaje astral a velocidad supranormal, porque, aunque Alicia no fuera consciente de ello, estaba haciendo un viaje por el planeta Mercurio, pero observaréis que no ha dado importancia a los viajes de ida y vuelta o que no los recuerda. Lo que es más, la experiencia es significativa en cuanto a que expresa bellamente lo curioso, valiente, aventurero e ilimitado que es nuestro espíritu, con independencia de las barreras físicas y mentales que hayamos elegido para esta vida.

La carta de Alicia y otras parecidas demuestran otro aspecto fascinante de los viajes astrales, que francamente para mí supuso un alivio cuando empecé a leer sobre el tema y lo vi con mis propios ojos.

El cordón de plata

Hay un cordón muy real, de color plateado radiante y que a veces se puede ver durante el viaje astral, que conecta nuestro espíritu a nuestro cuerpo y lo nutre con el amor divino de Dios, del mismo modo que el cordón umbilical nos nutre cuando estamos en el útero. El cordón de plata en las mujeres está situado en el esternón, y en los hombres justo encima del entrecejo, donde se encontraría el «tercer ojo». Es bastante conocido, y se ha hecho referencia al mismo durante miles de años. De hecho, si conocéis bien la Biblia, ya estáis familiarizados con Eclesiastés 12,6-7, que en parte dice así: «Antes de que se rompa el cordón de plata… y el espíritu vuelva a Dios, que lo dio». Hasta que «muramos» y regresemos a El Otro Lado, el cordón de plata, ilimitado en su longitud, no se puede romper, lo que significa que, por lejos que pueda viajar nuestro espíritu de nuestro cuerpo, siempre se nos puede hacer volver, a veces con suavidad, y a veces con tal brusquedad que nos despertamos sobresaltados, pensando que hemos oído un ruido de algún tipo, pero incapaces de averiguar de dónde procedía.

He dicho que sentí alivio cuando supe sin lugar a dudas

que el cordón de plata era real. Hay una sencilla razón un tanto embarazosa para ello: los viajes astrales no son precisamente lo que más me gusta. Cuando duermo y casi no me doy cuenta o no me entero en absoluto, no me importa. Pero como diversión cuando estoy despierta o durante la meditación, me siento demasiado fuera de control, aunque sé que no nos vamos a quedar por ahí flotando sin poder regresar a nuestros cuerpos. Cuando oí hablar por primera vez del cordón de plata, pensé que era un concepto encantador, pero no le presté demasiada atención. Un día, durante una meditación tántrica, no sólo me encontré viendo mi cuerpo desde el techo, sino que también vi un cordón de plata, que resplandecía desde mi plexo solar hasta la substancia etérica en la que me había convertido. Fue extraordinario, fue mi única visión del mismo, y aunque nunca hago viajes astrales deliberadamente como distracción, ahora soy testigo ocular de esta «red de seguridad» que Dios nos ha dado para que nuestro cuerpo físico y ser espiritual estén en contacto.

El cordón de plata fue estudiado en profundidad y visto en muchas ocasiones por un brillante experto en el campo de los viajes astrales llamado Sylvan Muldoon, cuyos libros sobre el tema escritos desde 1920 hasta 1940 documentan sus innumerables viajes extracorporales, que comenzaron cuando tenía doce años. Según las propias narraciones testimoniales de Muldoon, el espesor del cordón varía según la proximidad de nuestro espíritu al cuerpo que está temporalmente vacío. Cuando viajamos cerca, a una distancia de entre cuatro y cinco metros, el cordón es de aproximadamente el diámetro de un dólar de plata, con un aura resplandeciente que hace que parezca aún más largo. Pero cuando estamos en la otra punta del globo, en El Otro Lado o más allá de los planetas, el cordón se alarga, sin que se rompa o desgaste, reduciéndose hasta llegar al grosor de un hilo.

Puedes ver tu cordón, o el de una entidad visitante, durante tus viajes astrales cuando duermes, sin darte cuenta de que lo estás mirando. Esto es justamente lo que le pasó a Peter: «Ayer me desperté a media noche y vi una gruesa silueta de una figura masculina que estaba de pie en mi habitación. Desde la parte superior de su cabeza le salía un cordón de color blanco y dorado que emitía una luz brillante, que llegaba hasta el techo del dormitorio y lo atravesaba. En ese momento lo único que sentí fue asombro y curiosidad. Al momento siguiente se había marchado. Entonces encendí la luz y pensé: "¿Qué era esto?", "¿Lo he soñado?" ¡Parecía tan real! A continuación oí una voz que decía: "Soy de India". Eso es todo. No dijo nada más. He de confesar que he tenido sueños raros en mi vida, pero éste no lo olvidaré jamás».

Peter tuvo el placer de recibir una visita de su espíritu guía, un hombre de India del Este llamado Bahrat, y la bendición extra de ver su cordón de plata.

Se podría argumentar que Sylvan Muldoon y yo, investigadores hasta la saciedad, éramos conscientes del fenómeno del cordón de plata y mantuvimos nuestros ojos subliminales apartados de él durante las experiencias astrales. Pero Peter lo vio sin tener ni la menor idea de que eso ni tan siquiera existiera. De modo que, si no queréis creer a Sylvan Muldoon o a mí, creed a Peter sin reserva alguna.

Aunque el viaje astral durante el sueño es totalmente seguro, porque la mente consciente no está implicada y la mente del espíritu sabe perfectamente lo que está haciendo, por favor no juguéis con ello durante vuestro estado de vigilia sin las siguientes directrices que ya he mencionado en otros libros, incluido *The Other Side and Back* y *Recupera tu pasado, sana tu futuro.* Hay una historia famosa entre los investigadores astrales sobre un hombre que decidió, sin el entrenamiento adecuado, que le gustaría hacer un viaje astral a la superficie de la Luna. En lugar de conseguirlo, se encontró volando a toda velocidad por el espacio, totalmente fuera de control. Le entró pánico, su cordón de plata le arrastró bruscamente de nuevo hacia su cuerpo, y se quedó tan exhausto que estuvo enfermo durante varios días.

Visión remota

Existe un pariente cercano de la telepatía y de los viajes astrales llamado visión remota. La visión remota es una habilidad tan antigua como la humanidad, pero no se le había dado un nombre ni estudiado formalmente hasta la década de 1930. Hacia 1960 la CIA y varias secciones militares empezaron a estudiar su utilidad potencial en áreas como los servicios de inteligencia y defensa. En 1995 disolvieron el programa y publicaron un informe oficial en el que decían que la visión remota no tenía interés alguno para el Gobierno de Estados Unidos. Si esos informes fueran exactos, objetivos e imparciales, ¿soy yo la única persona que piensa que es extraño que tardaran veinticinco años de investigación para decidir que la visión remota no sirve? Aun en el caso de una observación informal (olvidémonos de la investigación propiamente dicha), ¿te costaría veinticinco años darte cuenta de que algo no «sirve para nada»? No me lo creo. Lo cual me induce a creer que quizás el Gobierno, al final, no podía respaldar algo que, aunque sólo fuera vagamente, se asemejara a los fenómenos paranormales. Con el tema de la visión remota creo que tendremos que arreglárnoslas sin ellos.

La visión remota es una facultad que nos permite percibir y describir los detalles sobre un objeto o ubicación específicos de los que estamos separados por el tiempo, la distancia o cualquier barrera física. Se diferencia de la telepatía en que no hay un «transmisor» real con cuyos pensamientos estemos sintonizando, y la información que recibimos es en forma de imágenes, no de palabras. Se diferencia del viaje astral en que nuestro subconsciente puede explorar estos lugares u objetos «remotos» sin tan siquiera dejar el cuerpo. Pero con la práctica en la visión remota, podemos, por ejemplo, «caminar» por la calle de una ciudad que está en la otra punta del globo y en la que nunca hemos estado y describir con exactitud el tiempo que hace en ese momento en particular; «sintonizar» con la cocina de algún ser querido y ver detalles como los platos que están en el fregadero y los objetos que están casualmente encima del mármol de la cocina justo en ese momento; o incluso «ver» los invitados y la disposición de los asientos de una cena de Estado en la Casa Blanca durante el mandato de Lincoln.

El elemento clave en la visión remota genuina es la comprobación. Sin ella, no se puede considerar visión remota, no es más que jugar a las adivinanzas, a la lógica, o a tener una vívida imaginación. Si digo que tengo la visión remota de la cocina de un amigo y describo dos platos y tres tazas de café en el fregadero, y cuando llamo a mi amigo descubro que no hay platos y que sólo hay una taza de café en el fregadero, he fallado. Si describo con todo detalle una cena de Estado de Lincoln en la Casa Blanca, hasta describir lo que lleva cada uno, pero los archivos históricos prueban una lista de invitados o una disposición de los mismos totalmente distinta, no hago más que ponerme en evidencia. Pero si puedo escudriñar tu oficina, sin que me mandes información telepáticamente, y te digo que hay un recipiente volcado de clips para papel en tu mesa de despacho, al lado de la foto enmarcada de tus tres hijos, todos ellos vestidos de color rojo, y que hay una caja de poliestireno sobre tu carpeta verde que contiene medio sándwich de atún con una rodaja de pepinillo en vinagre, y me confirmas esa descripción después de que yo haya afirmado que es así, eso sería una experiencia de visión remota satisfactoria. Ésta es la razón por la que los investigadores, incluida yo, se sienten tan atraídos hacia esta habilidad en particular, puesto que o se puede verificar o no cuenta. No hay una zona gris, ni el «se ha acercado bastante».

Ésta es también la razón por la que soy una gran creyente en la importancia de la práctica de la visión remota para ayudar a agudizar nuestra exactitud cuando se trata de recordar y comprender nuestros sueños. Advierto que algunos sueños también incluyen visión remota. El «sueño» de Alicia de su exploración del planeta Mercurio se podía haber confundido con una visión remota si no hubiera incluido una sensación tan clara de volar, que lo convirtió en un viaje astral. Francamente, cuando se trata de los viajes que hacemos mientras dormimos, no creo que valga la pena, o ni tan siquiera que sea interesante, dedicar un tiempo valioso a intentar distinguir entre la telepatía, el viaje astral o la visión remota. En realidad, ¿a quién le importa cuál de ellas sea?

Sin embargo, como una forma de «calistenia [ejercicio] mental», la visión remota es fácil y fascinante, e incluso constituye una forma relajante de ayudar a las mentes consciente y subconsciente a que trabajen conjuntamente, y de mejorar la comunicación entre ambas, puesto que las dos son importantes participantes en la visión remota. Es el subconsciente el que realmente realiza la visión, pero para que sea eficaz, la mente consciente ha de desconectarse de su «ruido» habitual cuando se le ordene y permanecer al margen a fin de que la mente consciente pueda recibir una «señal» clara desde el objeto o la localización sobre la que ha enfocado la mente. Mientras el subconsciente está haciendo su trabajo, la mente consciente debe ser capaz de expresar lo que el subconsciente está recibiendo, ya sea verbalmente, por escrito o mediante un bosquejo, y debe expresarlo con exactitud, sin interferir ni intentar modificar la información. Un investigador llamado Ingo Swann, que fue uno de los principales expertos del tema de la visión remota en las décadas de 1960 y 1970, escribió que desarrollar esta habilidad podía «expandir los parámetros de nuestras percepciones». Tiene toda la razón, aunque cuando se refiere al mundo del sueño, yo añadiría «y ayudar a nuestras mentes consciente e inconsciente a cooperar entre ellas a fin de que podamos sacar el mayor provecho de nuestros sueños y de otros viajes que realizamos mientras dormimos».

La visión remota es algo que podemos practicar todos los días si queremos, aunque sólo tengamos unos pocos momentos libres cuando nuestra mente consciente se toma un sano y seguro descanso. Cuando nos duchamos, por la mañana cuando nos tomamos la primera taza de café, o en un tranquilo descanso entre reuniones en la oficina, todo esto son buenos momentos para practicarla. Por otra parte, practicar mientras conducimos, estamos realizando una operación quirúrgica o probando una nueva sierra de mesa sería peligroso, o como mínimo muy estúpido. Al igual que con cualquier otro ejercicio que implique a la mente, hemos de ser responsables.

Dondequiera que estés cuando empieces, has de hacer unas cuantas respiraciones profundas y rítmicas, soltando la negatividad y las dudas cada vez que exhalas. Si estás sentado, coloca tus manos sobre los muslos, con las palmas hacia arriba, en posición receptora. Si estás de pie, extiende las palmas mirando hacia arriba, como un rápido reconocimiento de tu apertura y voluntad de recibir. Deja que te envuelva una sensación de paz, suave, profunda y rica como si fuera un velo de terciopelo, que te aísla del ruido, de la confusión y de las distracciones que te rodean, y deja que el Centro de Dios que hay en tu interior te inunde de amoroso silencio mientras cierras los ojos. Siente una confortable, distendida y relajante sensación que atraviesa lentamente tus pies, tobillos, pantorrillas, rodillas y muslos, atraviesa la zona pelviana y asciende por todo el tronco. Este divino alivio, este Centro de Dios, se traslada hacia los hombros, desciende hasta los brazos y antebrazos, hacia las manos y los dedos, luego sube de nuevo hasta llegar al cuello, rodea la boca, la nariz, los ojos, la frente; cada inhalación acentúa la relajación, cada exhalación limpia y elimina todo el estrés y la ansiedad. Da gracias a Dios por este maravilloso momento de paz; este espacio de tiempo, por breve que sea, lo has reivindicado para ti, en el amor infinito y perfecto de su abrazo.

Sin poner a nadie sobre aviso y sin hacer ninguna lectura o investigación de ningún tipo, en este exquisito estado de relajación, quiero que selecciones tranquilamente un objetivo en tu mente que quieras explorar. No elijas una habitación de tu propia casa, donde tus recuerdos conscientes pueden interferir, ni escojas un lugar que no puedas comprobar después. Al principio póntelo fácil, escoge algo familiar, el coche de un amigo mientras se dirige a su trabajo, por ejemplo.

Envía a tu mente lejos desde dondequiera que esté, como si fuera un rayo de luz plateada luminosa, que atraviesa el aire, creando una línea directa, fuerte y recta, desde ti hasta tu objetivo. Quiero que empieces con la imagen general, una «toma panorámica», por así decirlo, del coche mientras se desplaza por la calle, autopista o carretera, y empieza a hacerte preguntas; deja a un lado lo que crees que sabes y observa las primeras impresiones que recibe tu subconsciente. ¿Está el coche al sol o a la sombra? ¿Hay tráfico? Si es así, ¿es denso o fluido? ¿De qué color es el coche que tiene delante o el que tiene detrás? ¿El coche de tu amigo está limpio o sucio? ¿Tiene alguna rascada o marca? ¿Qué ventanas están abiertas y cuáles cerradas? Toma nota de todos los detalles que puedas respecto al coche y todo lo que le rodea como si lo estuvieras viendo lentamente a través de un *zoom*, y con el mismo rayo de luz plateada que conecta tu mente con ese coche, entra en él por la ventanilla y empieza a explorar el interior, y hazte las preguntas que te vengan a la mente.

Otra forma en que la visión remota difiere de la telepatía es en que los sentidos están muy implicados y son muy importantes. Así que mientras empiezas a mirar en el interior del coche, además de hacerte preguntas como qué velocidad marca el velocímetro, si el cenicero está abierto o cerrado, si los parasoles están subidos o bajados, si tu amigo está hablando por teléfono, si hay algún lugar para colocar vasos y qué hay en él si es que hay algo, qué objetos específicos hay en los asientos o en el suelo, cuál es la temperatura interior, y si hay objetos sobre el salpicadero o colgando del espejo trasero, hazte también preguntas sensoriales. ¿Qué olores notas? ¿Puedes sentir olor a piel, a café o quizás a algún tentempié de comida rápida? ¿Ha fumado alguien en el coche? ¿Hay algún tipo de ambientador que puedas oler, o el olor distintivo de haber ido recientemente a un túnel de lavado? Escucha atentamente. ¿Está la radio puesta? Si es así, ¿qué está escuchando, las noticias, música o un programa hablado? Si no está encendida, ¿está escuchando una cinta o un disco compacto? Si tu amigo está hablando por teléfono, intenta escuchar una palabra o frase y observa en qué mano tiene el teléfono, o bien si lleva instalado un manos libres. Desde el interior del vehículo, mira a través del parabrisas, observa algunos indicadores en el camino o desvíos que toma tu amigo, cualquier cosa que luego puedas comprobar llamando a tu amigo, y si tienes papel y lápiz a mano, toma notas o haz bosquejos mientras avanzas, cuanto más detallados mejor.

En realidad es así de fácil y no lleva más tiempo del que tú quieras dedicarle. Hagas lo que hagas, no te desanimes si al principio tu exactitud se aparta bastante de lo deseable. Uno o dos «aciertos» es un logro y un gran punto de partida; la visión remota es una habilidad en la que vas mejorando a medida que practicas. De nuevo repito que cualquier atención que dediques a tu conexión entre la mente consciente y subconsciente y a la claridad de su comunicación entre ambas te garantiza que te ayudará a que puedas integrar tus sueños en tu estado de vigilia. Esta meta vale la pena sea cual fuere la circunstancia, pero os animo especialmente a que os aficionéis a ella por el bien de vuestros seres queridos, tanto por los que están aquí como en el Hogar, que os están visitando y recibiendo visitas vuestras mientras dormís (y que están esperando que los apreciéis plenamente mientras estáis despiertos), visitas que son tan reales y poderosas que merecen un capítulo especial.

7

Visitas astrales: el milagro
de las reuniones mientras dormimos

Sabemos que cuando dormimos no hay límite respecto a lo que podemos aprender de nosotros mismos, de nuestro mundo e incluso del futuro; no hay límites de hasta dónde podemos viajar, desde las zonas más remotas del universo hasta la intimidad de El Otro Lado. Pero mis propias experiencias y el gran volumen de cartas de «sueños» que he recibido me convencen de que pocas cosas se aprecian más que las reuniones con las que somos bendecidos en esas adorables horas en las que nuestra mente consciente descansa y nuestro espíritu vivo y espléndido en nuestra mente subconsciente queda en libertad para llegar hasta esos otros espíritus, lugares o tiempos que estamos ansiando. Los escépticos pueden pensar que son ilusiones. Con esto no quiero decir que todo sueño con un ser querido fallecido sea una visita astral y nada más que eso, pero hacia el final de este capítulo podréis ver fácilmente la diferencia.

Quiero aclarar algo antes de empezar. Muchas personas se despiertan con recuerdos de haber pasado un tiempo con seres que han perdido y a quienes añoran terriblemente. Hay muchas otras personas que no. Por favor os pido que me creáis cuando os digo que la diferencia no es que existan esas reuniones, sino la capacidad para recordarlas. No hay duda de que cuando dormimos es cuando más accesibles somos a las visitas de los espíritus. Todos hacemos y recibimos estas visitas muchas veces a la semana. De modo que si eres una de esas personas que te despiertas y no eres consciente de que algún espíritu querido ha estado contigo mientras dormías, no te sientas excluido mientras lees este capítulo. Por el contrario, deja que te ayude a llenar algunos vacíos y que te explique por qué algunas mañanas cuando abres los ojos te sientes un poco más querido y en paz que de costumbre sin que aparentemente haya razón alguna.

Visitas y mensajes de los seres queridos

«Mi sobrino Jim fue asesinado en Camboya en junio de 1970 —escribe Bobby—. A pesar de todos los años que han pasado, tengo sueños frecuentes y agradables que son muy reales. Generalmente, estamos hablando y paseando al lado de ríos o por las playas de Los Ángeles. Son sueños bonitos. No hay nada triste en ellos. Tengo 55 saludables años, pero a veces creo que mi tiempo está a punto de acabarse y que Jim me está ayudando a hacerme a la idea de cruzar a la otra orilla. Me pregunto si esto es algo que sucede normalmente durante tantos años antes de que un viejo amigo o pariente acabe por presentarse.»

La respuesta es sí, es muy normal, y hay una explicación que puede ayudar a muchos lectores, así que me gustaría darle las gracias a Bobby por compartir su experiencia. Sus «sueños» son, por supuesto, visitas entre el espíritu de Jim y el de Bobby, siempre cerca del agua que les encantaba a los dos. Recordemos que en El Otro Lado, donde Jim fue en un instante, no existe el tiempo, sólo una conciencia y un entendimiento total de la eternidad. Y en el contexto de la eternidad, «todos estos años» han pasado en un abrir y cerrar de ojos. Al igual que tantas víctimas de muertes traumáticas, Jim fue inmediatamente a la Orientación cuando llegó al Hogar, que es un proceso habitual y muy reconfortante que ayuda a los espíritus a pasar el trauma de su partida repentina de la Tierra. En mi libro *Life on the Other Side* lo describo ampliamente, y no me gustaría repetirme ni extenderme demasiado al respecto aquí. Pero basta con decir que es muy saludable y agradable, tal como el propio Bobby ha podido comprobar por sí mismo. En cuanto a que Bobby se vaya acostumbrando a la idea de cruzar, su amigo intenta que no tenga el menor temor, porque *según la noción del tiempo de Jim*, es decir, la eternidad, pronto se marchará. Pero según nuestra noción del tiempo en la Tierra, Bobby tiene toda la razón al decir que está muy sano y va a seguir así durante mucho tiempo.

Una visita astral enviada por S. G. dice: «Soñé que mi fallecido esposo venía a verme. Me habló. Hace más de diez años que se ha marchado, pero me dijo que todo ese tiempo había estado en coma. Tenía muy buen aspecto y se le veía feliz, y me abrazó».

Aquí tenemos otro caso de alguien que acababa de salir de la Orientación, que describe como haber estado en coma, y a quien S. G. había estado esperando durante estos diez años —una interminable cantidad de tiempo para ella, pero nada para él—. La Orientación implica una enorme cantidad de sueño, descanso y relajación, y, de nuevo, es una forma muy normal de ayudar a algunos espíritus recién llegados a aclimatarse por estar de nuevo en el Hogar. Mi espíritu guía Francine lo describe como asistir a un buceador que padece una lesión disbárica a causa de una mala descompresión por un ascenso demasiado rápido. Si habéis perdido a alguien y teméis no volver a recibir una visita suya porque ya ha pasado mucho tiempo, tened paciencia. En el mundo del espíritu no existe la noción de «demasiado tiempo». Vendrá tarde o temprano, y lo único que habéis de hacer es estar abiertos para recibirle.

J. envió esta fascinante experiencia. «En 1992 un amigo muy querido por mí murió (en realidad, era un ex novio). Se llamaba Ronnie y en aquel entonces sólo tenía veinticinco años. Nunca me había visitado hasta el mes de enero o febrero de 2002, justo después del nacimiento de mi tercer hijo. Siempre había pensado en Ronnie durante todos esos años, pero no con tanta intensidad como empecé a pensar en él entonces. De pronto parecía estar en todas partes. Le añoraba mucho, y su recuerdo me consumía el pensamiento. Entonces una noche, mientras estaba dormida recibí una "visita" suya. Yo estaba en una casa vieja, en el segundo piso. Tenía esa sensación especial en mi estómago y miraba por la ventana; allí estaba él, acercándose a la casa en su motocicleta. Me apresuré a salir de casa, todavía incrédula de que fuera él. Tomó mis manos y me dijo que dejara de llorar por él, que estaba bien y que nunca me abandonaría. Tomó mi cara entre sus manos y me dijo: "No me añores más. Voy a volver a ti. Volveremos a estar juntos". Yo no paraba de preguntarle cómo iba a ser posible, y él no dejaba de repetirme que volvería y que volveríamos a estar juntos. Entonces se esfumó. Yo estaba muy confundida cuando me desperté. Y desde que tuve ese sueño, ya no lo he vuelto a sentir cerca de mí. Echo de menos su recuerdo, pero siento que ya no hay razón para añorarle ni echarle de menos. Quiero saber qué es lo que quería decirme. Dijo que regresaría, pero ¿en qué forma? ¿Cómo le reconoceré cuando sea otra persona?»

Creo que J. ya lo sabe, pero Ronnie ya ha vuelto. La razón por la que ya no le echa de menos es porque ahora está con él todo el día, no sólo espiritualmente sino también físicamente.

Ronnie es su hijo, su tercer hijo, y él no podía esperar más para compartir la noticia con J. Si pensáis que los adultos viajamos mucho astralmente durante el sueño, somos verdaderos principiantes en comparación con los bebés, que acaban de llegar de El Otro Lado, que encuentran estos absurdos cuerpos, en los que de repente les ha tocado vivir, bastante aburridos e incómodos, y pasan casi tanto tiempo fuera de su cuerpo como lo pasan dentro de él durante sus primeros años en la Tierra. No debería sorprenderle a J. saber que el espíritu de su bebé, que es Ronnie, apareciera en forma adulta. En primer lugar, él quería estar seguro de que J. le reconocería. En segundo lugar, no olvidemos nunca que dentro de estos diminutos cuerpos de bebé preverbales viven espíritus tan eternos, antiguos, experimentados y «maduros» (un término muy relativo, hay que reconocerlo) como nosotros. J. ha de observar a su hijo mientras crece y reconocerá algunas de las peculiaridades sutiles de Ronnie. También se dará cuenta de lo especialmente protector que será su hijo con ella. Sólo le hago una advertencia a J.: recordarle que, aunque Ronnie haya regresado en el cuerpo de su hijo, su hijo quiere tener su propia identidad, y si ella intenta recrear a Ronnie en él no le estará haciendo ningún favor. Como sabrán muchos de mis lectores, mi querida abuela Ada regresó como mi nieta Angelia. El mismo espíritu, dos personas separadas, con dos mapas separados, dos propósitos y temas para esta vida separados, y dos relaciones separadas y únicas para mí, y aprecio cada una de ellas de un modo que no puedo expresar en palabras por el carácter único de las mismas. De modo que J. debe disfrutar del placer de la presencia de Ronnie, pero no debe ser injusta con él o consigo misma intentando, sin darse cuenta, que se convierta en una réplica de un hombre del que él no tiene ningún recuerdo consciente.

L. S. tuvo una experiencia astral similar, pero mucho más

difícil mientras dormía. «Estaba casi en mi tercer mes de embarazo cuando soñé que dos figuras se llevaban a mi bebé. Parecía
como si estuvieran siguiendo un rayo de luz que se alejaba de
mí. No podía hacer otra cosa que mirar, y también se sentía
muy indefensa. Me desperté sobresaltada, y ese sueño todavía
me persigue hasta el día de hoy. Aproximadamente al cabo de
una semana de haber tenido ese sueño, mis compañeros de trabajo me preguntaron si me encontraba bien. Les dije que me
hallaba de maravilla, como si no estuviera embarazada. Poco
después empecé a tener pérdidas y fui a hacerme una ecografía.
Descubrí que mi bebé había muerto casi en la misma fecha que
tuve mi sueño. Me quedé deshecha. Sylvia, te oí decir una vez
en el *show* de Montel Williams que algunos abortos intentan regresar. ¡Me alegró mucho oír eso! Di a luz a mi hijo Daniel casi
al año de haber tenido el aborto que vi en mi sueño. ¿Es el mismo espíritu? ¿Por qué vi que se llevaban a mi hijo? Fue algo terrible de presenciar.»

Estoy muy feliz de poder decirle a L. S. —de hecho, de
prometerle— que sí, que su hijo Daniel es el mismo espíritu que
había regresado al Hogar un año antes. No siempre sucede esto
con los abortos, pero sin duda es el caso de L. S. Es preciso que
ella entienda lo que vio en su «sueño». Ese primer niño no era
una entidad sana y próspera, y fue «arrebatado» contra su voluntad. Aunque no hubiera sido por su culpa o por la de nadie,
nunca habría llegado a nacer debido a sus innumerables problemas fisiológicos, y eligió marcharse en la primera fase del
embarazo. Lo que viste eran sus dos ángeles, que vinieron a llevarse su espíritu al Hogar amorosamente después de fallecer en
el útero. No es un recuerdo triste para Daniel, de modo que
cuando aprenda a hablar, L. S. ha de preguntarle si recuerda a
sus ángeles. Estoy casi segura de que dirá que sí, y no lo dirá por
quedar bien.

Hay una experiencia que compartió otra L., y sé que hay muchas personas que también están luchando contra ella; espero que esto os ayude a todos a dejar a un lado este tema: «Mi madre se suicidó disparándose un tiro en el mes de agosto de 2001. Hacía más de diecisiete años que padecía una enfermedad crónica que le provocaba dolores constantes que los medicamentos no le aliviaban. No podía hacer muchas de las actividades que anteriormente realizaba, y no soportaba no poder caminar sin ayuda. Esta situación la convirtió en una persona bastante amargada y difícil de tratar. Dos meses después de su muerte tuve un sueño muy vívido de mi madre, que estaba en unos grandes almacenes con grandes pasillos, como si fuera un gran almacén de bricolaje. Mi tío y mi tía también estaban allí. Mi madre caminaba muy rápido por los pasillos y nosotros no podíamos seguirla. Ella se reía, hacía bromas y parecía muy libre.

»De pronto, mi madre decidió que ya había terminado de comprar en ese almacén y se dirigió hacia las enormes puertas automáticas de cristal. No pude alcanzarla, y empecé a gritarle que se parara y me esperara. Yo corría para llegar a las puertas, y de pronto me di cuenta de que mi tía y mi tío se estaban cayendo. No sabía qué hacer, si seguir a mi madre o intentar socorrer a mis tíos antes de que tocaran el suelo. Estaba enfadada, porque sabía que si les ayudaba me costaría poder seguir a mi madre. Cuando levanté la mirada de este caos, vi a mi madre de pie al otro lado de la puerta de cristal; sencillamente me sonrió, hizo un gesto de despedida con la mano y se giró para marcharse.

»Realmente espero que ésta fuera la forma en que mi madre me hizo saber que, a pesar de haberse suicidado, encontró su camino hacia El Otro Lado y que al final se ha liberado de su dolor. No sé qué pensar: unas veces considero el sueño como un simple «deseo», y otras que mi madre me estaba enviando un mensaje diciéndome que ahora es feliz y que sabe que la he perdonado.»

Voy a decir algo muy directo respecto al suicidio. *Nunca* está escrito en nuestros mapas como Punto de Salida, lo que significa que *nunca* forma parte del contrato que firmamos con Dios antes de venir aquí. Rezo para que ninguno de vosotros deje entrar jamás en su mente esa opción, sin pensar inmediatamente «¡No!». Y si sucede, os ruego encarecidamente que habléis con un profesional cualificado —un médico, un terapeuta, alguien que esté formado para poder ayudaros— y que os deis toda la oportunidad posible para recobrar vuestra cordura y conseguir una mejora fiable de la depresión, que es la que inevitablemente crea pensamientos de suicidio. Los suicidas que están motivados por la venganza, la autocompasión, la cobardía, la pereza o el egoísmo se dirigen directamente hacia el horror de la Puerta Izquierda que he descrito antes y regresan al útero sin experimentar ni un destello de la paz divina de El Otro Lado.

Sin embargo, hay suicidios, como en el caso de la madre de L., que son a raíz de una enfermedad mental (y L., la interminable e infructuosa batalla de tu madre con sus problemas físicos la condujo a una devastadora enfermedad mental, como estoy segura que bien sabes), graves desequilibrios químicos y un montón de causas que se escapan del control de esa persona y te prometo que esos espíritus son acogidos en el amor de Dios en El Otro Lado con toda seguridad y de la misma forma que todos nosotros.

En cuanto a la pregunta de L. respecto a si era «real» o sólo un deseo, quiero que observéis lo lógica —de hecho, inteligente— que era la secuencia de acontecimientos en el «sueño» de L. Eso es un indicio de que era una experiencia astral diseñada por su madre, con la participación de su tío y su tía para lanzar un mensaje. Es maravilloso que L. no sólo pudiera ver a su madre riendo y feliz, moviéndose alegremente y sin dolor, sino que su madre eligiera un lugar luminoso para reunirse todos. Por una parte, a los almacenes de bricolaje generalmente van personas que están en buena condición física, y no son ninguna diversión para alguien que está exhausto a causa de padecer dolor crónico. Además, está el hecho, como veremos en el capítulo 9, en el apartado «Arquetipos», de que una casa u hogar a menudo suele representar nuestro cuerpo, de modo que un «almacén de bricolaje» está cargado de los mensajes de fuerza, salud y bienestar físico y emocional con que la madre de L. está disfrutando en El Otro Lado.

Sé que para L. fue frustrante tener que atender a su tío y a su tía en lugar de seguir a su madre, pero, nuevamente, qué inteligente forma por parte de su madre de decirle que todavía no es el momento para seguirla. Ella está bien, es feliz. No necesita que L. la cuide más. Se lo confirmó con su sonrisa final y su gesto de despedida, mientras L. se quedaba atrás centrada en sus preocupaciones terrenales, que es lo que se supone que ha de hacer y donde se supone que ha de estar. En cuanto a que su madre sepa que L. la ha perdonado, ella nunca ha tenido ninguna duda al respecto.

E. S. también tuvo una experiencia astral muy dulce que parece sucedernos a todos, y quizás aclarando su confusión al respecto, también pueda aclarar las vuestras: «Hace cinco años, salí con un chico cuyo hermano había muerto en un accidente de coche un año antes. Toda la familia hablaba a menudo de Tony, el hermano o hijo fallecido, y muchas veces deseé haberle conocido. Entonces, una noche tuve un sueño que todavía me persigue. Era consciente de la oscuridad de mi entorno inmediato, cuando una especie de entrada, que emitía una bella luz brillante, se abrió a cierta distancia de mí. Era como si estuviera de pie a la salida de un túnel, aunque no era consciente de estar viendo un túnel en esos momentos. Tony estaba de pie delante de la entrada del túnel, envuelto en una espléndida luz, de modo que sólo podía ver su silueta, aunque sabía con toda certeza que era él. Me alargó su mano, con la palma hacia arriba, y pronunció mi nombre. Era como si me lo hubiera dicho directamente al oído, porque me desperté al instante. Hasta hoy quiero creer que Tony se puso en contacto conmigo, aunque no puedo imaginar por qué me habría elegido a mí».

Tony se puso en contacto con E. S. y ella fue una elección excelente. Él sabía que ella le daría la bienvenida, que estaría abierta a la experiencia de una visita, y, sobre todo, sabía que, a diferencia de su familia y amigos cercanos, ella no estaba bloqueada por el dolor y podría ser consciente de su presencia. Si todavía no lo ha hecho, L. S. debería contarle su visita a aquellos que le echan tanto en falta, especialmente a su madre. Él quiere que sepan que está vivo y que está bien en el Hogar, y eligió a la persona correcta para transmitir el mensaje con el respeto y la credibilidad que merece.

Es cierto que el pesar, la culpa, la ira, el miedo y otras emociones poderosas que tan a menudo acompañan a la «muerte» de un ser querido pueden interferir en nuestra capacidad para recibir claramente a sus espíritus y los mensajes que intentan transmitirnos, —que casi siempre se resumen en las emocionantes noticias de que no están muertos, que están prosperando en El Otro Lado y que nos están observando. Nuestro dolor, comprensible y normal como es, con frecuencia nos deja en un estado de aturdimiento en el que es difícil entrar incluso para las personas que están en nuestro mismo plano. De modo que imaginad lo duro que ha de ser en el mundo de los espíritus llegar hasta nosotros mientras no se ha desvanecido nuestro dolor.

Ésta es la razón por la que nuestras emociones conflictivas que envuelven una pérdida, a veces se las arreglan para mezclar las visitas astrales en otros tipos de sueños, lo que acaba por ser muy confuso y descorazonador si no entendemos lo que está sucediendo.

Las visitas astrales en los sueños

No quiero que suene más complicado de lo que es combinar una visita astral dentro de un sueño que estamos teniendo al mismo tiempo. En realidad, no es diferente de cuando atendemos una llamada telefónica muy real o escuchamos algún otro sonido terrenal en nuestros sueños, y creo que todos hemos tenido esa experiencia en un momento u otro de nuestra vida. Yo he llegado a descolgar el teléfono mientras estaba profundamente dormida, y he empezado a hablar siguiendo alguna conversación que estaba teniendo en mi sueño, de modo que la confusión entre la realidad y el sueño es muy normal, y es lo que sucede cuando las visitas astrales y los sueños parecen ser una misma cosa.

«Mi esposo falleció hace un año y medio debido a un accidente con un todoterreno —escribe L. Y.—. Desde entonces he tenido dos sueños recurrentes que realmente me han conmocionado y que espero que me ayudes a comprender. En uno de ellos, estoy de pie hablando con algunas personas, cuando siento que alguien me toca por detrás. Mi difunto esposo me rodea con sus brazos, pero me sobresalto, y en un acto reflejo le empujo para apartarlo de mí. Entonces me doy cuenta de quién es y le grito para que vuelva, pero sigue caminando sin volverse a girar. En otro sueño, está sentado en medio de un grupo de amigos. Estoy intentando abrirme paso entre la gente para verle, pero cuando por fin llego a donde estaba él, ya se ha marchado. Todo el mundo se va riendo y hablando sobre el buen aspecto que tiene y lo feliz que es, y yo me quedo allí gritando su nombre. En ambos sueños sólo puedo verle la espalda o escuchar su voz. Nunca veo su rostro. Espero que algún día podré hablar con él. Se marchó muy de repente. Una mañana se fue de casa y nunca más volvió».

No podía haberos dado mejores ejemplos de visitas astrales combinadas con sueños liberadores si los hubiera escrito yo misma. Lo que realmente está sucediendo es que el fallecido esposo de L. Y. la está visitando mientras duerme, y ella sin duda le está viendo, lo cual es emocionante y no es algo que todo el mundo pueda hacer, por lo que esa parte es motivo de celebración. Lo que evita que sean encuentros felices es el hecho de que L. Y. todavía se está intentando recuperar del trauma de su repentina pérdida, todavía intenta hacer las paces con el trágico absurdo de despertarse una mañana normal y corriente junto a su esposo, e irse a dormir esa misma noche viuda y sola, incapaz de recordar qué significa «normal y corriente». Y si observamos los escenarios de ambos sueños desde una perspectiva emocional, representan exactamente cómo sentía ella las circunstancias de esa última mañana: se marchó, nunca regresó, y ella no pudo hacer nada para evitarlo. Introducirle en sus sueños liberadores para expresar lo abandonada que se siente es muy comprensible, y parte natural del proceso de duelo cuando pierdes a alguien de una manera que no había forma en el mundo de prever ni de prepararse para ella.

El esposo de L. Y. seguirá visitándola mientras esté dormida y cuando esté despierta, a cualquier hora del día o de la noche, y a medida que el shock y la depresión vayan desapareciendo, aunque tarde más tiempo del que a ella le gustaría, comprobará que la parte de sueño liberador de sus visitas se desvanece. Verá cómo él se le acerca, no se aleja de ella, y ella le abrazará, y se despertará sabiendo que han estado juntos mientras dormía. Hasta entonces, tendrá que hablar con él. Contarle todo lo que siente y cuánto le añora y le ama, e incluso lo enfadada que está por haberla dejado. Él la oirá y la comprenderá, y eso le ayudará a sentirse menos separada de él, lo que favorecerá muchas más visitas maravillosas con el paso del tiempo.

Mary tuvo una experiencia similar. «Mi esposo lleva dos años en El Otro Lado. Siempre hablo con él y le pido que venga a verme en sueños. Rara vez lo hace, pero cuando sucede nunca parece reconocer que estoy allí. Me entristezco mucho por no poder hablar durante estas infrecuentes visitas. ¿Existe alguna razón para ello? Quiero saber por mí misma que es feliz, y tengo tantas cosas que decirle.»

Ha de ser excitante para Mary poder ver a su esposo cuando viene a verla mientras duerme. Y el hecho de que se presente cuando ella se lo pide, por escasas que sean las visitas, implica que él puede oírla y que ella puede decirle todo lo que desee. La oirá, y en el futuro habrá muchas visitas en las que él se lo confirmará, cuando su proceso de recuperación esté más avanzado. Por el momento, Mary se puede reconfortar sabiendo que él viene y que ella puede verle, y estar convencida de que su percepción de que él no le hace caso es sólo la forma natural en que actúa su sueño liberador para ir disolviendo su dolor por la pérdida, que muchas veces puede presentarse como un sentimiento de abandono o incluso de rechazo. Al igual que con L. Y., cuanto más acepte Mary la realidad de que su esposo no se ha ido del todo, de que está allí con ella, más felices serán las reuniones.

Una experiencia de D. L. tiene un tema similar con ligeras variaciones. «Mi padre y mi madre han fallecido. Tengo sueños muy vívidos. Lo que me preocupa es que cuando sueño con mi madre, nunca sonríe ni habla. Pero cuando sueño con mi padre, me hace reír y está lleno de vida. No sé por qué mi madre nunca parece estar contenta conmigo o consigo misma. Siempre decía que sería feliz cuando fuera al cielo, ¿por qué no lo es?»

Lo es, D. L., la infelicidad que estás viendo en tu madre, en realidad es la tuya, no la suya, y procede de tu miedo a que ella no haya encontrado la felicidad en el Hogar, que tan a menudo parecía estar fuera de su alcance en esta vida. En este caso estás mezclando las visitas de tus padres con sueños liberadores que reflejan los problemas no resueltos y bastante complejos que tuviste en la relación con tu madre durante toda tu vida, a diferencia del vínculo fácil y sin complicaciones que hubo entre tu padre y tú. Creo que es más fácil decirlo que hacerlo, pero espero que tu madre y tú salgáis del atolladero de los conflictos que hubo entre vosotras. Eran inevitables, teniendo en cuenta lo diferentes que son vuestras personalidades, por no citar las similitudes, que a veces hacían que las cosas fueran todavía más difíciles para ambas. Déjalo correr. Ella ya lo ha hecho. Y cuando tú lo hagas, cuando te hayas perdonado a ti misma y a ella y empieces a enfocarte en la verdadera esencia de vuestra relación, que era el profundo amor que existía entre ambas, oculto bajo vuestras mutuas cabezonerías, quedarás gratamente sorprendida al darte cuenta de que las visitas que recibes de ella son tan felices y alegres como esas deliciosas visitas de tu padre.

Estoy segura de que, habiendo llegado a este punto, te debes estar preguntado cómo puedes saber a ciencia cierta que las visitas astrales que recibes de los seres queridos que parecen desdichados, descontentos, desdeñosos o resentidos, no son más que sueños liberadores, en vez de ser un reflejo de cómo se sienten. La respuesta es sencilla, y para entenderla no necesitas ser vidente, sino una persona lógica. El hecho es que, y te ruego que siempre recuerdes esto, todas las emociones negativas son humanas y terrenales. Venimos aquí para sentirlas, para enfrentarnos a ellas y hacer todo lo que podamos para superarlas. Pero *no existen en el mundo de los espíritus*. El Otro Lado es bendición, amor perfecto en la presencia inmediata de Dios, de los ángeles, del Mesías, de nuestras almas gemelas y de innumerables espíritus espléndidos que siempre hemos conocido y siempre conoceremos, a lo largo de la eternidad que Dios nos ha dado. La infelicidad en el Hogar, o de alguien que nos visite desde allí, es imposible. De modo que estad seguros de que, en cualquier momento que os visite un espíritu que os está ofreciendo nada más ni nada menos que un amor, dicha y paz total e incondicional, ese espíritu sencillamente se ha convertido en un retrato de vuestros problemas emocionales no resueltos. Al igual que sucede con todos los sueños liberadores, podéis usar esta información para aclarar de dónde viene el dolor y qué es lo que necesitáis hacer al respecto; nadie será más feliz por vosotros que esos queridos espíritus que os están rodeando en el momento en que estáis leyendo esto, que esperarán todo lo que haga falta para que volváis a mirarlos mientras dormís, con la misma adoración pura con la que ellos os observan a vosotros.

Demasiado bueno para ser cierto

Es fascinante y un poco triste para mí ver lo reacios que somos a creer en las buenas noticias. Por evidentes o simples que sean, casi estamos programados a ser escépticos cuando sucede algo bueno, e inmediatamente empezamos a pensar: «¿Dónde está la trampa?» o «Ya me lo imaginaba». Así que, cuando recibimos las mejores noticias que podamos imaginar, cuando descubrimos que un ser querido «fallecido» en realidad no ha «muerto», que de hecho está muy cerca de nosotros, amándonos y observándonos, estamos casi programados a creer cualquier cosa menos la verdad. He hecho esta pregunta un millón de veces en mi vida, y probablemente siga haciéndola: si aceptamos que el espíritu sobrevive a la muerte del cuerpo, ¿por qué no aceptamos que exista una interacción con esos espíritus? Los espíritus tienen la fuerza suficiente para superar la muerte, pero ¿no son lo bastante poderosos como para venir a vernos y saludarnos? ¿Tiene eso sentido para vosotros? Para mí tampoco. Cuando se trata del mundo del espíritu, ¿qué «inconveniente» hay en creer?

Casi puedo oíros decir que ya os han engañado antes y que algunas cosas en la Tierra son demasiado buenas para ser ciertas. No estáis equivocados. Afortunadamente, el «demasiado bueno para ser cierto» no se aplica al mundo del espíritu. ¿Cómo puedo estar segura? Porque lo he visto y oído con mis propios ojos y oídos durante sesenta y seis años, y lo que no he experimentado personalmente lo sé a través de cincuenta años de experiencias de clientes, amistades y espectadores. Pero no tenéis por qué creer en mi palabra, ni siquiera en la de ellos. Os invito a que creáis en algo que ya sabéis, si es que tenéis algún tipo de creencia espiritual, algo que hemos visto una y otra vez en este libro: cuando los espíritus trascienden la Tierra, con todas sus crueles incoherencias e imperfecciones, también trascienden nuestra estupidez y negatividad, así como nuestras leyes, nuestra física y limitaciones. En resumen, lo que en la Tierra nos suena demasiado bueno como para ser verdad, probablemente sea así. En el mundo del espíritu de El Otro Lado, desde el que los espíritus viajan para visitarnos, sencillamente no existe eso.

«Al poco tiempo de que mi padre falleciera —escribe G. B.— tuve un sueño muy real en el que él estaba de pie junto a mi cama. Me acariciaba suavemente la mejilla derecha, e inmediatamente me desperté. Pude sentir su presencia, y todavía siento su tacto en mi rostro. ¿Estaba allí realmente acariciándome o fue sólo un sueño? Llevo dieciocho años preguntándomelo y me encantaría tener una respuesta.»

¿Veis lo que quiero decir? G. B. lleva dieciocho años preguntándose y con miedo a creer, en lugar de celebrar esta bella y simple visita de su padre y creer en la prueba que le dio de que está vivo, y que es tan real que incluso ella misma lo reconoce, que incluso estando despierta, puede sentir su tacto en su rostro. Me alegra mucho que G. B. hiciera esta pregunta, pues no existen preguntas «estúpidas», especialmente sobre este tema. No critico su reticencia. He recibido docenas de cartas parecidas, de modo que no es la única que tiene dudas.

Por ejemplo, ésta es una carta de K. que tuve que leer varias veces, porque pensaba que quizá me dejaba algo: «Soñé con mi padre que falleció el día 6 de diciembre de 2001. Tuvo un ataque al corazón, le llevé al hospital, pero no lo superó. En el sueño le estaba diciendo lo triste que estaba y que de algún modo sentía que era culpa mía. Pero él me dijo que todo estaba bien. En realidad, no sé qué es lo que quería decir».

Siento ser tan directa aquí, pero ¿qué parte de «todo está bien» no comprendes, K.? Tu padre es feliz, está sano y te estaba asegurando que no había nada que lamentar, que hiciste exactamente lo que tenías que hacer cuando le llevaste al hospital. Le digo esto a K. y a todas las personas (incluida yo misma, puesto que a veces también tengo problemas en recordarlo, en mis conversaciones con mi espíritu guía Francine): a diferencia de nosotros que estamos aquí en la Tierra, diez de cada diez espíritus dicen lo que sienten y sienten lo que dicen. Nada más ni nada menos. Semejante simplicidad nos puede desconcertar cuando no estamos acostumbrados a ella, pero es un descanso refrescante de todas las conversaciones crípticas que mantenemos con otros humanos, ¿no crees?

Louise recibió un mensaje en una visita de su abuelo que fue igualmente simple, aunque puedo comprender la razón por la que le pareció un poco abrupto. «En el mes de agosto de 1999 falleció mi abuelo —nos cuenta—. Teníamos una relación muy estrecha, y al poco rato de fallecer, esa misma noche, tuve un sueño muy vívido. Yo estaba caminando por el vestíbulo del hospital en el que estaba ingresado, y cuando entré en su habitación, él estaba de pie al lado de su cama quitándose los tubos de respiración asistida. Me miró y me dijo: "No voy a preocuparme más por ti". Parecía muy real.»

Era real, y espero que Louise no pensara que su abuelo quería decir que con su «muerte» ya no se iba a preocupar más por ella. Louise sabe que su abuelo no soportaba verla tan triste por él en sus últimos días y saber lo que le iba a echar de menos. Pero lo más glorioso es que, en el momento en que nuestro espíritu llega a El Otro Lado, recobra la sabiduría, el conocimiento y la conciencia de eternidad que pierde cuando llega a la Tierra. A raíz de ello, no pasa ni un instante más preocupándose por nosotros, porque sabe que no hay nada de qué preocuparse. Todos volveremos a estar juntos, en un instante en lo que a él respecta, y literalmente todos viviremos «felices por siempre jamás». Dime, si supieras eso con toda seguridad en el mundo del espíritu, ¿cuánto tiempo pasarías preocupándote? Al decirle a Louise que no se iba a preocupar más por ella, su abuelo le estaba diciendo que estaba en el Hogar sano y salvo y que estaría con ella, observándola a partir de ese momento.

A. V. envió una variación de una visita de un espíritu con la que no suelo encontrarme. Ella estaba claramente preocupada por la visita, como lo estaría cualquiera que hubiera tenido la misma experiencia sin tener suficiente información para apreciar lo que estaba sucediendo. «Sueño con mi abuela materna, pero no siempre son sueños reconfortantes. Suceden en un lugar oscuro y, en general, ella no me hace caso. Hace veintiún años que se marchó, tanto en el sueño como en la vida real, y en el sueño me dice que va a volver a encarnarse, aunque no recuerdo que ninguna de las dos diga una sola palabra. No entiendo por qué mis sueños con ella no son claros y alegres, como solían ser.»

Puedo decirle a A. V. cuál es la razón, y es francamente interesante, pero en realidad su abuela ya se lo dijo a A. V. Su espíritu es tan fuerte, como lo es el vínculo que existe entre ambas, que la ha visitado desde donde se encuentra ahora, que es en un útero, esperando nacer. Ésta es la razón por la que está oscuro. No estaba pasando de ella, como le pareció durante su visita, es sólo que una vez que el espíritu ha entrado en el feto para prepararse para el nacimiento, comienza el proceso de transición más difícil que hemos de pasar (el nacimiento es mucho más duro que la muerte, y si alguna vez has pasado por ambas transiciones durante una hipnosis regresiva, sabes por experiencia propia que es verdad). Supuso una gran determinación por parte de la abuela de A. V. ir a verla desde el útero estando tan próximo su nacimiento, y A. V. puede decirle con toda confianza a su familia, si estuviera receptiva para dicha información, que su abuela ha vuelto oficialmente a la Tierra.

Un ser querido mío que ya ha fallecido, al que perdí por la enfermedad del sida, solía decir bromeando y siempre en el momento apropiado para hacerme reír: «Cuando acabas con todas las trivialidades, lo único que realmente importa eres tú mismo». Seamos sinceros, las visitas astrales de nuestros seres queridos son emocionantes, gratificantes, reconfortantes y un verdadero regalo de Dios, pero las visitas que hacemos *nosotros* son también en su totalidad un don de Dios, aunque no sea por ninguna otra razón que la de probarnos que no es sólo el espíritu de otra persona el que trasciende el cuerpo mortal, sino que el nuestro también. Todos somos igualmente poderosos, todos estamos igualmente dotados y sin duda igualmente bendecidos, todos somos tan capaces de tocar como de ser tocados, de ver como de ser vistos, de conquistar el tiempo, el espacio y la física, como dice el refrán, con una mano atada a la espalda, probablemente con resultados más espectaculares de lo que ahora somos conscientes.

Visitas al pasado

Desde que Lily puede recordar, ha tenido sueños recurrentes de una gran casa victoriana de las afueras, con un porche cruzado, buhardillas, y una enorme puerta de entrada de madera con pesadas bisagras negras de hierro. Ella conocía cada palmo de la casa, desde el comedor formal hasta la estrecha escalera trasera que conducía a las habitaciones de los sirvientes, y un pequeño y brillante dormitorio con ventanas con generosas cortinas de encaje que sabía que era suya. Durante sus sueños no pasaba nada especial en esa casa, aparte de un sentimiento de felicidad y pertenencia, y aunque no los reconocía, sentía que el anciano, la anciana y el muchacho que a menudo estaban allí con ella eran su familia. A menudo había hablado de encontrar esa casa algún día en la «vida real». Estaba segura de que existía y que se encontraba en la campiña inglesa, al norte de Londres, y estaba igualmente segura de que podría hallar el camino si alguna vez se encontrara cerca de ella.

Como regalo para sus veinticinco años, Walter, el esposo de Lily, la invitó a ir a Inglaterra. Él ni creía ni dejaba de creer en su insistencia en que esa casa que venía apareciendo en sus sueños durante su matrimonio, e incluso antes, existiera realmente, pero estaba dispuesto a satisfacer su curiosidad, e incluso si estaba equivocada, pasarían unos días agradables visitando Londres y sus alrededores.

A la cuarta mañana de su viaje, alquilaron un coche y partieron hacia las afueras al norte de Londres. Durante bastante rato, Lily no tuvo ninguna sensación de familiaridad y su paseo resultaba encantador, pero infructuoso. Pero entonces, poco a poco, Lily empezó a dar instrucciones a Walter, al principio un tanto insegura, y a medida que se acercaban al pueblo que estaba al abrigo de unas colinas redondeadas fue cobrando confianza en sí misma. A Lily el corazón le latía cada vez con más fuerza cuando se dio cuenta de que conocía ese encantador y pequeño pueblo, y guió a Walter por una serie de calles que acabaron conduciéndolos a una calle de tres vías.

De pronto le dijo con un grito ahogado de asombro: «¡Para el coche! ¡Es ésta!». Las lágrimas inundaron sus ojos al contemplar una entrada de piedra a la casa en la que había pasado muchas horas felices en sus sueños. Walter también la reconoció por todas las descripciones que ella le había hecho de la misma y se quedó impresionado por su exactitud.

A Lily la consumía la curiosidad, a la vez que no quería molestar a los habitantes de esa casa de aspecto místico, especialmente porque suponía que sin duda pensarían que estaba loca. Pero era demasiado irresistible, y sujetando la mano alentadora de Walter, al final se dejó llevar hacia la entrada de piedra que conducía a la enorme puerta de madera con grandes bisagras negras de hierro. Dudó un poco, estaba muy nerviosa y excitada, y al final tocó el timbre.

Una atractiva mujer bien vestida de poco más de cincuenta años abrió la puerta. Lily respiró a fondo, intentando pensar una forma racional de presentarse ella y su esposo bajo estas circunstancias tan irracionales.

No fue necesario. La mujer que abrió la puerta miró a Lily y gritó: «¡Oh, Dios mío, es el fantasma!».

Hace muchos años que oí esta historia de los labios de la propia Lily, y he de confesar que mientras la escuchaba, no estaba segura de creerla. (Puedo asegurar que en lo que respecta a mi escepticismo, soy dura de pelar.) Pero entonces, en un viaje que hice a mi ciudad natal de Kansas City, sentí un impulso repentino de visitar la casa en la que me crié, una casa con la que tenía sueños nostálgicos muchas veces, y prácticamente me sucedió lo mismo. La propietaria no sólo me reconoció al instante como el «fantasma», sino que sabía cuál de los múltiples dormitorios había sido el mío porque había oído muchas veces mis risas que salían de esa habitación durante la noche.

Gracias a mucha investigación y posteriormente a clientes, sé que estas experiencias no son tan infrecuentes como yo pensaba; en todas esas visitas astrales que hacemos durante la noche, no es raro que la gente nos vea y nos oiga y, por lo que yo sé, empiezan a creer en fantasmas gracias a nosotros. Sólo porque no estemos «muertos» no significa que nuestros espíritus no puedan ser vistos por nuestros anfitriones involuntarios mientras duermen, con la misma facilidad que pueden ver a sus seres queridos que ya han fallecido.

La gran diferencia entre la experiencia de Lily y la mía es que yo estaba haciendo visitas astrales durante la noche a una casa en la que viví a principios de 1936, mientras que Lily las hacía a una casa en la que había vivido a principios de 1712 y que había compartido con los padres y hermano menor que tan a menudo veía en sus «sueños».

No dudes ni por un momento de que cuando dormimos podemos viajar astralmente a vidas pasadas con la misma facilidad que podemos viajar a nuestro antojo a cualquier lugar de la Tierra, de El Otro Lado o del espacio exterior. De nuevo, por mucho que nos cueste entenderlo, no existe el tiempo en ningún otro lugar que no sea en el plano en el que ahora vivimos. Una vida que vivimos, pongamos en el año 1450 a.C., es tan actual, en tiempo presente y «ahora» como el día de hoy en el mundo del espíritu que visitamos astralmente.

De modo que cuando un «sueño», sobre todo si es recurrente, parece real, nos ronda, los elementos que en él aparecen nos resultan inexplicablemente familiares y no parece encajar en ninguna de las categorías de los sueños de las que hemos hablado, es muy probable que hayas viajado a otra era de esta vida eterna que estás viviendo.

«Desde que puedo recordar, empezando cuando era muy joven, he soñado que algo me perseguía por el vestíbulo de una casa blanca. Sea lo que fuere lo que me persigue no puede atraparme, pero estoy muy asustada. Luego me veo mirando por la ventana de la cocina; hay una colina en el patio trasero de aterciopelada hierba verde. Sigo mirando la cima de la colina para comprobar si la han modificado, porque sé que hay alguien enterrado en ella. También hay un sótano muy oscuro. Estoy agachada en él, cerca del final de la escalera. Alguien me dice que me encontrarán, incluso en la oscuridad, y tengo tanto miedo que mi voz es un mero ruido cuando intento hablar. El sueño siempre termina cuando mi marido me despierta y me dice que estoy gritando con sonidos terribles en mi sueño. Espero que me puedas decir por qué tengo este sueño año tras año.» (Carla)

Éste es un clásico viaje astral a una vida pasada, una vida en la región del Noroeste del Pacífico a mediados de 1800. A diferencia de los sueños que hemos mencionado en los que a alguien le persigue un monstruo invisible, el «monstruo» que estaba persiguiendo a Carla era muy real: era su padre, que se llamaba Franklin, quien, incluso en los pocos momentos en los que estaba sobrio, era peor que una serpiente y terriblemente violento. Literalmente maltrató a la madre de Carla hasta matarla, y es su cuerpo el que está enterrado en la cima de la colina que hay detrás de la casa. Carla sólo era una niña (de hecho, era un niño, que se llamaba James) y vivía con una mezcla de terror a este hombre brutal, y de sentido de culpabilidad por no haber sido capaz de proteger a su madre de la furia homicida de Franklin. Ese mismo terror y culpa que no quedaron resueltos en esa vida son los que le están causando los terribles «sueños», que en realidad son una reproducción de recuerdos muy reales de una vida a la que sigue viajando en un intento de hacer las paces con ella. Carla todavía tiene una tendencia en esta vida a asimilar más culpa de la que le corresponde. Ella ha de reconocer que es una carga de un tiempo ya pasado y que ha de liberarse de ella.

«Tuve dos sueños recurrentes cuando era pequeña. En uno de ellos era un muchacho, que corría para salvar su vida bajando por una calle de adoquines empinada con casas a ambos lados. Tenía pelo negro oscuro y llevaba un bonito atuendo: calzones negros, con una corbata negra y una camisa blanca, zapatos de color negro brillante y medias blancas. Parecía que un grupo de personas me estuviera persiguiendo. Nunca llegué a verlas, pero conocía el peligro y sentía que mi vida estaba en juego. En el otro sueño, era una india nativa americana y estaba embarazada. Huía de alguien y me hirieron con una flecha en el estómago. Caí al suelo sujetándome el estómago, y lo siguiente que recuerdo es que era yo en mi vida actual, sana y salva.» (Lucy)

La primera visita astral de Lucy era a una vida pasada en Alemania en el año 1700, en la que era un muchacho que accidentalmente había causado la muerte de un niño pequeño. La gente que lo perseguía realmente lo atrapó, y en su creciente histeria empezó a golpearlo hasta matarlo. La segunda visita de Lucy era su vida como india cherokee en el año 1850. Si Lucy tiene problemas de estómago en esta vida o siente terror cuando alguien le salta encima, aunque sólo sea para decirle «¡Sorpresa!» en una fiesta, eso también es una secuela de tiempos que ya han pasado y que no tienen ninguna importancia en esta vida actual.

«Cuando era pequeña, tuve un sueño recurrente perturbador. El entorno era una lujosa casa y sentía que yo pertenecía a ella. Yo era una mujer, vestida con un vaporoso camisón blanco, caminaba por un espacioso vestíbulo, subía por una escalera curvada hasta el segundo piso donde había un pasillo abierto con barandillas. Había muchas puertas, incluidas cristaleras que conducían a un pequeño balcón. Una de las puertas que daban al pasillo se abrió y salieron dos mujeres. Una no la recuerdo muy bien, pero la otra iba vestida de manera informal y tenía el pelo largo y oscuro. Tuve la impresión de conocerla y me parecía que estaban acostumbradas a estar allí. De pronto, la mujer de pelo negro se enfadó conmigo y empezó a atacarme. Luchamos y me empujó contra las cristaleras. Me caí por el balcón hasta la planta de abajo, pero mientras caía por el balcón, de algún modo estaba fuera de ese cuerpo, observando cómo caía.» (Bryon)

Eso era un viaje astral a una vida pasada en Louisiana. La mujer de cabello oscuro era la hermana de Bryon, que estaba celosa de ella. La mujer que estaba con ella era su mejor amiga, que le encantaba instigar peleas entre Bryon y su hermana contándole mentiras acerca de ella. Esa noche, justo antes de que

Bryon subiera al piso de arriba, la amiga había convencido a su hermana de que Bryon estaba intentando seducir a su amante para apartarle de ella, y la hermana de Bryon, en un ataque de ira ciega, empujó a Bryon y la tiró por el balcón provocándole la muerte. Bryon dejó el cuerpo durante la caía por la sencilla razón de que, puesto que se encontraba allí en un viaje astral y de todos modos sabía lo que había pasado, no necesitaba volver a experimentar el impacto contra el suelo. Su miedo a las alturas y su dificultad para confiar en las personas en esta vida tienen sus orígenes en esa vida.

«En este sueño me encuentro en alguna parte de la región algodonera; tengo unos cuatro o cinco años. Es un día muy caluroso y bochornoso y voy montada en mi triciclo por la galería de la segunda planta de mi casa. Debajo, a través de la ventana puedo ver un gran árbol y a mi padre que está colgando a un hombre negro. Sé que mi madre está en alguna parte fuera de escena y que está tocando el piano en otra parte de la casa. Tengo la sensación de ser «la niña de papá», y ver a mi padre haciendo eso me parte el corazón.» (M. H.)

El padre de M. H. era el jefe de policía de una ciudad del norte de Misisipí en esa vida, y su madre era una mujer débil y sumisa con una increíble habilidad para inhibirse de cualquier cosa que le pareciera «desagradable». Posteriormente, en esa misma vida M. H. se hizo abogada, se entregó a la defensa de las minorías y de los pobres, y de vez en cuando regresa astralmente a esa escena, no para vivir el espantoso drama, sino para recordarse a sí misma de dónde vienen su compasión e insistencia en la justicia en esta vida.

«Mi sueño es exactamente como la película *La decisión de Sophie*. Estoy huyendo de un país cuando me detiene un oficial y me dice que he de elegir con cuál de mis dos hijos me puedo marchar. Imploré, lloré, supliqué, pero al oficial no le importaba. Insistía en que tenía que elegir, y todo el rato sonreía con una sonrisa cruel y malvada disfrutando realmente con mi dolor. Al final me forzó a elegir. Opté por dejar a mi hija menor y lloré incontroladamente mientras se la llevaban, gritando y sollozando. Al despertarme seguía llorando sin parar.» (H. H.)

Eso era una visita a una vida pasada en Rusia, durante la cruel limpieza étnica del régimen de Stalin, y H. H. realmente se vio forzada a hacer esa elección imposible. Siempre ha tenido miedo en esta vida de que su miedo a perder un hijo fuera algún tipo de premonición. Por el contrario, es un recuerdo, un temor que ahora puede liberar, porque la verdad es que tiene miedo de algo que ya le ha pasado.

«Durante varios años tuve pesadillas recurrentes de que era violada. En los sueños nunca era la misma persona ni estaba en la misma situación, pero el terrible hecho siempre era el mismo. Empecé a tener miedo de soñar por la noche, porque no podía soportar la idea de tener que volver a pasar por eso. Al igual que todas las mujeres, tengo un miedo extremo a que me violen alguna vez, pero no se había convertido en un miedo «activo» hasta que empezaron estos sueños. Ahora tengo veintiún años y hace un año que no he tenido ese tipo de sueños. ¿Por qué sueño esa horrible cosa una y otra vez y cómo puedo evitar tener esos sueños?» (Catherine)

Catherine fue efectivamente violada en una vida que pasó en Inglaterra a principios de 1900. Un grupo de matones de unos dieciocho años la secuestró una noche mientras volvía a su casa desde la casa de su tía. Dos de los jóvenes la violaron mientras los otros dos miraban. Tenía tanto miedo y se sintió tan humillada que nunca le dijo a nadie lo que le había sucedido, y aunque su vida quedó prácticamente destrozada a partir de entonces, los malditos bastardos que le hicieron eso quedaron impunes. Los sueños no volverán. La razón por la que ha dejado de tener esos sueños es porque tenía veinte años cuando sucedieron en esa otra vida. Ahora que ya los ha cumplido y ha superado esa edad en esta vida, su espíritu ha podido reconocer el recuerdo como simplemente un recuerdo y lo ha liberado de una vez por todas.

«Suelo soñar que me envenenan. Mi madre se marcha y me deja sola con esa horrible mujer a la que odio. Esa mujer es adorable cuando está mi madre, pero una bruja cuando estamos a solas, y me da tanto miedo que no me atrevo a decirle a mi madre lo que pasa cuando ella no está. Veo claramente la cara de esa mujer mientras me obliga a tomarme una pastilla. Me dice que es una vitamina. Me tomo la pastilla, y no me despierto hasta poco antes de que venga mi madre a buscarme, de modo que ella no se entera de lo que pasa. Ahora tengo miedo de cualquier persona que se acerca a mi comida o bebida. ¿Qué significa eso?» (J.)

La mujer y la situación que J. no deja de visitar eran muy reales, eran de una vida que vivió en Bélgica en el siglo XVIII. Esa mujer tremendamente trastornada era su tutora, y solía darle a J. una poción para dormir para que no la molestara mientras tenía que cuidar de él. En realidad no le gustaban los niños, pero se dio cuenta de que el dinero que podía ganar con los padres inocentes y confiados era su fuente de ingresos más lucrativa. J. se puede relajar respecto a su comida y bebidas en esta vida. Éste es un miedo antiguo, no una amenaza presente o futura.

«A menudo sueño con maremotos. Suelo estar en la orilla y sé que se acerca una ola gigante. Intento avisar a todos los que tengo a mi alrededor, pero no me escuchan y acaban siendo engullidos por la ola. Yo también termino en el agua, pero no me ahogo, e intento ayudar a todo el mundo. Personas, animales, casas, todo parece flotar a mi alrededor. Algunas personas desaparecen, pero no sé si es porque se han ahogado, y entonces me despierto antes de que el sueño se resuelva.» (S. W.)

S. W. tiene la fascinante experiencia de volver a visitar el final de una vida idílica en la Atlántida, y todavía se está recuperando del trauma de presenciar y «morir» en la increíble desaparición de ese continente. Para S. W. será muy aclarador hacer una sesión con algún hipnotizador regresivo cualificado. Se sorprenderá al ver cuántas cosas recuerda sobre la Atlántida, aparte de los catastróficos terremotos y maremotos que la destruyeron.

«Tengo dieciséis años y acabo de tener un sueño bueno, pero perturbador. Voy a algún lugar en India. No sé por qué India. Me dirijo a una casa y entro en ella. Estaba la presencia de mi madre, mi padre y mi hermana. También había la presencia nueva de un niño pequeño. Me dicen que es mi hermano, al que nunca había visto. En la vida real no tengo ningún hermano. De todos modos, a él es al único que veo bien. Los demás sólo eran presencias. Me dicen que si quiero saber cómo era cuando era pequeño como él, que le mire. Me siento muy confundido. No puedo dejar de pensar en este sueño, y cuando lo hago lloro.» (Joshua)

Tienes razón, Joshua, es un buen «sueño» en el que viajas a una vida pasada muy feliz en India en el año 1780. Tu espíritu guía (cuyo nombre es Simón) fue contigo expresamente para mostrarte cómo eras cuando eras un niño en India (que es la razón por la que al único que viste vívidamente fue al niño), y en un aspecto más general para darte una prueba de que has vivido muchas vidas (cuarenta y dos para ser exactos) en el transcurso de esta vida eterna que estamos viviendo. Espero que vayas a India algún día, especialmente a esa zona que está a unos 80 kilómetros al nordeste de Madrás y experimentes durante tus horas de vigilia lo curiosamente familiar que te resulta.

Para todos aquellos cuyas visitas a vidas pasadas hemos comentado, para las docenas de personas que enviasteis los maravillosos relatos de visitas a vidas pasadas, y para todo el mundo que lea esto y que visite normalmente otras vidas mientras duerme, quiero explicar cómo sucede y, lo más importante, por qué sucede.

Ya he hablado mucho en otros libros, especialmente en *Recupera tu pasado, sana tu futuro*, respecto al fenómeno denominado memoria celular. Es mi tema favorito, lo quiero mucho, y mi editor también lo encuentra fascinante, pero me perseguirá con un cuchillo por el vestíbulo si me sorprende extendiéndome aquí sobre este tema. Brevemente, nuestros espíritus llevan consigo cada recuerdo de todas las vidas que hemos vivido sobre la Tierra y de todos los momentos que hemos pasado en El Otro Lado. En el instante en que entramos en otro cuerpo humano para una nueva encarnación, vuelve a asentarse la familiaridad de tener un cuerpo, y los recuerdos de nuestro espíritu, alojados a salvo en los «hard drives» de nuestra mente subconsciente, infunden a las células de nuestro cuerpo su torrente de información al que las células responden de forma natural. «La última vez que estuve en un cuerpo —se podría decir un espíritu a sí mismo— me hirieron en el estómago con una flecha. Aquí estoy otra vez, de modo que me ha de doler el estómago.» O bien: «Cuando estoy en un cuerpo, me violan a los veinte años. Mejor que me prepare hasta que llegue y pase esa edad, y después de eso ya me sentiré segura». O también: «Disfruté estando en un cuerpo cuando estaba en India, y ahora que he regresado a otro cuerpo, me gusta recordar ese país una y otra vez».

Tanto si los recuerdos celulares que nos visitan de nuevo cuando dormimos son positivos o negativos, son muy poderosos, sin la interferencia del caos de la mente consciente, y también son increíblemente útiles. Los viajes astrales a vidas pasadas felices son deliciosos recordatorios de nuestra inmortalidad y de lo temporal que es cualquier desdicha actual. Los viajes astrales a traumas de vidas pasadas, por desagradables que puedan ser, tienen el mismo fin que los sueños liberadores: arrojan un rayo de luz sobre cualquier dolor, temor y confusión que podamos estar atravesando, y nos ofrecen una visión directa de dónde proceden, a fin de que podamos deshacernos de ellos de una vez por todas, subconsciente *y* conscientemente.

Cada noche a partir de ahora, hasta que se convierta en un hábito, quiero que, antes de acostarte, añadas a tus oraciones lo que viene a continuación, con mis palabras o con las tuyas:

«Dios Padre, si he de viajar por el tiempo o a algún lugar de mi pasado antes de despertarme de nuevo, por favor ayúdame a ser testigo, pero no a revivir ningún momento que me haya producido dolor o miedo, de modo que pueda entender y luego liberar en la luz blanca del Espíritu Santo cualquier negatividad que haya traído a esta vida de otra anterior, a fin de que se pueda disolver para siempre en tu paz perfecta y divina. Al igual que libero esa negatividad del pasado, permíteme acoger la felicidad, sabiduría, amor y regalos de otras vidas pasadas, que me despierte por la mañana con un sentimiento renovado de confianza y respeto por mi persona, y una conciencia perdurable de la eternidad con la que has bendecido mi espíritu».

Es así de simple: sencillamente reza para liberar lo negativo y acoger lo positivo de cualquier encarnación pasada mientras duermes. Si no me crees, pruébalo de todos modos. De hecho, pruébalo aunque sea para contradecirme, y luego me escribes qué resultados has observado o no has observado. Tan sólo te pido que seas sincero respecto a cualquier dolor, miedo o confusión que pueda haber desaparecido de tu vida en el proceso, y a cambio te prometo no decirte: «Ya te lo dije».

Visitas a El Otro Lado

No cabe duda al respecto, muchas veces añoramos El Otro Lado y a nuestros seres queridos que están allí mientras nosotros estamos aquí en la Tierra, abriéndonos paso con dificultad por este arduo viaje que tuvimos la brillante idea de emprender. A raíz de ello, tal como he dicho antes, contrarrestamos esa añoranza lo mejor que podemos con los viajes astrales a El Otro Lado una media de dos o tres veces a la semana mientras dormimos. Si no tienes recuerdos conscientes de estos viajes frecuentes al Hogar, no te preocupes, no significa que no estén sucediendo y tu subconsciente siempre los recordará. Puede significar que has aprendido cosas en tus viajes de las que se supone que todavía no has de ser consciente. También puede significar que otros, sueños y mensajes más urgentes se han interpuesto en el camino. O sencillamente puede querer decir que recuerdas el viaje perfectamente bien, sólo que no has entendido dónde has estado.

«Estoy de pie delante de un edificio con muchas ventanas, hay un edificio enorme que es una especie de biblioteca. La gente entra y sale, pero no hablan. Soy muy feliz allí, pero no tengo ni idea de dónde estoy ni por qué.» (Ted)

Ted estaba en El Otro Lado, en la Sala del Registro, donde están almacenados todos nuestros mapas de la vida, de modo que se parece mucho a una biblioteca. Es uno de los lugares favoritos de Ted, y por esa razón espero que empiece a anotar sus sueños (me extrañaría mucho que no tuvieran algún rasgo profético).

«En este sueño estoy de pie en un camino de adoquines. Todo a mi alrededor es arenoso y de color terracota. Los edificios que hay detrás de mí son de una especie de adobe. Hay una pared en el otro lado del camino. Miro por encima de la misma y veo un pequeño estanque con un islote en medio que tiene un columpio. Miro detrás de mí y hay un hombre, de cabello oscuro, piel morena, que lleva una camisa blanca y pantalones negros, que está mirando en otra dirección. Siento que he de decir algo y al final, un poco indecisa, extiendo mi mano y digo: "Hola, soy Dawn". Extiende su mano, y lo siguiente que recuerdo son destellos de luces brillantes, como si cerraras los ojos y te apretaras ligeramente los párpados. Emito una risa nerviosa y digo: "Estoy nerviosa". Como respuesta escucho: "No lo estés, todo va bien". Termino en mi dormitorio con mi diario y escribo en él la palabra "Ihea".» (Dawn)

En este viaje a El Otro Lado, Dawn sencillamente estaba teniendo una breve reunión con su espíritu guía, que es el hombre que conoció allí. Ni que decir tiene que ambos se conocen, pero es muy normal para nosotros padecer amnesia respecto al Hogar durante la mayor parte del tiempo que estamos aquí. (Seamos claros, si no fuera así, la estampida que provocaríamos todos intentando regresar sería inimaginable.) Su espíritu guía le dijo a Dawn su nombre telepáticamente. Ella oyó «Iheah», que en realidad es «Isaías», y en su encarnación sobre la Tierra fue un gran erudito y maestro en Israel.

«Estaba haciendo la siesta y mi querido perro, ya desaparecido, saltaba a mi cama para estar cerca de mí. Lo acaricié, y me fue grato descubrir que su forma era sólida. La habitación en la que estaba durmiendo había cambiado. Era más bonita, con persianas en vez de cortinas, y la vista que se veía por la ventana era muy bella.» (S. M.)

Tened presente que todos los animales que han estado alguna vez en la Tierra hacen una transición instantánea a El Otro Lado, incluidos todos los animales domésticos que hemos tenido en todas nuestras vidas aquí. S. M. hizo un viaje astral al Hogar para visitar a su perro, y estoy muy contenta de que escribiera, para reforzar el hecho de que no sólo somos gotas de vapor que flotan por ahí cuando somos espíritus, que somos perfectamente sólidos, como ella misma experimentó al acariciar a su querido perro. Ya lo he dicho antes y lo volveré a repetir: si en El Otro Lado no hubiera animales, no sería el paraíso. Sencillamente dime dónde se encuentran y allí iré yo.

«Soñé que corría al lado de una valla, y al otro lado de la misma había una colina. Sabía que estaba corriendo para ver a alguien muy especial para mí, y esa persona también corría, bajando la colina por el otro lado de la valla, para verme a mí. Ambos alcanzamos el sitio por donde se abría la valla al mismo tiempo y nos abrazamos como si no nos hubiéramos visto en siglos. Lo extraño es que era un hombre al que no conozco, no era muy alto, llevaba bigote y barba. Sin embargo, parece ser que nos conocíamos mutuamente muy bien. Nunca he tenido otro sueño que me llenara de tanto entusiasmo, amor y euforia. Es difícil describir el amor que sentí en ese sueño, y sin embargo, me resultaba muy familiar.» (Jana)

Eso fue un viaje al Hogar para que Jana se reuniera con su alma gemela. (Admitámoslo, todos los que estéis familiarizados con mi trabajo habréis dicho con un suspiro: «¡Vaya!».) Todos tenemos un alma gemela y sólo una, un espíritu gemelo que Dios crea en el mismo momento que nos crea a nosotros. Nuestra alma gemela no es nuestra «media naranja». Todos estamos completos en nosotros mismos, gracias a Dios. Las posibilidades de que nuestra alma gemela se encarne al mismo tiempo que nosotros quizá sean de una en dos o tres millones. La gran mayoría de nuestras almas gemelas están en El Otro Lado pasándoselo de maravilla, esperándonos y disfrutando de estos encuentros esporádicos.

Gracias, Jana, por expresar en palabras el entusiasmo, el amor y la euforia que sentías en ese «sueño» que desafiaban toda descripción, pero que a la vez te resultaban muy familiares.

Ése es justamente el Hogar de donde venimos.

Ése es exactamente el Hogar al que regresaremos algún día.

Y ése es exactamente el Hogar que visitan nuestros espíritus mientras duermen, renovando una y otra vez la promesa de eternidad que nos hizo Dios.

8

Catalepsia astral: parálisis temporal y ruidos fuertes durante el sueño

«Varias veces me ha pasado algo que realmente me espanta y espero que me puedas ayudar. Estoy durmiendo y luego medio me despierto y siento que no puedo respirar, ni moverme, ni abrir los ojos; tengo la sensación de que una fuerza me empuja hacia la cama. Intento gritar para pedir ayuda, pero no puedo emitir ningún sonido. Al final me voy sintiendo más ligero y parece que vuelvo a la normalidad, pero estoy demasiado asustado para volverme a dormir. ¿Qué es eso?» (Greg)

«Más de una vez he tenido este sueño: hay una oscuridad total y siento a alguien que se sienta en mi cama; de pronto me doy cuenta de que estoy paralizado. No puedo moverme ni abrir los ojos, y noto algo encima de mí, que me mantiene pegado a la cama.» (T. L.)

«A veces estoy profundamente dormido y me despierto por un ruido ensordecedor que no puedo describir, un ruido que aturde mi mente por completo. Es como si mi cerebro estuviera sintonizado con todas las emisoras de radio y de televisión al mismo tiempo. Estoy paralizado mientras sucede esto, y lo siguiente que recuerdo es que me siento muy ligero y que dejo involuntariamente mi cuerpo.»he tenido el mismo sueño recurrente. En este sueño no puedo moverme de cuello hacia abajo y sólo puedo mover ligeramente la cabeza. No pasa nada en este sueño, sólo hay una especie de oscuridad, y sé que hay una presencia pesada, una especie de fuerza, que casi se sienta encima de mí, sin dejar que me mueva. En mi mente consciente sé que si no me despierto de este sueño, nunca me despertaré.» (K. C.)

«Siempre siento que estoy paralizado durante una pesadilla, y me lleva un tiempo despertarme y volver a moverme de nuevo.» (W. S.)

He leído y escuchado historias como éstas de mis clientes desde hace más de treinta años, y puesto que es un problema tan común y estremecedor creo que merece un capítulo. Las preguntas van desde: «¿Podría morir durante esa experiencia?», «¿Es una fuerza maligna que me está sujetando?», «Hasta ahora la parálisis siempre ha desaparecido a los pocos minutos, pero, ¿y si no desaparece la próxima vez?», hasta: «¿Le sucede esto a otras personas?», y unánimemente: «¿Qué es lo que provoca esto? ¿Tiene algún nombre?»

¿Qué es la catalepsia astral?

Fue el investigador sobre viajes astrales Sylvan Muldoon quien acuñó el término «catalepsia astral» alrededor de 1930. Un término más sencillo, pero menos exacto, es «parálisis del sueño»; aunque cierto, no tiene en cuenta el hecho de que, tanto si los investigadores más modernos están de acuerdo como si no, esta experiencia *siempre* se asocia con los viajes astrales. Evidentemente, los viajes astrales se pueden producir y se producen sin un episodio de catalepsia astral, pero la catalepsia astral no se produce y no se puede producir sin el viaje astral.

Sylvan Muldoon tenía doce años cuando hizo el primer

viaje astral durante el sueño del que fue consciente. Se despertó a media noche y descubrió que no se podía mover, ni ver, ni oír, y tenía una fuerte sensación de presión en la cabeza. Luego, a medida que sus sentidos fueron regresando y su parálisis temporal fue desapareciendo, se dio cuenta de que estaba flotando por encima de su cama y que podía mirar hacia abajo y verse profundamente dormido. Incluso fue consciente de su espíritu, una vez que estuvo totalmente fuera de su cuerpo, que era como arrastrado para pasar de la posición horizontal a la vertical. Dio una vuelta por su casa, pasó por las puertas y atravesó las paredes con suma facilidad, incluso intentó despertar a sus padres porque estaba muy asustado, pero las manos de su «espíritu» también pasaban a través de ellos y siguieron durmiendo sin llegar a notar su tacto. Y luego, de nuevo por encima de su cuerpo dormido, pasó otra vez de la posición vertical a la horizontal, experimentó la misma parálisis e incapacidad de moverse, ver y oír que antes, y entró de nuevo en su cuerpo con mucha brusquedad, en el que se despertó aterrado, recordando claramente todo lo que había vivido. Desde esa noche empezó a escribir todos los detalles de los cientos de viajes astrales que hizo que podía recordar, pero, al igual que el resto de nosotros, hubo muchos viajes de los que regresaba a su mente consciente con recuerdos breves y frustrantemente incompletos.

Sylvan Muldoon no ha sido el único que ha mantenido una curiosidad de por vida respecto a la catalepsia astral. Culturas de todo el mundo se han sentido fascinadas por este fenómeno durante tantos cientos, o incluso miles de años, que han creado un folclore muy colorido en torno al mismo. Los antiguos europeos teorizaron que la parálisis del sueño era provocada por brujas que secuestraban a los durmientes involuntarios y los llevaban a largos viajes en escoba a lugares místicos y lejanos. Los japoneses se refirieron a la catalepsia astral como *kanashi-*

bari, donde un gigantesco demonio se colaba en los dormitorios de todo el país durante la noche y sujetaba a los durmientes en sus camas con su pie. En Terranova hay una leyenda de la Vieja Arpía, una detestable bruja que se sentaba sobre el pecho de los durmientes, y que muchas veces rodeaba sus cuellos con sus nudosas manos en forma de garra en un intento de estrangularlos. China llamó *gui ya* al fantasma que, según ellos, se sentaba sobre las personas que dormían y los atacaba, y en Indonesia se llegó a una variación de *gui ya* que denominaron *kokma*, que en realidad era un bebé fantasma, que saltaba arriba y abajo sobre el pecho de las personas que dormían. Los creyentes incondicionales de los ovnis de todo el mundo han llegado a la conclusión de que la catalepsia astral es sin duda provocada por los alienígenas que raptan a los durmientes —que es cuando son más vulnerables— y aprovechan para examinarlos y hacer experimentos.

Sea cual sea la cultura de la que se trate y la explicación que se dé, las características de la experiencia del durmiente son universales y, dicho de forma suave, sorprendentes. Si eres de esas personas que tiene catalepsias astrales, hay bastantes posibilidades de que tengas uno o más de los siguientes síntomas:

- parálisis
- sensación de opresión, o de que una presencia maligna te empuja hacia abajo
- ruidos fuertes, desde un zumbido o tatareo hasta un clamor caótico demencial
- una vibración omnipresente y que te supera
- la sensación de que algo o alguien te amenaza sentado en tu cama o que está moviendo las sábanas
- respiración corta, generalmente debida a la repentina presión sobre el pecho

- aparición de luces extrañas
- sensación de ser tocado por un fantasma lascivo, amenazador e invisible.

Si hay algo de esta lista que os resulte familiar, podéis estar seguros de que no estáis solos, desde luego que no estáis locos, y por reales que resulten las sensaciones, no corréis peligro alguno.

Os diré exactamente qué es lo que sucede. No es tan apasionante como lo de las brujas, los bebés fantasma o los ovnis, pero es la verdad, guarda coherencia con lo que ya sabemos, y si lo contemplamos desde la perspectiva más espiritual, es una realidad que nos afirma, a pesar de ser una experiencia que momentáneamente es tan desagradable.

La causa de la catalepsia astral

Sabemos que varias veces a la semana nuestro espíritu se toma unas pequeñas vacaciones de nuestro cuerpo mientras dormimos y se marcha a visitar y explorar el mundo, el universo y El Otro Lado. También sabemos lo naturales, estimulantes y fructíferos que son estos viajes astrales para nuestro espíritu. Sabemos que el viaje astral durante el sueño puede ser estupendo para la salud general de nuestra mente consciente, por no mencionar que son un recordatorio frecuente de Dios de que nuestro espíritu puede sentir emociones y las siente con o sin este cuerpo en el que está alojado mientras está en la Tierra.

Otra cosa que también sabemos es que, cuando dormimos, la menor perturbación puede conducirnos a algún plano de conciencia, y cuando nuestra mente consciente se sobresalta durante el sueño, resulta fácil que nos quedemos confundidos y muy asustados. En las raras ocasiones en que nuestra mente consciente «atrapa» al espíritu marchándose o entrando de nuevo en el cuerpo, se aterra, en la creencia semiconsciente de que si el espíritu está mitad fuera mitad dentro, es que el cuerpo se ha de estar muriendo y que literalmente es incapaz de funcionar. Hemos de ver la parálisis, la incapacidad de respirar o de gritar y todas las demás sensaciones de la catalepsia astral como una especie de «cortocircuito» mental y neurológico temporal, como respuesta al hecho de que el espíritu está en el proceso de entrar o de marcharse, lo que el cuerpo físico instintivamente interpreta como «muerte».

También es importante recordar que el mundo del espíritu al que vamos cuando viajamos astralmente se encuentra en una dimensión diferente a la terrenal en la que vivimos. El mundo del espíritu tiene una frecuencia de vibraciones mucho más alta, y la gravedad y otras leyes físicas terrenales carecen allí de importancia. De modo que el hecho de que un clamor de ruidos y una sensación repentina y angustiosa de pesadez y opresión acompañe a veces esos momentos en que nuestro espíritu cambia de dimensiones, no debe sorprendernos, especialmente cuando la mente semiconsciente se despierta sobresaltada por ellos. Es aterrador mientras sucede, no digo lo contrario, pero a la luz lógica y fría del día, no tiene nada de extraño.

Conquista la catalepsia astral

Me gustaría poderos prometer que, si seguís mis indicaciones, nunca más volveréis a experimentar la catalepsia astral, pero no voy a hacer promesas que no puedo cumplir. Lo que sí puedo prometer es que podéis creerme cuando os digo qué es la catalepsia astral y que es molesta, pero ni es permanente ni pone en peligro vuestra vida. Sin duda, puedo prometer que al menos estas sugerencias os ayudarán.

Primero, cuando habléis con Dios antes de acostaros, como espero que hagáis todas las noches, quiero que os rodeéis con la luz pura y blanca del Espíritu Santo, como de costumbre, y que mezcléis esa luz divina con remolinos de luz verde sanadora y potente. Luego añadid a vuestras oraciones lo que viene a continuación, con mis palabras o con las vuestras: «Querido Padre, si mi espíritu ha de viajar esta noche mientras duermo, por favor ayúdame a salir y entrar con una facilidad divina y pacífica, sin la conciencia o interferencia de mi asustadiza mente consciente». Dilo tantas veces como necesites para sentirte tranquilo y seguro, pero nunca te preocupes por Dios; te oirá la primera vez, incluso antes de que lo expreses en palabras.

Luego, si te has de encontrar de nuevo en la agonía de la catalepsia astral (Dios siempre escucha, la mente consciente no necesariamente ha de hacer la misma súplica), reza de nuevo, en el momento en que sientas que vuelve. Pide la protección de Dios, de tu espíritu guía y de tus ángeles, pero eso sólo te ayudará a recordarte que *ya estás allí*. Por otra parte, te ayudará a despertarte del todo y a restaurar tu claridad consciente, lo cual aliviará las sensaciones que estás sintiendo y los sonidos que estás escuchando y pondrá fin a tu episodio de catalepsia astral. Tendrás una nueva afirmación de que tu espíritu ha vuelto sano y salvo a tu cuerpo una vez más, y que sigues en los brazos amorosos de Dios, como sucederá por siempre jamás.

9

Arquetipos: los símbolos de nuestros sueños

Dejad que os diga esto para empezar: espero que no leáis este capítulo esperando que os voy a dar el verdadero, real y *único* significado de las entidades simbólicas y objetos que aparecen en los sueños. Como he dicho en el capítulo sobre los sueños liberadores, nuestras mentes conscientes e inconscientes y nuestra gran cantidad de experiencia son demasiado complejas y únicas como para reducirse a definiciones simplistas unidimensionales de lo que realmente significan *para cada uno de nosotros* las cosas que aparecen en nuestros sueños.

Esto no quiere decir que no se puedan hacer algunas generalidades, especialmente si consideramos que muchas de las mismas imágenes y símbolos son comunes para muchos de nosotros. Sólo te estoy pidiendo que, a medida que vayamos avanzando, no olvides que tus sueños son íntimos, muy personales y que sólo te pertenecen a ti. Mientras vamos explorando los distintos posibles significados de los símbolos de los sueños, sé flexible, busca siempre en primer lugar algo que puedas aplicar a o que sea un comentario sobre alguna situación actual en tu vida, y recuerda que interpretar nuestros sueños es un arte, no una ciencia. No hay bueno ni malo. Lo único que cuenta es lo que os suena a cierto.

Os ruego que también recordéis que el primer paso del que hablamos al principio sigue siendo válido en lo que respecta a comprender los sueños y las imágenes que en ellos aparecen: empieza por decidir a qué categoría pertenece el sueño que estás intentando interpretar. ¿Era profético, liberador, de deseo, proporcionaba información o resolvía un problema, era una experiencia astral, quizás una reunión con un ser querido o una visita a un lugar anhelado? Definir la categoría del sueño puede ayudarnos a que el simbolismo sea más definido y tenga más sentido, porque una vez que comprendes el propósito del sueño, puedes rebobinar y ver cómo las imágenes que en él aparecen contribuyen a ese propósito. Por ejemplo, ¿recuerdas la historia de la mujer que soñaba con melocotones sin comprender por qué, o lo que significaban, hasta que descubrió el hecho de que ella asociaba los melocotones con la muerte de su madre? Si hubiera comenzado por darse cuenta de que todos esos sueños de melocotones eran sueños liberadores, podía haber empezado por preguntarse qué asuntos por resolver estaba intentando liberar, y eso la podía haber conducido al dolor de haber perdido a su madre, lo cual habría resuelto el misterio del vínculo entre esa tragedia y los melocotones que tanto anhelaba su madre antes de morir.

Para que te hagas una idea de lo misteriosos que pueden ser algunos símbolos comunes, quiero que tomes papel y lápiz y hagas un dibujo que contenga estos cinco objetos (no te preocupes si eres un mal artista, yo también lo soy y eso no importa): una casa, el sol, agua, un árbol y una serpiente. De hecho, deja de leer ahora mismo y no reemprendas la lectura hasta que hayas terminado.

• • •

Mira tus dibujos y observa hasta qué punto pueden revelar algunas cosas sobre ti y tu vida.

La casa te representa a ti. ¿Has dibujado una puerta o puertas para facilitar el acceso e invitar a entrar, o has dibujado una casa sin puertas, diseñada para mantener alejados a los demás y permanecer aislado dentro? ¿Hay algún camino que conduzca a la casa que has diseñado para que a la gente le resulte fácil llegar hasta ti? ¿Has dibujado ventanas, para que haya una salida al exterior y se pueda ver tanto desde dentro hacia fuera como desde fuera hacia dentro, o no hay ventanas, como si no quisieras que nadie tuviese la posibilidad de mirar hacia dentro, y no estuvieras interesado en mirar lo que hay alrededor? ¿Hay chimenea para que haya calor? ¿Hay contraventanas u otros adornos que indiquen orgullo e interés en la apariencia? ¿Es una casa grande, con mucho espacio, o es pequeña y que parece querer pasar inadvertida?

El sol representa a tu padre. ¿Lo has dibujado cerca de la casa (de ti) o lejos? ¿Es prominente en tu dibujo o es bastante discreto? ¿Tiene rayos, de modo que parece una fuente de luz y de calor? Si hay rayos, ¿son largos y generosos, o cortos y limitados en cuanto a la luz y el calor que pueden ofrecer? ¿O has dibujado un sol como un sencillo e ineficaz círculo sin rayos de luz y de calor?

El agua representa a tu madre. ¿Has dibujado el agua cerca de la casa o lejos? ¿Es fácil el acceso entre la casa y el agua, o las has dibujado de forma que estén completamente separadas? ¿Está encerrada el agua que has dibujado, como por ejemplo un estanque, o es más expansiva, que se mueve y está viva, como un lago o un río? ¿Está en primer plano en tu dibujo, o bien en un segundo plano? ¿Ocupa un lugar predominante o un lugar secundario en relación con los otros objetos que has dibujado?

El árbol es tu intelecto, no tu capacidad intelectual, sino la relación general entre tu mente y tú. ¿Qué tamaño tiene el árbol con respecto a la casa? ¿Está cerca de la casa o lejos de ella? ¿Tiene muchas ramas o sólo unas pocas? ¿Parece sano y fuerte, o está enfermo, seco, y necesita agua y otros nutrientes? ¿Está en un lugar que pueda proporcionar sombra y protección a la casa, o parece aislado, sin relación con la casa?

Por último la serpiente es tu sexualidad. ¿Qué importancia tiene la serpiente respecto a los otros objetos que has dibujado? ¿Está cerca del árbol (tu intelecto) o está completamente separada del mismo? ¿A qué distancia está de la casa, y cuál es su tamaño con relación a la misma? ¿Parece superar a la casa, o es bastante realista en proporción a ésta? ¿Parece sana, o le convendría ir a un buen veterinario?

Ahora que has estudiado tu dibujo y los símbolos que en él aparecen, de ti depende decidir si la relación entre los objetos guarda alguna conexión con las relaciones de los objetos a los que representan. Quiero hacer hincapié en que no generalices mucho respecto a estos cinco objetos que has dibujado y sobre su importancia para los arquetipos de los sueños que vamos a tratar ahora. Todo sueño con agua no necesariamente es sobre la madre, puedes soñar con árboles que nada tengan que ver con tu intelecto, y ya hemos visto suficientes vidas pasadas como para saber que algunas casas en los sueños, en realidad sólo representan casas. Si resulta que te asustan las serpientes cuando estás despierto y tienes una aterradora pesadilla con una serpiente, no hay razón para llegar a la conclusión de que te asusta tu sexualidad. Y un sol brillante y luminoso no siempre significa que tenga algo que ver con tu padre. Esta pequeña demostración es simplemente para ilustrar con qué facilidad nuestras mentes piensan utilizando símbolos, y lo importante que realmente es hablar sobre los símbolos o los arquetipos de los sueños.

Sueños con casas

Tal como acabo de mencionar, algunas casas que aparecen en los sueños sólo representan casas, una casa de una vida pasada, por ejemplo, o una casa de nuestra infancia, o una casa en la que nos gustaría vivir. Pero si tienes problemas en interpretar un sueño en el que una casa desempeña un papel importante, siempre es una buena idea empezar con la posibilidad de que la casa del sueño eres tú.

Esa posibilidad tiene distintas variaciones, y todas ellas pueden ofrecer intuiciones tremendamente útiles para cualquier cantidad de temas que consciente o inconscientemente podamos estar debatiendo. Por ejemplo:

«Tengo sueños recurrentes —escribe P. A.—. Sueño que estoy en la segunda planta de una casa que es totalmente distinta de la verdadera. En el sueño, a la segunda planta se llega a través de una larga escalera recta. En la parte superior hay un pasillo muy largo a la izquierda, donde hay dormitorios con cuartos de baño a cada lado; hay al menos ocho o diez. La primera habitación al otro lado de la escalera es la habitación de invitados. Sólo voy hasta allí para prepararla para los huéspedes. Ninguna de las otras habitaciones está terminada. Se han de empapelar, pintar y amueblar. Deambulo por ellas y pienso que sería divertido acabarlas, pero nunca lo hago porque en todas ellas hay fantasmas y nunca dejaré que nadie duerma allí. No creo que haya visto fantasmas alguna vez, sólo sé que están ahí. En la habitación de invitados no hay fantasmas, pero en general no la tengo preparada cuando llegan mis invitados, así que al final me tienen que ayudar.»

Una de las posibilidades interesantes en los sueños sobre casas de dos plantas (o más) es que pueden indicar preocupaciones por la salud, con la localización de problemas potenciales en el cuerpo que corresponden a la ubicación de la anomalía en la casa. La zona de la planta superior puede representar el cuerpo de cintura para arriba, mientras que la planta baja y el sótano, el cuerpo de cintura para abajo. P. A., en su sueño recurrente, siente que algo no va bien en la segunda planta de su casa. Se ha de reparar, pero no puede hacer el trabajo debido a los fantasmas invisibles; en otras palabras, tiene un sentimiento de incomodidad respecto a lo que está sucediendo «arriba», aunque no hay síntomas específicos que pueda ver o señalar. Si yo fuera P. A. me haría una revisión médica completa y prestaría especial atención al tórax, los pulmones y las cámaras del corazón. No quiero alarmarla ni decir que tenga un problema grave de salud. Quiero decir que inconscientemente está preocupada por su salud en la parte superior de su cuerpo y quiero que haga algo al respecto. Tan pronto como el doctor le haga una revisión a fondo y le diga, o bien que todo está bien, o bien que hay de hacer algo, este sueño recurrente dejará de producirse.

Así mismo, soñar con una casa que tiene problemas de cañerías, especialmente en el sótano, puede indicar una preocupación por los intestinos; los problemas con la calefacción o con el aire acondicionado pueden significar que el subconsciente está ondeando una bandera de socorro acerca de un trastorno circulatorio; un tejado con goteras o en mal estado puede indicar que se aproximan trastornos que pueden variar desde dolores de cabeza, infecciones en los senos nasales hasta trastornos mentales, especialmente depresión. Una vez más, estos sueños no necesariamente significan que tengas algún tipo de problema de salud. Pueden significar que simplemente estás notando que hay algo que no está en su sitio en el área de la casa o cuerpo con la que estás soñando y que vale la pena revisarla, aunque no sea por ninguna otra razón que la de sacártela de la mente de una vez por todas y pasar a otro tipo de sueños.

Sin embargo, con la misma frecuencia los sueños con casas pueden ofrecernos claves sobre lo que nos está sucediendo en las partes más recónditas de nuestra mente y corazón, sacando a la luz nuestros miedos, alegrías, cambios y anhelos para que podamos explorarlos por completo.

El sueño recurrente de Amy es un magnífico ejemplo: «Siempre sueño con grandes caserones *viejos*. Algunos tienen suelos de madera astillados, probablemente tienen tres plantas de altura, y un patio de luces cuadrado en el centro de las plantas superiores con una barandilla, de modo que puedo mirar hacia abajo y ver las plantas inferiores. No veo ninguna escalera. Veo a la gente que está en las plantas de abajo, y me gusta la posición de estar mirando desde lo alto. Nunca bajo a la planta baja».

Hay un par de sentimientos interesantes y conflictivos en el sueño de Amy que se detallan muy convenientemente en estos sueños. Por una parte, Amy se siente aislada, no se siente cómoda al respecto, ni está segura de lo que tiene que hacer: observemos que las casas no son lujosas ni están en buen estado, sino que tienen suelos astillados, y no se ve ninguna escalera, ni forma de conectar con las personas que están abajo. Por otra parte, Amy no confía en sí misma, ni está lo bastante segura de querer unirse al grupo que está abajo, que es la razón por la que siente que está en una posición de observadora agradable y segura. En otras palabras, éste es un sueño liberador, y sería perfecto para el experimento del que hablamos en el capítulo sobre sueños liberadores. Quiero que Amy rece y se programe para la próxima vez que tenga este sueño, y cada vez que lo tenga, a partir de ahora, verá una maravillosa escalera de caracol, fuerte y segura, saldrá desde esa posición de ventaja en el astillado tercer piso para bajar justo al centro de ese patio que hay en la planta baja donde está todo el mundo. No quiero que se limite a bajar la escalera mientras las personas miran hacia arriba, la ven y le sonríen afectuosamente, también quiero que tenga a sus favoritos entre las personas que suben la escalera para salir a su encuentro, extienden sus manos y la acompañan con el resto de la gente, que ahora están de fiesta para celebrar su llegada. Cuanto más segura de sí misma e integrada pida sentirse en su sueño, más se atreverá a salir con seguridad en sus horas de vigilia y sentirá menos que la única forma de sentirse segura es estando sola.

Otro sueño liberador muy común en el que una casa desempeña un papel predominante es el descrito con todo detalle en una carta de Nancy: «Toda mi vida he tenido un sueño recurrente con una casa. Las situaciones en las que entro en ella varían, pero la experiencia de estar dentro siempre es la misma: llega un momento en que me doy cuenta de que ya estoy con mi "sueño" de la casa porque hay un sentimiento malévolo que emana de ella, y a medida que entro en las habitaciones siento que no puedo salir sin enfrentarme a esa presencia maligna. Unas veces la siento cuando estoy arriba, y otras cuando estoy en el sótano. En realidad, parece que me habla, me amenaza no sólo con aniquilarme físicamente sino con una absorción total, y gruñe diciendo que me va a engullir por completo».

Al igual que tantos otros sueños similares, Nancy está atravesando una lucha interna clásica que todos podemos librar. Por cierto, que quede bien claro que nadie ni nada puede «absorbernos», «vencernos» o «poseernos», nunca, de modo que si esto se encuentra entre nuestros temores, os aseguro que tenéis miedo de algo que es imposible. A excepción de las personas que están trastornadas mentalmente, todos sabemos que hemos de vivir con honestidad, integridad, amabilidad, compasión, trabajo duro, generosidad, estar centrados en Dios y ser tolerantes evitando juzgar a los demás. También hemos de admitir, si somos completamente sinceros con nosotros mismos, que a veces parece más sencillo, provechoso y francamente más divertido ceder a la tentación, tirar nuestros valores por la ventana y dejar de esforzarnos más de lo que parecen hacerlo los que nos rodean. Es la batalla por la que todos hemos venido aquí desde El Otro Lado: no para evitar la negatividad, lo cual es imposible, sino para enfrentarnos a ella y superarla. Es duro, y porque lo es, todos tenemos algunos momentos en los que nos preguntamos: «¿Qué sentido tiene?» Gracias a Dios, la gran mayoría de las personas son capaces de sobreponerse y recordar para qué han venido aquí. Pero esa batalla, el punto esencial de por qué estamos aquí, es justamente lo que se está representando en el sueño recurrente de Nancy: el bien que se enfrenta al mal en una casa que nos representa a nosotros mismos, la liberación del temor a que el mal nos absorba. Observemos, empero, que al final no lo hace, porque no puede.

También hay muchos sueños fascinantes sobre casas, y os deseo que tengáis muchos de ellos. Un ejemplo encantador es el de T. H.: «Durante muchos años he soñado con una casa. Es enorme, necesita algunos arreglos y está llena de sorpresas. Siempre descubro habitaciones nuevas u otras partes de la casa que no tenía ni idea de que existieran. En la vida real vivo en una casa que me encanta y no tengo el menor interés en cambiarme».

En este sueño bastante común, es bastante evidente que la casa nos representa a nosotros y que no hemos de preocuparnos de ir buscando cajas para la mudanza. Los sueños de casas grandes indican que somos conscientes de nuestro potencial ilimitado. (No tengas miedo si sueles soñar con casas pequeñas y apiñadas. Eso suele ser señal de sueños liberadores, de que nos sentimos agobiados y con claustrofobia, como si hubiéramos sobrepasado nuestras vidas y a nosotros mismos, nuestra conducta, sistema de creencias y patrones de pensamientos, y ese reconocimiento subconsciente a través de los sueños casi siempre va seguido de períodos de gran crecimiento espiritual y emocional.) Las casas que necesitan «algunas reformas» significan que nos consideramos a nosotros mismos obras incompletas, ¿y quién quiere sentirse que ya está «completado»? En cuanto a todas esas sorpresas, habitaciones recién descubiertas y partes no exploradas de la casa que ni siquiera sabíamos que existían, esos son los mensajes definidos de nuestro subconsciente para que nos preparemos para las sorpresas en nuestras vidas, para nuestros intereses y metas recién descubiertos, empresas potenciales y posibilidades inesperadas, y toda una serie de partes inexploradas de nosotros mismos que no sabíamos que existían.

Cuando una casa desempeña un papel importante en nuestros sueños, está casi garantizado que es un viaje astral a una casa que recuerdas de esta vida o de otra pasada, o bien es que representa algo de ti, y los sentimientos respecto a los aspectos físico, mental, emocional y espiritual que tu subconsciente quiere que tu mente consciente conozca. No siempre es fácil distinguirlos. Pero una buena regla para ello es que cuando la casa no es más que el escenario para la acción que en ella tiene lugar y la acción se produce de manera secuencial, es que has viajado al pasado para visitar de nuevo un buen o mal recuerdo.

Cuando una casa parece ser la «estrella de la función» o es la protagonista real del sueño, pregúntate qué es lo que esa casa y todo lo que en ella encuentras puede enseñarte sobre ti mismo.

Sueños con coches

Al igual que las casas, los coches suelen ser bastante frecuentes y tienen una serie de significados. Pueden ser recuerdos de vidas pasadas o recuerdos tempranos de esta vida. Dado que la función principal de los coches es llevarnos desde el punto A al B, los sueños de ir en coche pueden indicar una transición en nuestra vida. Puesto que los coches son vehículos en los que viaja nuestro cuerpo, y nuestro cuerpo es el vehículo en el que viaja nuestro espíritu mientras está en la Tierra, no es de extrañar que el subconsciente utilice los coches, como hace con las casas, como símbolos fácilmente reconocibles para representarnos.

«En este sueño estaba en el asiento delantero del coche y mi esposo en el trasero. Me había girado el asiento y estaba totalmente frente a él e inclinada hacia abajo. Entonces el coche empieza a andar y yo le digo que él será mis ojos mientras yo continúo girada. Suelto mi cinturón de seguridad, sabiendo que puede ser peligroso hacerlo e intento girarme. El perro está en medio, y apenas puedo ver salvo por pequeños destellos. Entonces me despierto.» (M. C.)

¿Ves lo que quiero decir? ¿Cuántas veces hemos sentido que nuestras vidas no funcionaban, que intentamos avanzar y, como en este sueño liberador de M. C., nuestros seres queridos no sólo se sientan ociosamente sin ayudar, sino que nos encontramos teniendo que hacer algo en torno a ellos? Los sueños como éste son especialmente frecuentes entre personas que han desarrollado en exceso el sentido de la responsabilidad, entonces se dan cuenta de que hacer tantas cosas comienza a inmovilizarlas. Le diré a M. C. lo que le he dicho a montones de clientes que han tenido sueños de «coches o del asiento de conductor» similares: prográmate y reescribe el sueño de modo que, ya desde el comienzo, otra persona, alguien en quien confíes, esté al volante; así aprenderás a relajarte y a mantenerte relajada durante el viaje, y a reconocer que a veces otras personas también apreciarán la oportunidad de ser las responsables.

Pasamos mucho tiempo en los vehículos; de hecho, no es de extrañar lo a menudo que los utilizamos en los sueños liberadores para dar rienda suelta a nuestros temores. A continuación hay dos cartas que representan a docenas que he recibido sobre este mismo tema en los últimos meses.

G. M. nos escribió: «En un sueño estaba en mi coche con un niño de tres años. Nos salimos de la carretera y nos metimos en una enorme zanja llena de nieve y no podíamos salir. En el otro sueño, mi hijo era atropellado por un coche, pero salía ileso. En el último, sucedía lo mismo y moría».

V. N. nos escribió: «Soñé que me iba de casa y que ponía mi bebé en el asiento de atrás del coche. Casi a mitad de camino adonde sea que fuese, me giro para ver cómo está el bebé y ha desaparecido. Entonces veo a mi padre en su coche y le pido ayuda. No sé lo que pasa con eso, pero lo siguiente que sé es que mi coche se estropea y tengo que darle cuerda con un artilugio para que ande lentamente unos pocos metros».

En primer lugar, tanto G. M. como V. N pueden respirar tranquilas respecto a cualquier temor de que estos sueños puedan ser proféticos. Recordemos que los sueños proféticos, que en realidad son el resultado de un viaje astral, siempre tienen una secuencia básica lógica. Los sueños liberadores, por otra parte, siempre tienen algún elemento absurdo, como un niño atropellado por un coche sin salir herido, o un coche al que de pronto le has de dar cuerda para rescatar a un niño que se ha esfumado del asiento trasero y ha sido transportado como por arte de magia a la casa de donde lo habías sacado. De modo que, como cualquier sueño liberador, empieza con el hecho de que te estás liberando y luego, basándote en los elementos del sueño, rebobina para ver de qué es lo que estás intentando liberarte y deja que salga. En el caso de estas cartas y de tantas otras, cualquier madre o padre responsable y cariñoso me dará la razón en el hecho de que es un temor que todos hemos sentido, tanto si lo expresamos como si no. Dicho simple y llanamente, es: «Tengo miedo de que le pase algo a mi bebé y que sea culpa mía». (Y evidentemente, por cierto, estar al volante en un sueño significa estar al mando, ser responsable o llevar alguna culpa o reproche potencial.)

Estad seguros de algo que yo misma me he de recordar un millón de veces respecto a mis hijos y mis nietos: lo único que podemos hacer es hacerlo lo mejor que podamos. No hay prioridad más absoluta en esta Tierra para ningún padre o madre que el bienestar mental, emocional y físico de sus hijos. Mientras vivamos el día a día teniendo presente esta prioridad en lugar de hablar mucho del tema, llegará un momento en que tendremos que aceptar que por más presentes, atentos y embelesados que estemos, no habrá día en que no nos preocupemos por ellos aunque sólo sea un poco. Así que, por más miedo que os dé esta forma en concreto de sueño liberador, intentad ser lo más objetivos posible, comprended que es el riesgo propio del hecho de ser padre o madre y reconoced que, en lugar de una advertencia, es un simple miedo subconsciente de perder un amor y la conexión más grande que jamás experimentaremos en esta Tierra.

Éste es un sueño recurrente de coche que fácilmente se podría interpretar mal. Es un sueño de Teresa: «Conduzco un coche grande por una peligrosa carretera de montaña, y apenas puedo controlarlo. Hay una terrible tormenta. Puedo oír la lluvia golpeando el techo del coche y casi no puedo ver la carretera. Mis tres hijos están en el asiento de atrás, llorando, abrazados porque tienen miedo y yo les aseguro que no nos va a pasar nada, aunque yo misma no lo tengo nada claro. (Curiosamente, en la vida real sólo tengo un hijo, pero en mi sueño hay tres, y sé que son míos, que los quiero y que daría mi vida por ellos.) No puedo ver luces delante de mí o ninguna otra señal de algún sitio donde pueda pedir ayuda; estoy muy asustada, pero sé que he de seguir porque al final de este viaje hay seguridad. Empezamos a cruzar un puente muy viejo que está cerca de la cima de la montaña, y a medida que empieza a derrumbarse con el peso del coche, me doy cuenta de que es demasiado tarde para salvarnos, y me despierto, llorando y temblando».

Éste es un viaje astral a una vida pasada muy real por los montes Apalaches a finales del 1700. Teresa huía a casa de sus padres en Pensilvania con sus tres hijos después de que su trastornado esposo intentara matarlos por creer que estaban «poseídos». El «coche grande» era en realidad una calesa con una cubierta provisional, y la razón por la que Teresa se despierta cuando el puente empieza a desmoronarse es porque no necesita volver a experimentar su propia muerte y la de sus tres hijos en esa vida. Tan pronto como Teresa reconozca que está recordando una vida que ya hace mucho tiempo que ha pasado y que no tiene ninguna importancia en ésta, salvo la de darle la gloriosa prueba de su inmortalidad, liberará el dolor y la culpa restantes y nunca volverá a tener ese sueño.

Luego hay una encantadora carta de Claire: «Este sueño se repite varias veces al mes. Hay tres personas: mi tía, mi padre y yo. Tengo una sensación de paz serena y amor. Siempre estamos en un coche, no vamos a ningún sitio en particular, sólo estamos juntos en ese coche mirando los hermosos campos y alguna que otra ciudad. En la vida real no tengo ni la menor idea de dónde estamos, pero en el sueño me resulta muy familiar. Repito, no tengo idea de dónde estamos o adónde vamos en estos sueños, pero nunca me ha importado o ni tan siquiera me lo he planteado».

Nunca dudéis ni por un momento de que nos reunimos con nuestros seres queridos durante la noche para hacer viajes astrales juntos, y Claire sencillamente usa este símbolo del coche para viajar con su padre y su tía, en lugar de tener la sensación de volar que tantos viajeros astrales experimentan. Muchas veces, sobre todo cuando estamos más estresados de lo normal y anhelamos cordura, seguridad y serenidad, la hallamos, mientras dormimos, con aquellas personas a las que buscamos para conseguir justo eso durante nuestras horas de vigilia. En el caso de Claire, ella, su padre y su tía disfrutan de visitar El Otro Lado juntos durante la noche, que es la razón por la que el paisaje es tan hermoso y les resulta tan familiar, aunque Claire no pueda ubicarse. Tengo un buen amigo que se llama Bernie, con el que rara vez puedo pasar algún rato durante nuestras ocupadas vidas en estado de vigilia, y se está convirtiendo en una especie de chiste entre nosotros la frecuencia con la que solemos quedar por las noches: salimos astralmente juntos unas pocas veces al mes sin tan siquiera planearlo con antelación.

Cuando te despiertas por la noche sabiendo que has pasado tiempo en un coche desde que te has ido a dormir, hay bastantes probabilidades para suponer que has estado viajando astralmente al pasado, que has visitado a seres queridos con los que necesitabas conectar, o que tu viaje en coche durante el sueño era que tu subconsciente estaba usando un símbolo conocido para representarte a ti y los temas que están más presentes en tu mente consciente de lo que podías imaginar.

Tormentas, maremotos y tornados

A veces los arquetipos de nuestros sueños significan justamente
lo que parecen y, a menos que sean recuerdos de vidas pasadas,
las tormentas, los maremotos y los tornados son buenos ejemplos. Indican turbulencia emocional, sentimientos de impotencia, sentirse sobrepasado y abrumado, miedo a lo inesperado y
una sensación general de que la vida está fuera de control por
más que intentemos hacer algo. De modo que es comprensible
que estos símbolos hayan estado apareciendo con más frecuencia en nuestros sueños desde el horror del 11 de septiembre, día
en que toda persona cuerda, compasiva y centrada en Dios del
planeta sintió esas emociones y mucho más.

   «Tuve un sueño horrible con una tsunami [ola gigantesca]
que amenazaba la costa —dice J. A.—. Todo el mundo huía en
avión, pero yo no pude. No paraba de ir a mi casa para recoger
cosas que había olvidado. Este sueño se produjo poco después
del ataque del 11 de septiembre.»

   Marilyn escribe: «Constantemente sueño que intento escapar de una inundación o de alguna otra catástrofe de gran
magnitud. Generalmente, intento salvar a mis mascotas y mis
objetos personales. Hace años que tengo estos sueños, pero em-
peoraron mucho después del 11 de septiembre».

   Vale la pena repetir que el 11 de septiembre fue una tragedia provocada por el ser humano. Dios nada tuvo que ver con
lo que lo provocó. Pero tal como tantas personas han señalado
posteriormente, no deja de ser un «golpe bajo», como lo son
tantos de los desastres naturales que aparecen en nuestros sueños liberadores, recordándonos que las pruebas de la vida son
bastante duras cuando participamos en ellas provocándolas,
pero pocas cosas nos hacen sentirnos más vulnerables que cuando recibimos un «golpe bajo» que no vemos venir, que no he-

mos hecho nada para merecerlo, y contra el que aparentemente no nos podíamos defender.

Podemos hallar un mensaje en un sueño de D. G. «Al principio de mi sueño estoy en un gran garaje con dos de mis mejores amigos. Fuera se está preparando una tormenta, y de pronto me doy cuenta de que se acerca un tornado. Mis dos amigos se apresuran a meterse debajo de unos muebles y yo intento cerrar la puerta del garaje. Para mí es demasiado tarde y el tornado me absorbe y me lleva por el aire. Miro atrás para ver a mis amigos; estoy llorando y rezando a Dios para que me salve. A los pocos minutos el tornado me deposita de nuevo en el suelo, casi con suavidad. Estoy agachado y todavía llorando de alivio cuando noto alguien o algo detrás de mí. Me giro para darme cuenta de que el tornado se ha convertido en un gran hombre negro. Me extiende su mano y de un modo muy reconfortante la coloca sobre mi hombro y me dice: "Tu fe será recompensada". Eso es todo, ahí termina el sueño.»

Lo que me encanta de este sueño liberador es esa clara afirmación de que incluso cuando la vida es tan abrumadoramente caótica como el tornado que aspiró a D. G., la fe y las oraciones son lo que en última instancia nos ayudan a salvarnos, tanto si la seguridad la hallamos en la Tierra como en El Otro Lado. Estoy segura de que D. G. no se dio cuenta, pero de algún modo sintió, tal como demuestra la sensación de alivio y la promesa de que su fe sería recompensada, que el «gran hombre negro», que es bastante hermoso y tiene unos ojos castaños translúcidos, era su espíritu guía, cuyo nombre es Conroe. En su sueño, D. G. hizo que un aterrador tornado se convirtiera en uno de sus grandes protectores. Fue una estrategia muy inteligente por parte de su subconsciente y una maravillosa «programación» que todos deberíamos tener en cuenta, para reescribir nuestros propios sueños de desastres naturales de manera tal que cada tormenta, cada maremoto y cada tornado al final se transformen en una encarnación del amor, de la protección, de la seguridad, y en un recordatorio de que, al fin y al cabo, en realidad somos indestructibles.

Los animales en nuestros sueños

Ésta es un área en la que vuestro propio simbolismo va a ser tan exacto y específico como cualquier otra cosa que yo pueda deciros. Como ya he dicho en el capítulo sobre los sueños de deseo, vuestras reacciones emocionales a los arquetipos que aparecen en vuestros sueños son mucho más importantes para comprenderlos que cualquier definición de Jung, de Freud o de los «diccionarios de los sueños». En general, por ejemplo, las palomas son un signo de paz y de pureza, de paz mental, de alguna idea o persona con la que hayamos hecho las paces o queramos hacerlo, la imagen inmaculada de alas blancas puras y demás. Pero si te aterran los pájaros, las palomas que aparecen en tus sueños no es probable que te inspiren pensamientos de paz y de pureza cuando te despiertes con un sudor frío y el corazón latiendo con fuerza.

Sin embargo, creo que puedo ofrecer nuevas perspectivas sobre los animales que aparecen en vuestros sueños, esos animales que os confunden y que, como consecuencia, os perdéis algunos signos encantadores.

Tótems

«Retrocediendo tan atrás como puedo recordar, esporádicamente he tenido un sueño de un oso que me perseguía. No parece que haya mucho más en esos sueños, sólo yo corriendo y mirando hacia atrás, y viendo a ese enorme oso siempre detrás de mí.» (Gary)

Lo creas o no, Gary, estás huyendo de una hermosa criatura que tú mismo has escogido para que te vigile y proteja en esta vida. El oso no te está «persiguiendo», corre para estar cerca de ti a fin de poder verte cuando le pidas algo. La próxima vez que ese oso te persiga, deja de correr, gírate y dale la cara. Tienes mi palabra de que no sólo no te hará daño, sino que te abrazará.

Cuando estamos en El Otro Lado preparándonos para venir aquí, elegimos un equipo de protectores para que nos ayude durante este difícil viaje sobre la Tierra y asegurarnos de que volveremos sanos y salvos al Hogar. En ese sueño está incluido nuestro espíritu guía, nuestros ángeles y el animal que hayamos elegido, puesto que los animales son espíritus puros, se encuentran entre las creaciones más sagradas de Dios. Ese animal, en forma de espíritu, pero con frecuencia visible para nosotros en nuestro subconsciente mientras dormimos, es nuestro tótem. Es probable que haya animales en los que estés especialmente interesado o por los que te sientas atraído sin razón aparente. Si es así, te prometo que es tu tótem y que está contigo en este mismo momento, sin dejar que te escapes nunca de su vista, observándote, queriéndote y amándote con ese amor sorprendente, sencillo e incondicional que los animales elevan a una forma de arte tanto aquí como en el Hogar. Mientras intentas averiguar cuál es tu tótem, no apliques la lógica, la conveniencia o al que elegirías como mascota. Mi tótem es un elefante. El de mi amigo Bernie es un rinoceronte. El de uno de mis ex maridos es una pantera. Ninguno de ellos tiene potencial para ser un animal de compañía, pero he de admitir que, si me pones cerca de un elefante, no te resultará fácil apartarme de él.

Estoy segura que A. B. estaría de acuerdo. «Tengo treinta y un años y soy madre de tres hijos —nos cuenta—. Toda mi vida he soñado con ballenas. Siempre estoy en la orilla de algún océano con enormes ballenas que nadan y abren una brecha junto a mí. Están muy cerca, justo a mi lado, pero estas hermosas y sorprendentes criaturas no me dan miedo. ¿Por qué sueño con ballenas?»

Podría escribir todo un párrafo diciendo que las ballenas representan la libertad, la gracia, el poder y una asombrosa belleza. Y en algunos sueños, para algunas personas, eso es justamente lo que significan. Pero en el caso de A. B., toda su vida ha soñado con ballenas porque es su tótem y, mientras duerme, su espíritu lo recuerda y aprovecha cualquier oportunidad para visitar a su amado protector.

C. K., por otra parte, describe su contacto regular y tangible con su tótem sin comprender lo que le está pasando: «Muchas veces, cuando estoy medio despierta y medio dormida, siento que hay un gato estirado a mi lado. A veces siento que camina sobre mí y que se enrolla para dormir a mi lado. Lo que me extraña es que puedo ver claramente la forma del gato, pero al mismo tiempo es invisible».

Es la mejor descripción de un gato en espíritu que se podría pedir y un bello recordatorio de que los espíritus realmente tienen forma, y que sólo son «invisibles» porque viven en una dimensión diferente con un nivel de vibración más alto que el nuestro.

Los gatos en los sueños poseen una gran variedad de significados «tradicionales», pero éstos dependerán de la experiencia subjetiva del soñador. Para muchas personas, los gatos pueden significar sigilo, gracia, independencia, inteligencia y sabiduría antigua. Para otras, pueden significar traición, miedo, furtividad y desprecio arrogante. Todos estos significados son válidos, sólo que puede que no todos sean válidos para ti y nada importa más que lo que tú examinas y aprendes de tus sueños.

Aquí tenemos lo que escribió J. S.: «Una noche soñé que era un águila que estaba encima de un castillo. A los pocos segundos, el águila, que yo sabía que era yo mismo, voló por encima de la enorme llanura y desapareció en el bosque. ¿Qué significa esto?»

Un indicativo de que has tenido un encuentro con tu tótem mientras dormías es que te identifiques tanto con el animal que no puedas distinguir entre tú y él. J. S. tiene la suerte de que un águila sea su tótem. «Tradicionalmente», los sueños con águilas, y con la mayoría de pájaros significan un anhelo de libertad, de independencia, y de escapar de algo que parece confinarte o limitarte. Salvo que te asusten los pájaros, estoy segura de que ya he transmitido la importancia de lo que todos estos arquetipos puedan significar para ti, y me temo que podría estar a punto de saturarte con más información.

No todos los animales que aparecen en nuestros sueños son nuestros tótems. Me gustaría poder garantizarte una forma de estar seguros de que lo son, pero lo cierto es que no existe; lo único que se puede hacer es considerar la posibilidad y ver si te suena a cierto en lo más profundo de tu espíritu, donde la verdad se guarda a buen recaudo.

Aun cuando no sean nuestros tótems, los animales son muy útiles en nuestros sueños para encarnar temas que nuestro subconsciente está intentando evitar o de los que todavía no es del todo consciente.

«Muchas veces sueño que estoy lejos de casa con al menos uno de mis gatos, y me aterra pensar que los puede atropellar un coche o que los voy a perder. Incluso escondo a uno de ellos en una bolsa con cremallera y pongo a una persona para que lo vigile. El temor a perderlos es intenso y me despierto sintiendo que de alguna manera ya los he perdido, que ha sido culpa mía y que podía haber hecho algo.» (Barbara)

En este sueño recurrente los gatos representan a los seres queridos en general, para ayudar a Barbara a hacer frente al miedo a la separación y a su autoimpuesta carga de creer que tiene toda la responsabilidad de evitar que sus seres queridos la abandonen. Lo que su subconsciente le está pidiendo que aprenda de estos sueños es que las únicas relaciones que vale la pena conservar son aquellas en las que todos los esfuerzos son mutuos y recíprocos, y que aferrarse demasiado a las personas que se quiere es una forma segura de que éstas empiecen a buscar vías de escape. Aunque sea un tópico muy conocido, sigue siendo válido instar a que cuando quieres algo, déjalo que se marche, y si vuelve a ti voluntariamente, será tuyo para siempre. Recuerda, Barbara, tarde o temprano todos los rehenes, incluso los que supuestamente están bien atendidos y «queridos», acaban resentidos con sus carceleros.

S. J. compartió un sueño liberador donde hizo un uso muy inteligente de los comunes arquetipos de las ratas y ratones: «Estaba en una gran mansión con todos mis mejores amigos. Estábamos disfrutando de nuestra mutua compañía, pero todos esperábamos a que llegaran los músicos para poder empezar a bailar. De pronto, unas extrañas, enormes y feroces ratas con horribles dientes afilados aparecen de la nada y empiezan a perseguirme. No les tengo miedo. De hecho pienso que son bastante graciosas. Pero corro de todos modos porque me persiguen, y de pronto me caigo por una gran tolva hasta llegar a otra planta de la mansión. Entonces me encuentro rodeada de ratoncitos pequeños y adorables que parecen estar en un estado como de imagen congelada, a la espera de algo. Hay una orquesta, y con mi llegada empieza la música, y eso reanima a los ratones. Las ratas todavía me persiguen, y para escapar de ellas encuentro varias plataformas que suben y bajan y parecen desaparecer en el techo».

Muchas veces las ratas y los ratones en los sueños indican la desagradable sensación de que algo o alguien te acecha. Éste es el caso del sueño de S. J., pero con el interesante giro de que las criaturas que la están acechando se han ganado claramente su afecto. Los ratones son «adorables», e incluso las enormes y feroces ratas son «bastante graciosas» y no la asustan en absoluto. S. J. tiene la suerte de estar rodeada de una familia y unos amigos increíbles, y no es de extrañar que los aprecie. El hecho de que a veces sienta que necesita algo de intimidad y tiempo para ella misma no es un reproche hacia ellos o que no les quiera, es tan sólo una señal de que se haría un gran favor a sí misma si aprendiera a establecer unas fronteras razonables para tener algún espacio que sólo le pertenezca a ella, a fin de no llegar a sentir esta estampida de seres queridos que «aparecen de la nada», o que dependen tanto de ella que con su presencia «empieza la música y los reanima».

Tanto E. M. como su esposo utilizaban los arquetipos de los lobos y los coyotes en los sueños liberadores para ilustrar otro miedo muy común de los padres: «En mi sueño, mi esposo y yo estábamos sentados en sillas sobre el césped, al lado de una colina con nuestro hijo de cinco años. De pronto, aparece una manada de lobos. No nos atacaron ni a mi marido ni a mí, pero se llevaron a nuestro hijo colgando y arrastrándolo. Ni siquiera recuerdo haberme levantado. A la mañana siguiente mi esposo y yo estábamos desayunando y me dijo que había tenido un sueño rarísimo. Él y nuestro hijo de cinco años iban a la caza de coyotes, mi marido se sube a un árbol para observarlos y deja a nuestro hijo en el suelo. De repente, se produjo un fuerte ruido de pisadas, aparece de la nada un lobo enorme y empieza a perseguir a nuestro hijo; él no puede hacer nada desde lo alto del árbol para ayudarle».

Los lobos y los coyotes en los sueños generalmente representan el ataque por sorpresa y el hecho de ser perseguido por algo frío, sin emociones y depredador. Son una amenaza de peligro inminente, no sólo para nuestro bienestar físico, sino también para nuestra salud emocional. En el caso de E. M. y de su esposo, estos sueños liberadores son una reacción al hecho de que, después de muchos años de haber podido ejercer el control en la gran mayoría de su entorno, su hijo empieza a ir a la escuela, donde está expuesto a todo tipo de influencias tanto si a ellos les gustan como si no, y que es la razón por la que los dos han tenido sueños de impotencia para poder ayudarle. No es ninguna coincidencia que ambos usaran los lobos y los coyotes como arquetipos para ilustrar sus sentimientos de «dejar a su hijo en las fauces de los lobos» de las nuevas influencias. Es muy común que las personas que están emocionalmente vinculadas compartan imágenes telepáticas, especialmente durante el sueño. En este caso, cualquiera de los dos que empezó a utilizar el símbolo del lobo sencillamente se lo transmitió al otro, con la misma seguridad y claridad como si hubieran estado esa noche viendo la misma película en el subconsciente.

Hay casi tantos arquetipos de animales en los sueños como animales. De nuevo quiero recordaros que, tras haber leído los significados «tradicionales» anteriores y los de los símbolos de los animales más corrientes que vienen a continuación, no olvidéis añadir vuestras propias definiciones personales, y, por lo tanto, igualmente válidas. Muchos de mis clientes hacen listas de arquetipos, no sólo de animales sino de todas las categorías, en sus diarios de sueños, y escriben dos columnas de significados, una con el tradicional y otra con el suyo. Estoy segura de que ellos os lo recomendarían tanto como yo.

Las *ranas* pueden indicar un sentimiento de agobio y de «invasión» por demasiadas personas, exigencias o expectativas. También son un signo frecuente de celos de alguien o de ser el blanco de los celos de otro.

Los *zorros* suelen significar la tentación de plantearse con astucia y de manera subterránea algo que quieres conseguir, o la preocupación de que alguien que tienes cerca no está siendo del todo sincero contigo y sientes que te has de proteger las espaldas.

Los *pájaros*, además de indicar un anhelo de libertad y de no estar confinado, como ya hemos dicho antes, también pueden ser un signo de que vienen buenas noticias.

Los *búhos* pueden indicar un afán de alcanzar una sabiduría espiritual más profunda. También, como son unos depredadores muy hábiles, pueden ser una señal de advertencia de que tienes a alguien cerca que quiere perjudicarte, con frecuencia más en el plano emocional que en el físico.

Los *caballos* son grandes arquetipos de fuerza y un anhelo de tener a alguien con quien compartir las responsabilidades. También son símbolos clásicos de una necesidad o sentimiento de haber alcanzado un nuevo grado de sabiduría terrenal.

Los *elefantes* son maravillosos símbolos de fuerza física, así como de tenacidad y lealtad total.

Los *burros*, en general, suelen significar una tozudez sin sentido, o el temor de haber hecho el ridículo recientemente.

A continuación viene una categoría de sueños que probablemente todos hemos tenido alguna vez y que rebobinamos con cierto estremecimiento pensando: «¡A mí debe de pasarme algo!».

Desnudez y otras situaciones embarazosas públicas

La buena noticia es que esos sueños en los que estamos desnudos en público o poniéndonos en evidencia de alguna otra manera siempre son sueños liberadores. De modo que hagamos una pausa para celebrar que no son sueños de deseo, o, lo que es peor, proféticos. También son muy comunes, y nunca he conocido a nadie que disfrute con ellos, incluida yo.

Ésta es sólo una pequeña muestra del montón de sueños que mis clientes y lectores han compartido sobre este tema en particular:

«Tengo un sueño recurrente de que no puedo encontrar un aseo privado para hacer mis necesidades.» (V. O.)

«Siempre sueño que estoy en un hotel, intentando encontrar una habitación. A veces las personas me dan indicaciones incorrectas. El ascensor no funciona. Me quedo encerrada en él o me lleva a un sitio equivocado. Siempre hay unos aseos implicados. Unas veces me estoy duchando en un vestuario y me he olvidado el champú o lo he dado, y hay alguien más del que no me puedo esconder. Entonces, siempre, tengo un problema con el inodoro. O bien lo están instalando, o es un agujero en el suelo, o lo han arrancado de la pared. Anoche estuve en el tejado de un hotel intentando gatear para llegar hasta la ventana del baño, porque según parece me había olvidado la llave.» (M. W.)

«Toda mi vida he tenido sueños recurrentes de estar sentada en el inodoro. Y con un hombre en la puerta mirando. Creo que la puerta se ha abierto o la han sacado. Yo grito y lloro, pero él se ríe de mí y no se marcha.» (B. B.)

«En la vida real estoy embarazada de mi primer hijo. Siempre sueño que le estoy dando de mamar, y de pronto me doy cuenta de que no me sale leche. Luego veo que estoy sentada en un banco de un parque al aire libre. Hay personas mirándome y, aunque las conozco, me siento nerviosa y avergonzada.» (Tanya)

«En mi sueño recurrente me despierto por un terremoto. Me aterra de tal manera que salto de la cama, me apresuro a la puerta de entrada y corro varias manzanas. Estoy de pie en medio de la calle completamente desnuda cuando todas las personas que están a mi alrededor empiezan a salir de sus casas y apartamentos, con toda calma y normalidad, vestidas para ir a trabajar y mirándome como si estuviera loca. Me siento muy humillada, y por la expresión de sus rostros creo que la única que ha notado el terremoto he sido yo, lo que hace que me sienta todavía peor.» (Dense)

Los sueños liberadores como éstos no son precisamente como para que nos levantemos a la mañana siguiente dando saltos de alegría, pero repito que, puesto que son tan normales, no deben tomarse como signos de que secretamente somos despreciables o que hemos de ir al hospital psiquiátrico más próximo para hacernos una revisión.

Probablemente habréis oído o leído que estos sueños indican miedo a ser el centro de atención, y en gran medida es cierto, aunque se puede profundizar un poco más. También indican un sentimiento de no estar preparado, o de ser demasiado vulnerable, de no tener suficientes mecanismos de defensa internos para protegernos. Luego está el temor de ser el blanco del ridículo o de que la gente nos pille con la guardia baja («pantalones»), sin las fachadas que todos hemos desarrollado para el «consumo público», que los sueños de este tipo ponen al descubierto. El «miedo a ser el centro de atención» también incluye el hecho de que todos guardamos al menos un secreto, de que hay algo acerca de nosotros que mantenemos oculto de nuestra habitual conducta correcta que no le importa a nadie, y si nuestro «asunto» se viera expuesto alguna vez al escrutinio público, perderíamos nuestra dignidad, respeto y credibilidad que tanto hemos luchado por conseguir.

Afortunadamente, éste es otro sueño liberador que se presta perfectamente a una reprogramación con un nuevo final, de modo que una vez que has experimentado el sueño liberador, te puedes despertar con la sensación de control que tan lejos ves en estos sueños. En tus oraciones antes de acostarte exige que la próxima vez que tengas miedo a ser el centro de atención, no importa cuál sea el tema, cuando llegue el momento más embarazoso, te pongas a mirar a tu alrededor y descubras que todos aquellos que te han estado mirando en otros sueños, están haciendo exactamente lo mismo que tú. Si hay un testigo mientras estás en el servicio, hazle pasar e invítale a que se una al grupo de personas que están usando uno de los inodoros que tienes a tu lado. Si estás dando de mamar en el banco de un parque público, conviértete en una de las mujeres de todo un grupo de mujeres que también están haciendo lo mismo en otros bancos. Si estás desnuda en medio de la calle, sencillamente asegúrate de que todas esas personas que te estaban mirando también lo están. Quedarás gratamente sorprendido al darte cuenta de la fuerza que tiene rehusar, incluso en tus sueños, a ser el centro de las miradas y a sentirse inapropiado.

La pérdida de los dientes o el pelo en los sueños

«Siempre tengo el mismo sueño. Empiezo pasándome la seda dental por los dientes, luego comienzan a aflojarse. Después se van cayendo uno a uno y en cuestión de segundos me quedo sin dientes.» (F. R.)

«Tengo muchos sueños en los que noto que se me caen los dientes. A veces acabo con todos ellos en la mano, hechos añicos y pulverizados.» (L. C.)

«Tengo un sueño recurrente en el que se me caen los dientes, tengo miedo, y sin embargo, todos los demás parecen seguir con su ritmo de vida normal.» (M. Q.)1

«Con frecuencia tengo sueños en los que se me caen los dientes. Estoy hablando y sencillamente se parten y se me caen en la mano. No hay dolor, sólo se me caen los dientes.» (W. B.)

«En este sueño, me levanto por la mañana sintiéndome muy bien, luego me siento en la cama, miro a la almohada y descubro que se me ha caído todo el pelo.» (S. O.)

«Soñé que estaba en la ducha, arreglándome para ir a trabajar como de costumbre, salgo de la ducha, me miro en el espejo del baño y me doy cuenta de que estoy completamente calva. Miro en el plato de ducha, pensando que quizá se me ha caído allí el pelo cuando me lo lavaba, pero no es así. Me entra un ataque de pánico, empiezo a llorar y me despierto.» (J. F.)

En mi encuesta informal e inespecífica durante los últimos treinta años, diría que el 95 por ciento de las personas que tienen este tipo de sueños son mujeres. No estoy muy segura de cuál es la razón, aunque si me baso en lo que suelen significar estos sueños, puedo dar unas ideas totalmente informales y no científicas.

La mayoría de las veces, los sueños en los que se caen los dientes significan que lamentamos algo que hemos dicho o haber hablado demasiado. Podría ser que las mujeres tienen estos sueños con más frecuencia que los hombres porque hablan más, y Dios sabe que recordamos todo lo que hemos dicho en nuestra vida y todo lo que los demás han dicho de nosotras, especialmente si era desagradable. Francamente, creo que podríamos aprender más de una lección de los hombres, que son más buenos en lo que yo educadamente llamo «memoria selectiva», y cuando les repites literalmente lo que han dicho hace uno o dos días, a menudo dicen, y en verdad les creo: «Yo nunca he dicho eso». (Lo que realmente pienso es que ambos sexos deberíamos hallar un feliz término medio entre recordar cada palabra y no recordar nada en absoluto, pero creo que eso nunca sucederá.)

Además de lamentar algo que hemos dicho, los sueños en los que se caen los dientes suelen indicar una simple preocupación vanidosa, como el miedo a envejecer, o algo tan sencillo como una higiene dental cuando somos conscientes de que hace mucho tiempo que no has ido al dentista y temes que perder los dientes sea el precio que pagarás por el descuido. Tu subconsciente puede incluso estar indicándote que tienes un problema dental del que todavía no te has percatado.

Sólo tú sabes cuál de estas explicaciones es la más probable para tus sueños. Todos ellos se pueden plantear felizmente de modo que no se vuelvan a repetir. Si es vanidad, pongamos el caso de una mujer de sesenta y seis años, con la ayuda de la brillante cosmética dental que existe hoy en día, es posible tener los dientes más bonitos a los sesenta años que cuando tenías veinte, y vale la pena hasta el último céntimo que te gastes y la dieta temporal que tendrás que hacer de comidas suaves. Si temes perder los dientes por años de descuido, no te entretengas en pensar en ir al dentista: sencillamente ve a visitarlo, o espera más sueños de este tipo en el futuro. Y si lamentas algo que has dicho, aunque sólo sea por el motivo egoísta de acabar con estos sueños para siempre, *discúlpate*. No dudes ni por un momento de que cuando debes una disculpa y no la expresas te hace mucho más daño a ti que a la persona a la que se la debes, la prueba está en el poderoso hecho de que puede llegar a trastornar nuestro sueño con algunos sueños desagradables y esperpénticos.

En cuanto a los sueños de pérdida del cabello, suelen implicar temor al ridículo o al bochorno. También pueden incluir vanidad y miedo a envejecer, y en los hombres hay preocupaciones añadidas respecto a la pérdida de la virilidad. No trato de negar el hecho de que los hombres más estupendos, fuertes y valientes que conozco están completamente calvos, de modo que los hombres, y estoy segura de que la mayoría de las mujeres estarían de acuerdo conmigo, no deben preocuparse por ello.

Una clienta nueva que está atravesando serios problemas en su relación conyugal tuvo una experiencia encantadora con un sueño de pérdida del cabello. Tras años de no sentirse respetada y de estar controlada por su marido, le dijo, y lo hizo en serio, que no iba a tolerar más su conducta con respecto a ella, y que si las cosas no cambiaban drásticamente entre ambos, lo iba a abandonar. Encontró a un gran terapeuta, empezó a hacer un fabuloso trabajo de conseguir confianza en sí misma, y halló la manera de alejar toda duda en su mente de que eso era bueno para ella. En medio de toda esta etapa de crecimiento por su parte, que en algunos momentos fue realmente difícil y requirió mucho valor, tuvo un sueño en que la línea frontal del pelo retrocedía varios centímetros, de modo que desde la mitad de su cabeza en adelante no tenía pelo, sólo una pelusilla muy suave, fina y pálida. Resulta que ella tiene un empleo estable como actriz en una popular serie de televisión, y su *modus vivendi* depende en parte de su aspecto; el caso es que al recordar el sueño le sorprendió que no estuviera ni lo más mínimamente afectada por el ridículo aspecto que tenía con la cabeza medio pelada.

Por el contrario, le resultó interesante, y no pudo descubrir por qué, de alguna extraña forma, eso le hacía sentirse mejor e incluso hasta un tanto eufórica. Al final, mientras seguía hablándome de ese pálido vello que había substituido a su cabello, se le ocurrió decir: «Era tan suave como el pelo de un recién nacido». Ambas estuvimos de acuerdo en que alguien que trabaja tanto para crecer, cambiar y ampliar su conocimiento de sí misma, no podía pedir un signo más evidente de que sus esfuerzos estaban siendo recompensados, que mirarse en un espejo y ver que volvían a aparecer señales de volver a nacer.

Maquillaje, máscaras y extraños sin rostro

«Tengo sueños recurrentes en los que siempre intento entretener a personas que no tienen rostro.» (Janice)

«En mis sueños veo personas con máscaras, parecidas a las que se usan en las fiestas o como las de la obra *El fantasma de la ópera*. La mayoría de ellas son tenebrosas. Las visiones fueron intensas durante al menos un mes y las vi en todas partes, en el centro comercial, en la playa, en cualquier lugar donde se reunieran masas. Estos sueños habían desaparecido durante un tiempo y ahora han vuelto, pero no con tanta intensidad.» (Kara)

«Tengo sueños casi obsesivos respecto al maquillaje —me lo pongo, lo compro, lo comparto con mis amigas, hablo de él, etc.—. Sé que no parece nada especial, pero pasa tan a menudo que me asusta un poco.» (Alexandra)

Estas variaciones bastante comunes sobre un arquetipo son fascinantes dado que muchas veces indican las dos caras de la misma moneda, y esa moneda es la palabra «identidad». Si sentimos que existe una gran disparidad entre el rostro que presentamos en público y la persona que realmente somos, parece lógico suponer que las personas que nos rodean hacen lo mismo, y que se empiece a ver el mundo como un mar de máscaras que disfrazan la verdadera identidad. Si sentimos que no tenemos rostro y que fácilmente se nos olvida, ¿por qué no proyectar la misma falta de identidad en todas las personas con las que nos encontramos? ¿Qué forma podría ser más clara de pedir que no pasen de ti que un sueño donde intentas entretener a una audiencia de gente sin rostro? El maquillaje, por supuesto, es otra afirmación de identidad (y por el que doy a Dios las gracias todos los días), igual que las máscaras y la ausencia de rostro, o cualquier otra cosa que tenga relación con el concepto de ocultar nuestra verdadera e imperfecta persona.

Otra causa frecuente de los sueños en esta categoría particular arquetípica es el temor de que no podemos confiar en nuestro propio criterio en lo que respecta a las personas que dejamos entrar en nuestras vidas, de modo que en nuestros sueños nadie parece genuino, y nos es imposible decir quién es cada uno, o incluso no podemos diferenciarlos. Si te has sentido traicionado por alguien a quien has dedicado una enorme cantidad de confianza, o si tienes a alguien cerca en quien quieres confiar a pesar de que hay algunas pruebas que te confirman que puede que te hayas equivocado, estos sueños pueden ser muy útiles para indicarte todo un aspecto de tu vida que tienes que trabajar. Espero que nunca os sintáis ofendidos cuando recomiendo un asesor profesional o terapeuta si necesitáis ayuda con temas tan importantes como la identidad, la confianza en uno mismo, la confianza y los juicios de carácter. Todos los que se dedican a temas relacionados con la salud mental y yo trabajamos en colaboración remitiéndonos mutuamente a los pacientes según el caso, le doy mucho valor al trabajo de los psicólogos y psiquiatras cualificados, yo también he recurrido a algunos maravillosos terapeutas en mis momentos difíciles y sé por experiencia propia lo que te pueden llegar a ayudar.

Por favor, os ruego que prestéis atención a la frecuencia con la que se repiten estos sueños y en el grado que parece que os están afectando en vuestras horas de vigilia. Si empezáis a notar que son demasiado frecuentes o «reales», espero que busquéis la ayuda de un buen profesional responsable y con credenciales, y si tenéis problemas para encontrar alguno, llama a mi oficina o mándanos un correo electrónico y estaremos encantados de remitiros a alguno de los cientos de doctores con los que trabajamos por todo el país. Un mundo lleno de máscaras, disfraces y sin rostros puede resultar un lugar interesante de visitar en sueños de vez en cuando, pero no me gustaría ni por un momento que vivieras allí.

Una nota especial para la mujer que escribió sobre los sueños recurrentes de su novio en los que encuentra la cara de su antigua novia debajo de la de él: por favor, no te tomes su temor a la ligera de que pueda terminar, tal como tú misma lo dices, «haciéndote lo mismo que le hizo a él su ex novia». Todavía retiene más culpa, pena y odio de lo que es aconsejable para vuestra relación, y me gustaría que le pusieras como condición para seguir juntos que se hiciera terapia inmediatamente.

Más arquetipos, más significados posibles

No todos los símbolos de sueños comunes entran en las categorías de las que hemos hablado, pero eso no significa que aparezcan con menos frecuencia o que no sean igual de confusos. No quiero llamar a esta sección «diccionario» de definiciones de arquetipos de los sueños. En lugar de ello, me gustaría que lo considerarais una *guía*, nada más, ni nada menos.

Manos que se mueven en un sueño suelen indicar preocupación por el trabajo y temas relacionados con la profesión.

Manos quietas en un sueño suelen indicar temas relacionados con el desempleo, el aburrimiento, la falta de progreso, depresión por no haber conseguido cosas.

Una flecha que te señala a ti en un sueño suele indicar que alguien se va a cruzar en tu vida.

Una flecha que señala hacia fuera en un sueño suele indicar que alguien te deja.

Equipaje en un sueño suele indicar viajes, evidentemente; a veces un viaje físico, pero también un viaje emocional inminente.

Un pino de aspecto imponente en un sueño suele significar un personaje especialmente fuerte que es importante en tu vida o que pronto lo será.

Libros en un sueño suelen representar educación, aprendizaje y sabiduría, pero también pueden revelar una naturaleza inhibida debida a demasiadas dudas y autocrítica.

La Luna en un sueño suele indicar una conexión especialmente intensa con el poder de nuestro lado femenino, nuestro aspecto emocional, psíquico e intuitivo.

Cubos de basura en un sueño suelen indicar un exceso de cotilleo, o bien demasiada facilidad para caer en él, o bien temor a ser el sujeto del mismo.

Campanas en un sueño suelen estar relacionadas con una celebración de dicha o una victoria, a menudo una victoria del espíritu sobre algún dilema moral.

Una montaña en un sueño suele indicar una lucha ya sea física o emocional, o la satisfacción de haber triunfado en algo.

Una vela encendida en un sueño suele representar una conexión con una fe y espiritualidad. *Una vela apagada,* un anhelo por tener esa conexión.

Una rosa en un sueño suele representar amor, aprecio, y un sentimiento de prosperidad, física o emocional.

Una cruz en un sueño suele representar lo evidente: una fuerte conexión con las propias creencias religiosas, pero también una exploración de éstas, así como una necesidad de protección o deseo de proteger.

Un círculo en un sueño suele indicar un sentimiento de plenitud, así como una conexión cada vez mayor con el desarrollo de los dones psíquicos.

Una llave en un sueño suele representar una nueva oportunidad, o la llegada de un cambio en tu profesión o en tu vida personal.

Una puerta abierta suele indicar situaciones potencialmente nuevas.

Una puerta cerrada a menudo simboliza un sentimiento de rechazo, aislamiento o soledad, o quizá también un sentimiento de seguridad y de estar a salvo, según si estás fuera o dentro de la puerta cerrada.

Las escaleras suelen representar un reto o una aspiración a ascender a un nuevo nivel en alguna área de tu vida, o cuando subes, subes y subes sin aparente progreso o rumbo, un sentimiento de futilidad, que a menudo indica la necesidad de cambiar de trabajo, de lugar o de relación.

Los tiques de compra suelen indicar el sentimiento de estar incluido en algo que anteriormente era inalcanzable o fuera de nuestras posibilidades.

Tu firma en un sueño suele indicar temas relacionados con una promesa, un compromiso o un contrato comercial que acabas de hacer o que estás a punto de hacer. Si la firma es atrevida y fuerte, es que eres optimista al respecto. Si está poco clara, borrosa, o se ve como si se te estuviera acabando la tinta, es que te lo estás pensando, o que deberías hacerlo.

Los girasoles en un sueño curiosamente suelen reflejar un interés en, o una afinidad especial por, la historia de los indios americanos, que a menudo no se ha materializado y que estás ansioso por iniciar.

Una espada en un sueño suele representar un interés en la historia del mundo.

Un triángulo suele significar interés en la metafísica.

Una cruz azul en un sueño normalmente suele iluminar la presencia de un guía espiritual, o también tu potencial para llegar a serlo.

Una cruz amarilla suele indicar la presencia de un filósofo, o tu potencial para llegar a serlo.

Una caminata o una excursión a pie en un sueño generalmente indica un período de desorientación y soledad, sensación de desorden, o proceso de toma de decisiones.

Una mujer mayor suele representar seguridad, o anhelo de madurez emocional y sabiduría.

Un hombre mayor representa anhelos de crecimiento intelectual y sabiduría.

Los sueños heroicos suelen ser una compensación subconsciente de un sentimiento general de inferioridad, ineptitud o de sentirse no apreciado.

El acto sexual suele indicar una necesidad de intimidad emocional, una dependencia excesiva en los demás para afirmarse y tener confianza en uno mismo, o una incomodidad para verbalizar temas emocionales reprimidos.

Las flores en los sueños, al contrario que las anticuadas supersticiones, no predicen la muerte de un miembro de la familia. De acuerdo, es posible que cuando sueñas con flores, tarde o temprano algún miembro de tu familia muera. Cuando sueñas con *cualquier* cosa, no cabe duda de que, *tarde o temprano*, morirá alguien de tu familia. Por el contrario, las flores en los sueños suelen indicar vitalidad, un renovado aprecio por la vida, o dar o recibir respeto.

El embarazo en los sueños generalmente nada tiene que ver con el embarazo biológico, sino que indica el nacimiento inminente de un nuevo aspecto tuyo, una parte de ti que antes era inaccesible y que está a punto de nacer. El temor frecuente que se produce en los sueños de embarazo es que las personas que te rodean no aprueben al «bebé», lo que generalmente indica la inseguridad de que ese «nuevo tú» no sea aceptado por tus seres queridos, que puede que se resistan a los cambios que estás a punto de realizar.

El demonio suele indicar un injusto sentimiento programado de no sentirte adecuado o de falta de autoestima.

La muerte en los sueños suele indicar la maravillosa desaparición de una antigua actitud, sistema de creencias, visión, estructura, costumbre o situación que ha sobrevivido a su utilidad, y que deja paso a tu importante «renacimiento». No tengas nunca miedo de los sueños de tu propia muerte. *Nunca* significan tu propia muerte *física*, te lo prometo.

Tal como he dicho antes, me encantaría que escribieras tu propia lista de arquetipos y sus significados en tu diario de sueños, porque nadie mejor que tú puede hacerlo para tus propios fines. Sé que puede ser frustrante leer la definición de un símbolo de un sueño y darse cuenta de que todo parecido con tu verdad es pura coincidencia. Pero míralo de este modo: si sólo hubiera «un» significado, grabado en granito, para cada uno de los arquetipos que aparecen en los sueños, significaría que todos los que soñamos no somos más que copias idénticas mentales, emocionales y espirituales y que todos los misterios de nuestros sueños fueron resueltos hace miles de años cuando la humanidad empezó a interpretarlos. No estoy segura de cuál de esos dos conceptos sería más horrible, pero estoy eternamente agradecida de que ninguno de nosotros jamás llegue a descubrirlo.

10

Los personajes de nuestros sueños: desde seres queridos hasta desconocidos extrañamente familiares

No estoy segura de que algo enriquezca y confunda más nuestros sueños que esas personas que eligen «aparecer» en las tragedias, comedias esporádicas, dramas históricos y documentales que produce nuestro subconsciente mientras dormimos. Puede presentarse la colección más extraña de personajes: a algunos los reconocemos, a otros no, de algunos estamos seguros, de otros no, aparecen y desaparecen, a veces por las razones más obvias y a veces sin razón aparente, dejando que nos despertemos bastante seguros de que alguien con quien hemos pasado la noche estaba intentando decirnos algo, algo que nos gustaría saber qué era.

Para añadir más misterio e intriga tenemos el hecho de que las personas que invocamos, que buscamos, con las que nos encontramos y que vemos durante el sueño están allí para nuestros fines, por nuestra insistencia, como ellas mismas y como arquetipos, pero no por quienes son, sino por quienes son *para nosotros*.

Seres queridos con mensajes

«Mi fallecida abuela vino de ninguna parte —escribe R. F.—. Me tomó del brazo para hacer hincapié en la importancia de lo que estaba a punto de decirme telepáticamente. Tenía que contactar con Sylvia Browne para preguntarle por "él". Cuando estaba viva, mi abuelita sólo hablaba español, pero telepáticamente habló un inglés perfecto y sin acento. Creo que "él" era una referencia al novio con el que acabo de romper, pero estoy abierta a otras posibilidades sobre quién puede ser "él".»

Éste es un maravilloso ejemplo de lo que es hacer uso de la artillería pesada mientras dormimos para ver algo que conscientemente nos negamos a aceptar. R. F. sabe perfectamente que el «él» de su abuela es el ex novio de ella. Sabe perfectamente que él es emocionalmente peligroso para ella, y en potencia, también lo es físicamente, y que no tiene intención de marcharse de su vida para siempre. Y sobre todo, ella sabe que, abandonada a sus propios recursos, puede que no tenga la fuerza de voluntad suficiente para continuar resistiéndose a él si éste es lo suficiente constante y manipulador, especialmente porque él conoce bien la debilidad de ella y cómo usarla en contra de ella. Y entonces, en lugar de confiar en su juicio, a veces confuso (como el de todos nosotros de vez en cuando, no vamos a negarlo), ella ha invocado a su abuelita, la persona en quien más confiaba, alguien que siempre había velado por los intereses de R. F., cuya sabiduría, fortaleza y amor podía darle fuerzas, alguien que nunca dejaría que algo tan trivial como la «muerte» la alejara de ella. Al igual que la inmensa mayoría de los mensajes que recibimos durante el sueño, la experiencia de R. F. no fue un sueño. Fue un encuentro astral entre ella y su abuela, tan real como cualquiera de las frecuentes conversaciones que ella había tenido respecto a su ex novio con su familia «viva» y amigos, con la ventaja de que ella y su abuelita podían tener grandes conversaciones con un simple mensaje telepático respecto a «él».

Y para la información de R. F., sé que no te sorprenderá que apoyo totalmente la postura de tu abuela. Por favor, intenta alejarte de ese hombre. Tienes mucho que perder y nada que ganar si te vuelves a entregar a él.

Si una mujer llamada A. B. había dudado alguna vez de que nuestros seres queridos nos protegen tanto si se han «marchado» como si no, esa duda desapareció por completo en su reciente viaje astral a un cementerio. «Mi padre y yo íbamos conduciendo por el cementerio donde está enterrado mi difunto tío, cuando de pronto éste se nos apareció y advirtió que algo le pasaba a nuestro coche. Durante una cena, unos días después de haber tenido el sueño, se lo conté a mi padre y lo real que me pareció, y aunque él es bastante escéptico respecto a estas cosas, decidió llevar el coche a una revisión, por si acaso. No sé quién estaba más sorprendido, si él o yo, cuando descubrió que los frenos tenían un problema grave.»

Una breve nota respecto a los cementerios: probablemente me habréis oído decir un millón de veces que vuestros seres queridos no están allí. No puedo deciros cuántas veces los espíritus me han invitado a hacer un viaje al cementerio en coche y regresar de nuevo a casa con sus familias y amigos. Sólo se preocupan de visitar sus tumbas si eso os aporta alivio. De modo que no mantengáis la idea equivocada de que el encuentro astral de A. B. con su tío se produjo en un cementerio porque allí era donde estaba él. Se produjo en ese lugar porque allí es donde estaba *ella*, viajando astralmente para verlo en un sitio donde se siente especialmente cerca de él en sus horas de vigilia.

Ahora bien, no empecéis a enfadaros con vuestros difuntos por no daros claras advertencias de este tipo y sobre otros asuntos prácticos. Lo intentan más veces de las que nos imaginamos; pero nuestra respuesta más típica a mensajes como éstos, tanto si estamos despiertos como dormidos, es no hacer caso, o darnos una palmadita en el hombro para felicitarnos por nuestra «intuición» respecto a algo que estaba mal. Sí, a veces, nuestro sexto sentido nos avisa. Pero otras veces la advertencia procede de alguien que creemos que hemos perdido y que viene a vernos mientras dormimos, para compartir información con nuestra mente subconsciente, dado que nuestra mente consciente no puede oír debido a lo ruidosa que es y lo abarrotada que está de información durante el día. A. B. tiene mucho mérito de haber oído y recordado la advertencia, y su padre lo tiene por haberle hecho caso a pesar de su escepticismo.

K. C. también eligió un lugar de encuentro con un ser querido fallecido donde ella estaba segura que lo encontraría. «Tuve un sueño tres o cuatros meses después de que mi abuela muriera, en el que ella se levantaba del ataúd y me miraba. Yo no hacía más que decirle que la quería, y ella sólo me miraba con una mirada fija y divertida. Era como si ella me estuviera preguntando por qué lo repetía una y otra vez, cuando tendría que decírselo eternamente. También recuerdo que no llevaba ni sus gafas ni el audífono.»

En primer lugar, no dudes nunca de lo comprensivos que son nuestros seres queridos fallecidos cuando les pedimos que vengan a vernos en nuestros sueños. Esta experiencia astral sucedió bastante pronto después de que la abuela de K. C. regresara al Hogar, que es la razón por la que ella todavía la asocia con un ataúd, el último lugar donde la vio. A medida que vaya pasando el tiempo y K. C. empiece a recordar la vida de su abuela con más claridad, hallarán cientos de lugares más bellos e inspiradores para sus encuentros.

En segundo lugar, cuando tenemos un encuentro astral

durante el sueño hemos de recordar que nueve de cada diez veces las palabras «era como si» se pueden traducir literalmente como «me dio un mensaje telepático». No es extraño que cuando reflexionamos sobre el encuentro astral a la «racional» luz del día, tengamos la sensación de que hemos mantenido una conversación con un ser querido, pero luego lo desestimamos como si sólo fuera una impresión, puesto que no estamos del todo seguros de que hubiera un intercambio de palabras. Nuestras mentes conscientes son tan adictas a la comunicación verbal que casi no prestamos atención a la sorprendente y elocuente eficacia de la telepatía entre dos espíritus. En el caso de K. C., no era «como si» su abuela le estuviera asegurando que siempre tendrá que decir «te quiero». Éste es exactamente el mensaje telepático que su abuela le dio. K. C. estaba repitiendo «te quiero» como si fuera un adiós. Su abuela sencillamente le estaba respondiendo con un recordatorio de que no había necesidad de despedirse, porque su proceso de la «muerte» no era un final.

En tercer lugar, si K. C. no estaba segura, antes de esta experiencia, de que su abuela había llegado bien a El Otro Lado, el hecho de que no llevara gafas ni audífono debería eliminar toda duda. Las enfermedades y los achaques son aflicciones terrenales y humanas. No existen en el Hogar, donde todos gozamos de una salud divina y perfecta.

Pam recibió un bello mensaje claro como el agua, con la ventaja añadida de la validación a cientos de miles de kilómetros de distancia, que ha permanecido con ella durante más de treinta años. «Mi padre murió en 1966. Yo tenía quince años. Mi hermana tenía casi dieciocho. Una noche de 1971 tuve un sueño. Mi padre volvía a estar con nosotras, en la casa donde crecimos. Todos éramos muy felices, pero él no se podía quedar. Nos dijo que quería que supiéramos que le gustaría conocer hijos de nosotras. Mi hermana y yo vivíamos en diferentes estados por aquel entonces y hacía algún tiempo que no nos habíamos comunicado, pero al día siguiente nos llamamos y descubrimos que las dos habíamos tenido el mismo sueño a la misma hora. Nos volvió a suceder —el mismo sueño, a la misma hora— aproximadamente un año después. ¿Cómo pudo nuestro padre visitarnos a las dos al mismo tiempo? ¿Y por qué no hemos vuelto a tener más visitas desde entonces? Nuestra madre también murió en 1990 y ninguna de las dos hemos tenido ni una sola visita suya. ¿Está bien? Si es así, ¿qué es lo que la mantiene alejada?»

Ésta es una gran oportunidad para recordarnos lo que nos cuesta pensar «fuera de la casilla» de las leyes físicas terrenales e imaginar el mundo del espíritu, donde no existe ninguna de esas leyes. ¿Qué podría ser más natural que Pam se preguntara cómo fue posible, si ella y su hermana vivían en diferentes estados, que su padre las visitara a las dos a la vez? Sin embargo, ella misma se respondió a su pregunta sin darse cuenta al decir que estaban todos en la misma casa donde ellas se educaron. Ella y su hermana no tuvieron el mismo «sueño», tuvieron la misma experiencia astral, «volaron» desde sus respectivas ubicaciones terrenales para encontrarse con su padre en un lugar lleno de recuerdos queridos por todos. Si habéis leído *Life on The Other Side*, sabréis que todos los espíritus pueden estar bi-ubicados, es decir, que pueden estar en dos sitios a la vez. Pero en este caso, el padre de Pam no tuvo necesidad de hacerlo, pues ella y su hermana lo hicieron en su lugar para encontrarse en su antigua casa familiar.

Pam dice que su padre «sólo quería que nosotras supiéramos que le gustaría conocer hijos de nosotras», como si fuera una confirmación de que estaba perfectamente y que su deseo de velar por sus nietos era lo más normal del mundo. Tras cincuenta años de transmitir mensajes de los espíritus a mis clientes, nunca deja de fascinarme la frecuente indiferencia, e incluso, a veces, decepción, de los receptores de los mensajes. Un ser querido que supuestamente ha muerto transmite una versión de «¡Al fin y al cabo no he muerto! ¡Estoy bien, estoy aquí mismo!», y muchas veces el cliente me responde, un tanto enojado: «¿Eso es todo? ¿Eso es todo lo que me ha de decir? ¿Que está aquí?» Siempre suena a «Sí, sí, la vida eterna, una gran cosa. Esperaba oír algo interesante, como la combinación de los números de la lotería o por qué le dejó la porcelana china a tía Dorothy en lugar de a mí». Lo siento, pero el noventa y nueve por ciento de las veces el mensaje que nuestros seres queridos están deseando transmitirnos es que *no existe la muerte*. Sé que suena sencillo, pero no puedo imaginar un mensaje más fascinante que ése.

De cualquier modo, regresemos a las preguntas de Pam; repito, son preguntas perfectamente comprensibles, pero me interesaba dejar en claro su frustración. El padre de Pam todavía está muy cerca, y ha seguido visitándola de vez en cuando mientras duerme, lo que sucede es que sus recuerdos de las visitas no han sido tan vívidos como lo fueron los primeros. Durante el día sé que en ocasiones ella tiene problemas eléctricos en la casa y no se da cuenta de que es él quien los está provocando para captar su atención; también sé que ha notado una presencia en el asiento trasero de su coche cuando conduce, y que incluso se ha sorprendido cuando al mirar por el retrovisor interior no ha visto a nadie. Pam necesita hablar con su padre, decirle cuánto le quiere y le añora, y, por supuesto, sugerirle lugares de encuentro específicos en sus oraciones nocturnas antes de acostarse. Tarde o temprano le volverá a ver, y esta vez se levantará recordando el sueño.

En cuanto a su madre, la paciencia es la clave. Está bien,

sencillamente ha estado en la Orientación. Antes de terminar el año 2002, Pam tendrá una clara visita de su madre mientras duerme. Para preparar esa primera visita, debería empezar a hablar con ella ahora. Decirle todo lo que le ha querido decir durante todos estos años y transmitirle cuánto desea estar con ella. Ella no sólo la oirá, sino que hallará la forma de estar juntas para confirmarle que la ha oído.

Lynn se encuentra en una situación confusa que la dejó un poco preocupada tras una visita astral que confundió con un sueño. «Mi hermana murió en otoño de 2000. Al poco tiempo de su muerte empecé a tener sentimientos por su esposo, quien no me importaba demasiado cuando ella vivía. En el mes de mayo del año siguiente iniciamos una relación a distancia. Y recientemente he soñado con ella. Estaba en mi casa. Recuerdo que me despertaba y la encontraba durmiendo en mi cama, igual que cuando éramos pequeñas. Empecé a dar vueltas preguntándome por qué estaba allí. Sabía que había muerto, y sin embargo, me parecía normal estar con ella. Su esposo entró en la habitación igual que cuando ella estaba viva. Recuerdo observarlos juntos y pensar: "Está bien, son marido y mujer, se supone que han de estar juntos". Cuando ella y yo volvimos a estar juntas le dije: "Hemos de hablar de algo". Ella respondió: "Ahora no. Hablaremos más tarde". Yo asentí con la cabeza y el sueño desapareció.»

La relación de Lynn con su cuñado le parece bien a su hermana. El innecesario sentido de culpa de Lynn influyó en la interpretación de que su hermana le propusiera posponer la conversación sobre el tema. La verdad es que la hermana de Lynn lo comprende perfectamente. También sabe que Lynn va a tener algunos de los mismos problemas con su marido que tuvo ella, pero sería demasiado fácil para Lynn confundir su advertencia por desaprobación, de modo que prefirió no decir nada.

Sencillamente, observemos el escenario y la dinámica de esta experiencia astral: Lynn y su hermana comparten habitación y cama, igual que cuando eran pequeñas, mientras el esposo sólo hace una breve aparición. En otras palabras, ser hermanas es mucho más importante para las dos que ninguna de sus relaciones con ese hombre. En el momento en que Lynn se dio cuenta de que estaban los tres en la misma habitación, no dudó ni por un momento en respetar el matrimonio de su hermana, como hubiera hecho si su hermana todavía hubiera estado allí. También es interesante observar que en El Otro Lado, la hermana de Lynn tiene el acceso abierto al mapa de la vida de su hermana y de su esposo. Ella sabía que ambos acabarían juntos antes de que ellos mismos lo supieran, sabe exactamente por qué los dos programaron su relación en sus vidas y sabe con todo detalle lo que va a suceder. La próxima vez que vea a su hermana, Lynn no ha de malgastar su tiempo con el sentido de culpa. Ella y su hermana tienen cosas mucho más interesantes de qué hablar, ¿no crees?

Kim hizo un extraordinario viaje astral a El Otro Lado durante un momento muy poco común que estoy segura que jamás olvidará. «Tuve un sueño en el que sostenía a un niño en una iglesia muy sagrada, y la voz más bella y potente que se pueda imaginar me dijo que el hijo que tengo en mis brazos se ha de llamar Daniel. En ese momento dos ángeles sin alas volaron a nuestro alrededor.»

Como ya debéis saber por mis anteriores libros, entre los incontables detalles que escribimos en nuestros mapas de la vida cuando nos estamos preparando para venir aquí a vivir otra encarnación, se encuentra la identidad de nuestros padres. Nosotros los elegimos y ellos nos eligen a nosotros. No hay accidentes, incluso cuando hay unos padres o unos hijos que nadie que estuviera en su sano juicio elegiría. Kim tuvo el magnífico honor astral de asistir a una bendición eclesiástica en el Hogar en la preparación final para el viaje de su hijo a la Tierra, antes de que tan siquiera lo hubiera concebido. La «bella y potente voz» era la de su espíritu guía, cuyo nombre es Timothy, y los dos ángeles que asistían a la bendición eran los ángeles que el niño había escogido como parte de su equipo de protectores para la vida en la que estaba a punto de embarcarse.

Luego tenemos el nombre de Daniel. Realmente me gustaría hacer hincapié en que no sólo tenemos nombres y personalidades características cuando estamos aquí en la Tierra. Somos tan viables, sólidos y claramente individuales, si no más, en nuestro verdadero Hogar en El Otro Lado. Tenemos estatura, peso, ojos y color del pelo, perfectamente físicos, e incluso nombre, que Dios nos dio en el momento de nuestra creación hace una eternidad. En El Otro Lado, la persona que nacerá de Kim en forma de bebé se llama Daniel, igual que se llamará aquí; incluso puede sorprender a Kim y a los demás que estarán junto a ella y que amarán y cuidarán a este niño desde el momento de su nacimiento, la rapidez con la que responde a su nombre.

«Cuando mi hijo tenía cinco años —escribe J. D.— tuvo un sueño en el que Dios y los ángeles le decían algo y le enviaban a que me lo dijera. ¡Desgraciadamente no podía recordar lo que era! ¿Puedes ayudarme?» Puedo ayudarte, J. D., pero en este caso creo que lo que tenía que decirte tu hijo ya lo has descubierto: que aunque tendrá una vida muy plena, activa e independiente, en realidad, esta vez está aquí por ti. Habéis pasado nada menos que cuatro vidas juntos, dos de ellas como hermanos, una en la que tu hijo era tu padre, y otra en la que estuvisteis juntos en una batalla y tu hijo te salvó la vida. Hay algunas cosas específicas que J. D. ha venido a aprender aquí, y tanto su hijo como él han hecho un pacto en El Otro Lado de que sea su hijo quien se las enseñe. Nadie en este mundo conoce mejor a J. D. que su hijo, lo que significa que pondrá a prueba los límites de J. D. mejor que ninguna otra persona. Cuando lo haga, J. D. deberá intentar recordar, en medio de su frustración, que ha de darle las gracias. Su hijo está viviendo una promesa que le hizo mucho antes de nacer.

A veces, el mensaje que nos transmite un ser querido simplemente se reduce a «Sé que estás confundido y estoy aquí para ayudarte». Un sueño de Nancy ilustra esa experiencia perfectamente: «Me encontraba en una gran estructura de madera sobre una gigantesca montaña. Toda una pared era de cristal y se abría al saliente de la montaña, de manera que cuando mirabas a su través no podías ver el suelo. Había muchas personas conmigo, quizás treinta o cuarenta. De pronto oí una voz y supe que era Dios. Sabía que todos los demás también la habían oído, pues todos lloraban igual que yo. Nos dijo que saliéramos afuera, y lo hicimos, todavía llorando. Era muy feliz de oírle. Recuerdo que pensé: "A pesar de todo no me ha perdonado". Mientras salía, vi a mi fallecida abuela que se dirigía hacia mí. Caí en sus brazos, llorando, y me dijo que no pasaba nada, que sólo escuchara a Dios y que lo hiciera atentamente. Entonces Dios empezó a hablar de nuevo. Nos dijo que miráramos hacia el abismo, y cuando lo hicimos vi a unas pocas personas esparcidas en las cornisas inferiores. Cuando las miraba, Dios dijo: "Estas son las personas a las que estoy dando conocimiento, para que podáis aprender de ellas. Escuchadlas. Ellas saben." Lo siguiente que vi fueron esos tornados de color azul oscuro, que descendían del cielo y que alcanzaban en el pecho a cada una de esas personas elegidas, mientras Dios explicaba: "Ahora les estoy dando el conocimiento que estás buscando". Yo no dejaba de llorar, y mi abuela seguía a mi lado sujetando mi mano. Entonces el sueño se volvió un tanto confuso, y luego, de pronto, mudo, mientras Dios daba listados sobre cómo mejorar y daba consejos de autoayuda. Me desperté llorando como un bebé.»

Éste es un precioso ejemplo de un ser querido que hace una aparición astral en un sueño liberador, con un arquetipo deslumbrante puesto allí por si acaso. El arquetipo es la montaña sobre la cual se produce el sueño, y su significado es el clásico del que ya hemos hablado en el capítulo anterior: la montaña representa un esfuerzo, en este caso el esfuerzo espiritual que estaba realizando Nancy cuando comenzó el sueño, con el sentimiento de que era como si Dios la hubiera olvidado. Sabemos que es un sueño liberador por los rasgos absurdos que en él aparecen, que culminan en la idea de que el propio Dios está reuniendo a un grupo de personas para que le escuchen pronunciar listas «mudas» para el crecimiento personal. Cuando oímos su voz podemos apostar con certeza que la palabra «mudo» no se encontraría entre los adjetivos que utilizaríamos.

De modo que ¿cuál era el papel de la difunta abuela de Nancy en este sueño liberador? Estaba allí para darle apoyo y consuelo, evidentemente, para pasar sus brazos alrededor de Nancy mientras ésta lloraba, y sujetar su mano mientras se proyectaba el resto del sueño. Pero, ella también estaba allí para darle confianza de que todo iba bien y que escuchara atentamente mientras Dios hablaba. A simple vista puede parecer el consejo más retórico que se pueda dar. Cuesta imaginarse que a cada uno de nosotros nos digan que escuchemos atentamente algo que Dios ha dicho con su propia voz. En este caso, sin embargo, lo que Nancy necesitaba, debido a la lucha que estaba entablando en su interior, era que escuchara lo que el Dios que ella se estaba construyendo estaba a punto de decirle; un Dios que podría ser capaz de olvidarse de sus hijos, un Dios que elige favoritos para impartir sabiduría mientras excluye deliberadamente a otros y, en última instancia, un Dios que según su propia descripción ni siquiera es tan brillante.

Creo que el hecho de que la abuela de Nancy la acompañara en todo el proceso fue un excelente ejercicio y una inspiradora forma de aproximarse a esos momentos en los que te sientes confundido o desconectado de Dios: crear una situación en la que te encuentras a un Dios que es como tú has empezado a imaginar, y luego lo haces actuar según tu lógica (en este caso, estúpida) conclusión. En el momento en que Nancy había terminado de escuchar a un «Ser Supremo» despistado, elitista y mudo dar técnicas de crecimiento personal, ves la diferencia entre ese Dios y el omnisciente y amoroso Dios que encontró en su camino de vuelta, que fue lo que le dio sentido a su vida; a raíz de ello su fe se reafirmó más que nunca.

Cuando los sueños con seres queridos son perturbadores

Sería estupendo si estuviéramos seguros de saltar de la cama sintiéndonos entusiasmados y rejuvenecidos después de tener experiencias con seres queridos fallecidos mientras dormimos. Pero la vida es demasiado complicada, y nosotros también lo somos, para esperar que eso suceda. Por el contrario, aunque no sea ninguna otra cosa, quizá las lecciones más grandes que se pueden aprender del aspecto negativo de los sueños con seres queridos es que es imprescindible tener al día nuestros asuntos emocionales mientras todavía estamos aquí, y que hemos de detenernos y pensar antes de provocar algún tipo de sufrimiento, porque no tenemos control sobre la profundidad de las heridas ni el tiempo que llevará sanarlas.

«Cuando era niño, soñé que mi padre me llevaba al parque y que me abandonaba allí. Lloraba mucho y corría hacia él, pero él huía. Cuando llegué adonde creía que estaba, era como una jungla llena de animales salvajes, y no pude adentrarme en ella.» (J. H.)

¿Ves lo que quiero decir? Esto no fue sólo un sueño, lo que tuvo J. H. fue un recuerdo de la memoria celular de una experiencia real de una vida pasada en Nigeria a mediados del 1600. J. H. nació en esa vida con una grave discapacitación. Su padre se sentía humillado por tener un hijo imperfecto, y cuando J. H. tenía seis años lo llevó a la jungla y lo abandonó allí, donde no podía y no pudo sobrevivir. Siglos más tarde, al hallarse de nuevo en un cuerpo, J. H. todavía asocia «padre» con «abandono» y «jungla», e intenta liberar a través de los sueños el terror desolador de una crueldad inhumana de una persona egomaníaca. Tal como hago con todo el mundo que ha tenido un sueño semejante, le sugiero que repita la oración del capítulo 7 y que lo haga cada noche antes de dormir, con sus palabras o con las mías, porque no quiero que nadie pase ni un solo momento bajo el peso de ese dolor. A continuación tenéis una versión ligeramente alterada de la oración que sé que os ayudará: «Dios Padre, por favor ayúdame a liberar en la luz blanca del Espíritu Santo cualquier negatividad que traiga de otra vida a ésta, a fin de que pueda disolverse para siempre en tu paz perfecta y divina. Al igual que libero la negatividad del pasado, permíteme que acoja la dicha, la sabiduría, el amor y los dones de otras vidas, que mañana me despierte con una sensación de confianza y autorrespeto renovada, así como consciente de la eternidad con la que has bendecido mi espíritu».

Por supuesto, no toda crueldad es deliberada o está motivada por la malicia. A veces procede del egoísmo o de la soledad, o de una combinación de ambas cosas. «Mi hermana mayor tuvo varias veces el mismo sueño tras la muerte de nuestro padre. Ellos tenían una relación muy mala. Mi padre nos amaba, pero parecía que a mi hermana la consideraba más una esposa que una hija, en un aspecto puramente psicológico. (Nunca hubo ningún abuso físico o sexual.) Murió a los 79 años, y mi hermana tenía 41. Ha estado teniendo sueños vívidos y perturbadores con él hasta hace poco, hasta que sacó la foto de papá y la guardó. Si papá conectaba con ella durante el sueño, ¿por qué eran "malos" todos los sueños?» (Kay)

Antes de empezar, quiero mencionar cuánto me conmueve que una persona se ponga en contacto conmigo en nombre de otra. Tu hermana tiene suerte de tenerte como hermana, Kay.

El padre de Kay no está contactando con su hija mientras ésta duerme. Su hermana está teniendo sueños liberadores respecto a él, una y otra vez, repitiendo su relación en sus sueños con la esperanza que de alguna manera, al final, todo se resuelva y se le permita tener su niñez aunque sólo sea una vez, en lugar de que se hubiese esperado de ella la madurez emocional de una mujer, cuando era todavía tan joven. Sé que ella expresó su resentimiento a su padre cientos de veces durante su «tormentosa relación», y también sé que él se negó a aceptar el hecho de que estaba equivocado al utilizarla para satisfacer su necesidad. La puso en una situación imposible aprovechándose del amor natural que ella sentía hacia él, de modo que se encontró en una postura clásica de amor-odio, y puesto que él había construido semejante muro de piedra respecto a este tema, ella no pudo trabajar este asunto con él mientras él vivía. Estoy contenta de que el hecho de apartar su foto la haya ayudado, pero hacer unos cuantos meses de terapia para soltar la ira residual que ha estado intentando liberar mientras dormía le iría aún mejor.

Y luego hay acciones bien intencionadas, pero equivocadas, que tienen resultados crueles y potencialmente duraderos. «Soy una alumna de secundaria —escribe Laurie—. Mi padre nos ha dejado, y mi madre y yo estamos viviendo en la región del sudoeste después de trasladarnos desde la región central. Empecé a tener terribles sueños de que morían algunos miembros de mi familia, así que mi madre me llevó a un terapeuta, que me dio somníferos para dejar de soñar, pero eso no me sirvió de nada. Ahora sueño con un novio con el que rompí cuando nos trasladamos. Me hace pensar que tenemos algunos asuntos pendientes en la región central y que no podré seguir viviendo a menos que los solucione, pero no sé de qué se trata. ¿Puedes ayudarme?»

La madre de Laurie intentó hacer lo correcto llevándola a un terapeuta. No me gusta deducir cosas cuando tengo tan poca información, pero espero que quizás un psicoterapeuta de la escuela pueda remitirla a otro terapeuta que la pueda visitar con más regularidad y que no sea tan rápido en recetar pastillas para dormir, que pueden alterar gravemente su necesidad de liberación a través de ciclos de sueño saludables. Y aunque yo sin duda alguna no receto ninguna medicación, porque ni estoy cualificada ni autorizada para hacerlo, pienso que Laurie debería hablar con el nuevo terapeuta, o con su médico de cabecera, si cree conveniente que tome algún antidepresivo que la ayude a superar los momentos difíciles que está atravesando. Los sueños que tiene sobre los miembros de la familia que mueren y acerca de un novio del que ahora está separada, son porque se siente terriblemente abandonada y aislada. Sueña con su ex novio no porque haya un asunto pendiente entre ellos, sino porque es alguien familiar para ella y cuando estaba con él no se sentía tan sola. No es que ella le añore, lo que anhela es el sentimiento de pertenencia, y, créeme, el terapeuta adecuado puede ayudarte mucho. Debes recordar que no has sido tú la que ha creado esta situación, de modo que no has de asumir la responsabilidad de intentar arreglarla tú sola. Que tengas mucha suerte, Laurie. Estarás presente en mis oraciones.

Las personas de nuestros sueños como arquetipos

Los sueños de Laurie con su antiguo novio ilustran una estrategia muy común que nuestro subconsciente utiliza para indicar algo: reclutar un rostro familiar para representar los temas emocionales que estamos trabajando. No cabe duda al respecto: puede resultar difícil distinguir entre soñar con una persona específica y soñar con los sentimientos que asociamos con ella. Me gustaría poder ofrecer una regla fija para distinguir la diferencia, pero no existe, y no voy a engañarte inventándome una. Sin embargo, puedo decirte que cuando miras retrospectivamente los sueños que has tenido con otras personas, al menos vale la pena considerar la posibilidad de que no se suponía que los tenías que interpretar literalmente, y que aprenderás más sobre ti mismo si revisas tu vida pasada para hallar una visión más amplia. No te limites a preguntarte: «¿Quién era esa persona?». Pregúntate: «¿Qué representa esa persona para mí?», y observa adónde te llevan las respuestas a esa pregunta.

Veamos el sueño de M. E., por ejemplo: «Abandoné Jamaica el año pasado para empezar la escuela en Barbados. Mi abuela murió en Nueva York ese mismo mes, y quedé muy desconsolada porque no había ido a visitarla antes de su fallecimiento. Al poco de que ella se marchara tuve un sueño muy triste. Estaba en lo que me pareció como una gran nube negra que salía de ninguna parte y vi a mi abuela andando por el camino que conducía a mi casa en Jamaica. Grité su nombre para intentar captar su atención. Se giró y me miró como si no comprendiera. Quería decirle que la quiero, pero se dio la vuelta rápidamente y siguió su camino. Seguí gritando su nombre y ella continuó alejándose; sentí un dolor punzante, como si fuera una descarga eléctrica, por su evidente despecho hacia mí».

Espero que os resulte obvio que esto no es una visita astral de la abuela de M. E. Es un sueño liberador donde M. E. utiliza a su abuela como símbolo de su sentido de culpa y su pesar. M. E. está muy enfadada consigo misma por estar tan ocupada en su vida que no pudiera llegar a tiempo para despedirse de su abuela. No debería estarlo, por supuesto; a todos nos ha sucedido, y no era necesario ningún adiós, puesto que su abuela siempre está cerca de ella y está muy orgullosa de su nieta. A fin de dramatizar esa rabia hacia ella misma mientras duerme, utilizó a su abuela para representar esa ira, pues sentía que la merecía.

Lo que sabemos como hecho absoluto, garantizado y sin excepciones, es que nadie en El Otro Lado puede estar enfadado con nosotros. Ésta es una regla fiable con la que puedes contar cuando intentes averiguar si has experimentado la visita de una persona real en un sueño o bien si te has de centrar en lo que esa persona podría significar para ti: si alguien que está en El Otro Lado parece estar enfadado, disgustado o da muestras de alguna otra emoción negativa, es que en realidad no era esa persona, y punto. Sencillamente la has utilizado mientras dormías para demostrar tus propios asuntos emocionales, para que te ayude a saber lo que necesitas trabajar durante tus horas de vigilia.

No todas las personas que actúan como símbolos en los sueños las traemos de El Otro Lado; ésta es una carta de Linda que da fe de ello: «Recientemente he soñado que Sylvia Browne me estaba guiando en mi vida amorosa. Un pequeño resumen sobre mi vida. No hace mucho he visto a un antiguo novio que considero el amor de mi vida. No me llama muy a menudo, pero la semana pasada me llamó y nos vimos dos veces. Pero en este sueño, Sylvia me dijo que era peligroso y que debía alejarme de él. También he salido con otro hombre y ella me decía que debía seguir viéndole y disfrutar de nuestra relación durante el corto tiempo que estaríamos juntos. Después, podría seguir con mi vida de la forma adecuada, dejando a mi antiguo novio en el pasado, al que pertenece. Creo que mi pregunta es: ¿se ha puesto Sylvia realmente en contacto conmigo en este sueño y he de seguir realmente su consejo? Quiero tanto a mi antiguo novio que hace dos años busqué la ayuda de un terapeuta porque sentía que me iba a suicidar si no estaba con él. Ahora me encuentro mejor y estoy contenta de estar viva, pero no puedo dejar de pensar que los dos estamos hechos para estar juntos algún día».

Hay momentos en los que visito astralmente a las personas cuando duermo. Éste no es uno de ellos. Linda debería observar que yo no le dije que su antiguo novio no es el hombre con el que acabará viviendo y que lo entierre en el pasado que es adonde pertenece, ni tampoco le dije que su relación con ese otro hombre será breve y que no tendrá demasiada importancia. Ha sido *ella misma* la que se ha dicho todo eso. Sencillamente me ha utilizado para decirse algo que ella cree, quizá porque está lo suficientemente familiarizada con mi trabajo como para estar segura de que en verdad soy una vidente y que no creo que haya que mentir a las personas para que se sientan mejor durante unos minutos. Su antiguo novio no es peligroso. Pero tampoco es capaz de darle la vida feliz y segura que ella se merece, nunca se ha comprometido con ella y nunca lo hará. Si acaban viviendo juntos algún día, ella será desgraciada. Se lo garantizo, y ella en el fondo también lo sabe. El hombre con el que ha estado saliendo tampoco es para ella, de lo que también está segura, de lo contrario no me habría enfatizado lo temporal de su relación. Llegará otra persona que será estupenda para ella, pero sólo si se abre totalmente en el plano emocional, en lugar de reservar una parte de su corazón a alguien cuyo verdadero propósito en su vida es enseñarle a alejarse de él, cuando ella no debe conseguir nada menos que lo mejor.

T. S. compartió esta experiencia: «En el mes de agosto de 2001 nos trasladamos desde Nuevo México a Arizona, y yo no estaba seguro de si debía continuar en el sector inmobiliario. A eso le estaba dando muchas vueltas una noche cuando me fui a dormir. Sylvia vino a verme con un vaporoso traje azul. El pelo le llegaba al hombro. Se sentó al otro lado de la mesa conmigo y me dijo: "Por supuesto que has de continuar con tu trabajo en inmobiliaria; tendrás mucho éxito y serás feliz en ese campo. Ésta es la razón por la que tienes todas las puertas abiertas". Fue tan real que esperaba encontrarte en mi casa al despertarme. No tuve la oportunidad de pedirte que me lo confirmaras cuando fui a una conferencia tuya unas semanas más tarde, pero en realidad no lo necesitaba, tú me diste la respuesta.»

Me encanta enorgullecerme de eso, T. S., me siento muy honrada de que tú y muchas otras personas con el paso de los años me hayan concedido un papel tan especial en sus sueños. Una vez más, aunque no soy la heroína de esta historia. Tú sí lo eres. Estás completamente seguro de que estás haciendo la carrera adecuada para ti, y yo sólo fui un símbolo de tu propia certeza intuitiva de que estás en la pista de tu mapa de la vida. Nada puedo añadir salvo un aplauso para ti.

En caso de que os estéis preguntando si no es una falsa modestia por mi parte insistir en que no soy más que un arquetipo, no una mensajera en estos sueños, sólo quiero asegurarme de que cuando vuestros propios instintos psíquicos y poderes subconscientes están trabajando como máquinas bien engrasadas, os estáis dando a vosotros mismos y a Dios todo el reconocimiento que merecéis.

Por cierto, aunque esto suponga salirme un poco del tema, sólo quiero confirmar una carta de Jenna: «Soñé que estaba en casa de Sylvia. Estaba en su habitación, la vi en la cama y había una televisión de pantalla grande. Su nieta estaba allí, tenía unos ocho o diez años, y su pelo era oscuro y le llegaba a la altura del hombro. En lo que parecía ser una sala de estar había un hombre muy mayor que pensé que podría ser su padre, pero era extraño, porque estaba sentado en una confortable silla y parecía estar al margen de lo que sucedía a su alrededor. Sylvia no me reconoció, lo cual me pareció correcto, pues yo no quería ser maleducada, ya que en cierto modo sentía que estaba invadiendo su espacio privado.»

A menudo trabajo en mi dormitorio, de modo que tiene sentido que Jenna me visualizara allí. Tengo una televisión de pantalla grande. Mi nieta tiene ocho años y tiene el pelo oscuro y le llega a la altura del hombro. Sé exactamente cuál es la silla en la que Jenna vio sentado a mi padre. Falleció hace algunos años, pero ésa es su silla favorita cuando viene a visitarme. En cuanto a lo de «invadir mi espacio privado», todo el mundo está invitado a hacerme visitas astrales en cualquier momento, siempre y cuando las personas vengan con amor y no hagan ruido.

Las personas extrañas en tus sueños

No toda persona extraña que aparece en tus sueños y en tus experiencias astrales mientras duermes es realmente un extraño. No rechaces a los «extraños» con demasiada rapidez porque no has reconocido sus rostros o piensas que no conoces a nadie que tenga ese aspecto. Al igual que sucede con tantas cosas en los viajes que realizamos en los sueños, lo que has de enfocar es la esencia de la persona, no sus características físicas, y si la esencia nos parece extrañamente familiar, o como si alguien nos quisiera dar un mensaje al que hemos de prestar atención, permanece atento hasta que tu corazón te diga quién es exactamente ese extraño.

L. T. tuvo una visita hace unos años de un «extraño» que le traía un mensaje; el problema es que ella no pudo averiguar qué es lo que le estaba intentando decir. «A los ocho meses de la muerte de mi padre tuve una experiencia mientras dormía que parecía demasiado real como para ser un sueño. Estaba durmiendo y soñando, cuando mis sueños fueron interrumpidos por una niebla o humo, como si estuviera dentro de una nube. De esta nube de niebla blanca salió un punto negro en la distancia, del tamaño de la punta de un bolígrafo. Vino hacia mí en un vuelo suave, pero muy rápido. Cuando el «punto negro» se me acercó, se fue haciendo más claro que era la cara de un hombre (sin cuerpo), que venía directamente hacia la mía. No le reconocí. Parecía griego, o quizá de Oriente Medio; tenía el pelo negro y rizado y la cara redonda. Yo estaba durmiendo pero despierta, por raro que parezca. Me dijo cuatro palabras telepáticamente, pero claras y en voz alta. La frase era: "Te tocará la lotería". De algún modo hablé conmigo misma internamente y le pregunté qué es lo que quería decir. Al momento se alejó del mismo modo que se había acercado, regresó a la niebla, a la lejanía, convirtiéndose de nuevo en el punto negro, y luego se desvaneció. Cuando lo hizo, la niebla desapareció y todo volvió a la normalidad. Le empecé a gritar cada vez más fuerte, disgustada, pidiéndole que regresara y me explicara lo que quería decir, pero se había marchado. Me sentía eufórica y optimista respecto al futuro cuando me desperté a la mañana siguiente, pero hasta la fecha todavía no sé lo que quería decir. Han pasado casi cuatro años y no me ha tocado la lotería. De hecho, estoy demasiado arruinada para comprar un décimo, y mi vida se ha deteriorado de tal manera que a veces me resulta casi insoportable seguir viviendo.

Por favor, explícame qué sucedió y qué se supone que voy a sacar de todo esto.»Por alguna razón me divierte sobremanera —y, créeme, me río contigo, no de ti, L. T.— que con lo curioso que es el mensaje que recibiste, ni una sola vez te preguntaras: «Por cierto, ¿quién era ese hombre?» No te preocupes, te lo voy a decir de todos modos. El hombre que te visitó astralmente esa noche era tu espíritu guía. Se llama Tyrone, y su mensaje estaba tan lleno de esperanza como pensaste en un principio, se modificó un poco con la traducción, y comprensiblemente te condujo a pensar que te estaba diciendo que te iba a tocar la lotería nacional. Aunque no era esa la lotería a la que se refería, te prometo que tu situación económica empezará a dar un giro en los siguientes dieciséis o dieciocho meses. La lotería, o una victoria enorme, que es a lo que Tyrone se estaba refiriendo, es lo único que concierne a El Otro Lado. No cabe duda de que estás atravesando un período muy difícil. Posiblemente sin que ni siquiera te des cuenta, estás creciendo más espiritualmente con esta dura etapa que muchas personas en toda su vida. Saldrás de todos estos problemas siendo una persona verdaderamente extraordinaria, hasta el punto que, por mucho que te cueste creerlo ahora, cuando mires atrás y recuerdes todos estos años dirás: «Si esto es lo que costaba llegar aquí, ha valido la pena». Si estás leyendo esto y piensas que el crecimiento espiritual es maravilloso pero que no vale la pena el sufrimiento, lo comprendo. De hecho, yo también he pasado por eso. Me encantaría poder decirte que tu situación económica será lo primero que se resuelva. En tu caso, sin embargo, esencialmente será una recompensa tangible por la sorprendente evolución espiritual que sabes que se está produciendo. Por favor, no pienses nunca en salir de esta vida por tu propia mano, sea cual fuere la razón, pero sobre todo cuando hay tanta dicha y dinero para celebrarlo esperándote a la vuelta de la esquina.

A. C. viajó astralmente hasta un «extraño» para saber cuál era la causa de algunos asuntos emocionales graves que la estaban pinchando para que los resolviera. «En este sueño, un hombre al que no conozco, o no reconozco, tiene una grave herida en la cabeza. (Creo que un disparo en la cabeza.) Por alguna razón estoy constantemente al lado de su cama en el hospital, ayudándole y dándole ánimos, asegurándole que todo irá bien. Depende mucho de mí y no quiere que me vaya. Su familia está muy resentida conmigo porque sólo quiere que esté yo con él y los echa cuando vienen a visitarle. Recuerdo alguna referencia de uno de los miembros de su familia de que yo era sólo una cazafortunas. Hacia el final del sueño, me dirijo a mi puesto de trabajo y les informo de la condición de este hombre. Entienden por qué voy a ausentarme del trabajo durante un tiempo. Al final del sueño regreso al hospital. La familia del hombre está reunida fuera de su habitación, intentando evitar que vuelva a entrar. Él estaba tan alterado que el médico tuvo que amonestar a la familia; se marcharon, furiosos conmigo, entonces entro de nuevo en la habitación y le calmo.»

No dudo ni por un momento de que A. C. ha tenido siempre el sentimiento de no ser aceptada, por más que lo intente o se esfuerce por conseguirlo. Tampoco dudo de que este sentimiento la esté frenando, tanto en el aspecto personal como profesional, porque a veces rechaza a las personas o las oportunidades sin darles una oportunidad, para evitar que puedan llegar a rechazarla, como está segura que lo harán si baja la guardia en esta vida. Su espíritu hizo un viaje astral a otra vida que es de donde viene este problema, a fin de que pueda empezar a solucionarlo. Era a principios de 1900 y el hombre que estaba en la cama del hospital era su esposo. Era mucho mayor que ella, y su familia la había contratado como cuidadora a tiempo parcial de puertas adentro después de que él sufriera un ataque de apoplejía que le dejó muy debilitado. Su familia —tres hijos y una hija— era detestable y le maltrataba, por eso contrataron a A. C., para no tener que cuidarle ellos personalmente. De vez en cuando le visitaban, porque era rico y se creían con derecho a heredar su fortuna. A. C. nunca se enamoró de él, pero le apreciaba, se dedicaba a él y le protegía, especialmente cuando sus hijos estaban cerca. Él le propuso matrimonio para garantizarle cierta seguridad cuando él se hubiera marchado, y ella, viuda y sin familia, aceptó. Sus hijos se quedaron de piedra cuando se enteraron de que había cambiado su testamento y se lo había dejado todo a ella. El viaje astral de A. C. fue a la cama de él en el hospital el último día de su vida. No le habían disparado en la cabeza, pero el aneurisma cerebral que le provocó la muerte tuvo el mismo efecto. La crueldad de sus hijos tras su muerte fue incansable, y al final tuvieron éxito. Acabaron arrebatándole toda su fortuna, y ella terminó sola y prácticamente arruinada, a pesar de haber heredado legalmente una considerable fortuna. La desolación, y lo que es peor, la injusticia de ese hecho, se la ha traído a esta vida, y al viajar astralmente a esa vida pasada está intentando liberarse de ella para siempre. Lo conseguirá cuando se dé cuenta de que este recuerdo celular que está viviendo ahora sólo tiene importancia en esta vida en la medida que ella se la conceda.

Gary tuvo una maravillosa experiencia con un «extraño» en un momento en que realmente necesitaba un recordatorio de que nadie tiene que pasar por esta dura vida sin alguna poderosa ayuda. «Pocas semanas después de que mi esposa se marchara y nos dejara a mí y a nuestros tres hijos, tuve un extraño sueño muy real. Yo estaba trabajando hasta tarde en el último piso del edificio donde trabajo en la vida real. El edificio parecía totalmente desierto cuando salí del despacho y me dirigía hacia el ascensor; todavía puedo oír mis pasos resonando en el

INTERPRETA TUS SUEÑOS

suelo de mármol, como si no fuera sólo la única persona que estaba en el edificio, sino la única persona sobre la Tierra, y recuerdo pensar que, si no fuera por mis hijos, no me importaría dejar de vivir. Casi estaba llegando a mi coche en el aparcamiento cuando vi a un hombre apoyado contra la pared del garaje, como si me estuviera esperando. Yo estaba un poco nervioso porque éramos las dos únicas personas que había allí y mi coche era el único en toda la planta. Tenía el pelo de color claro, figura esbelta y unas facciones bastante comunes, y no sé qué fue lo que me hizo pensar que le había visto muchas veces en mi vida. Cuando llegué a mi coche, dio un paso hacia mí; no lo hizo con una actitud amenazadora, y había una especie de niebla alrededor. No habló en voz alta sino telepáticamente, y en un hermoso lenguaje que nunca había oído antes, que sólo puedo describir como suave y fluido. No pude comprender las palabras, pero me sentí reconfortado. Me desperté llorando. Lo interesante fue que en los días siguientes me di cuenta de que estaba trabajando más de la cuenta para evitar estar en casa, que me recordaba la huida de mi esposa, y que en ese proceso estaba siendo muy injusto con mis hijos, que me necesitaban más que nunca. Desde entonces paso más tiempo con ellos que en toda mi vida. ¿Sabes quién era el hombre del sueño, y si lo que me dijo se refería a mis hijos?»

Estoy muy contenta de que me escribiera Gary, porque me recuerda algo que realmente quiero mencionar. Eso no fue un sueño sino una visita astral de su espíritu guía, cuyo nombre es Marcus. Sí le habló a Gary de sus hijos, y sencillamente le dijo que se recuperaría más rápido del dolor de la pérdida de su esposa si se concentraba en ayudar a sus hijos a superar la pena y la confusión de perder a su madre. Lo interesante para las muchas personas que estén leyendo esto es que Gary, sin darse cuenta, comprendió cada palabra que le dijo Marcus. Te habló

en arameo, que es el lenguaje universal en El Otro Lado. Pade-
cemos una amnesia temporal respecto a gran parte de nuestra
vida en el Hogar durante nuestra breve estancia aquí, incluida
nuestra habilidad de hablar fluidamente el arameo. Pero nuestros espíritus lo recuerdan, y nada tiene de particular que man-
tengamos conversaciones en arameo durante las experiencias
astrales con espíritus que vienen del Hogar mientras dormimos.

Para vuestra información, poco después de que Gary ini-
cie sus trámites de divorcio, su desaparecida mujer deseará regresar con él. No debe dejarse convencer. No es a él y a sus hijos lo que ella añorará, sino el estilo de vida estable y seguro
que él le proporcionaba, y que ahora está descubriendo que
ella no se puede garantizar. Ella tiene problemas que él no puede empezar a arreglar, y le causará más dolor a él y a sus hijos
del que se merecen.

Algunos extraños en los sueños aparecen para prevenirnos
de algo en nuestra vida que ya nos preocupa, pero a lo que no
estamos prestando suficiente atención, ya sea porque no queremos o porque no sabemos qué hacer al respecto. Un sueño de
Jean-Marie nos ilustra ese punto: «Tenía que volar a alguna parte con otras dos personas. Yo era el piloto, y las otras dos personas (los dos hombres) estaban sentadas en la cabina de mando.
Los dos hombres tenían una gran confianza en mí. Todos teníamos paracaídas. Pero las tiras que sujetaban las correas al
brazo no estaban. Estaba nerviosa, pero parece que tenía suficiente conocimiento para pilotar un avión y saltar en paracaídas. Me las arreglé para hacer el despegue, y los tres saltamos a
salvo en la noche. No recuerdo el aterrizaje después de haber
saltado del avión, pero recuerdo una sensación de urgencia para
que el avión despegara y sobrevolara nuestro punto de aterrizaje en paracaídas. Ése es el final del sueño. Normalmente no recuerdo mis sueños, a menos que sean visitas o algún tipo de

sueño profético. En general, los sueños proféticos son literales. Éste me ha dejado perpleja».

Jean-Marie tiene toda la razón, los sueños proféticos son literales, como la inmensa mayoría de los sueños astrales. El sueño que me ha enviado es un sueño de deseo. Os ruego que no confundáis el hecho de que en este sueño estuviera volando con una experiencia astral. Sin duda tenemos la sensación de volar en nuestros viajes astrales, pero no necesitamos un avión. Observad que está al mando del avión, con dos hombres que la miran y que confían plenamente en ella. Incluso con paracaídas defectuosos realizan el salto sin hacerse daño y justo en el punto que tenían previsto, sin que Jean-Marie cediera el control a nadie más.

En la vida de Jean-Marie hay dos hombres (y puedo añadir que físicamente uno es mayor que ella, y el otro de aproximadamente su edad) que hacen todo lo posible para controlarla intentando que se sienta inepta e indefensa. En su sueño ella no sólo estaba al mando, sino que estaba al frente de una situación potencialmente peligrosa y que terminó siendo un gran éxito. En su estado de vigilia también se está preparando para tomar el mando, y los sueños como éste son una ayuda para construir su confianza en sí misma mientras se acerca el momento. En su sueño, estos dos hombres la apoyan. En la vida real se encontrará con cierta resistencia por parte de ellos. El grado de comodidad de ellos incluye tener cierto poder sobre ella, por lo que no cederán fácilmente. Pero el grado de comodidad de ella exige que «tome el mando» para dirigir el rumbo de su propia vida, y le garantizo que este sueño le está diciendo que eso es justamente lo que se está produciendo, que al final todo saldrá bien, también para esos dos hombres de su vida.

Los extraños en el sueño de Jean-Marie representan a dos hombres muy reales. Los extraños también pueden representar arquetipos clásicos, como sucedió en los dos sueños separados de Esther: «He tenido dos sueños sobre una mujer que se llamaba "Bee", una mujer negra anciana que vivía en una antigua casa blanca. Al principio la seguía de una habitación a otra de su casa mientras quitaba el polvo. Me estaba hablando, y podía sentir que me amaba, que incluso me conocía, y que yo también la conocía a ella. Las habitaciones parecían ser demasiado pequeñas y llenas de cosas que había coleccionado durante años. Había un hombre mayor sentado en un sillón de color marrón-anaranjado en la sala de estar mirando la televisión. Eso es lo único que siempre hacía. En el segundo sueño sobre "Bee", yo estaba corriendo y me adentraba en el bosque en una noche de niebla a la luz de la luna, intentando escapar de un viejo coche blanco que creía que me estaba persiguiendo, y allí estaba la casa de Bee en un claro. Al igual que en el primer sueño, me dijo que me estaba esperando y me dio la bienvenida con una reconfortante sonrisa de complicidad. El hombre mayor volvía a estar en la silla. Ella parecía hablar con él con los ojos. Ni siquiera recuerdo ver su cara. Ella se movía constantemente, siempre arreglando cosas, pero atenta para escucharme si yo deseaba hablar. Sabía que me amaba y que quería ayudarme, si yo se lo hubiera pedido. Pero nunca lo hice, y no tengo ni idea de en qué quería ayudarme. Me desperté sintiéndome más feliz que en toda mi vida. Ese día, al igual que la primera vez que soñé con "Bee", recibí malas noticias. Pero "Bee" me había dejado con el sentimiento de que todo iría bien, y ese sentimiento resultó ser cierto.»

Lo que más me gusta de estos sueños es lo clásicos que son los símbolos que en ellos aparecen, y lo bien que ilustran por qué no es conveniente deshacernos de los arquetipos clásicos, independientemente de que enfaticemos la importancia de nuestras propias conexiones personales con los símbolos con que estamos soñando. En los dos sueños, Esther descubre el camino a una casa (clásicamente, es el arquetipo de *ella*). Dentro de la casa encuentra a una mujer mayor muy ocupada (clásicamente, el arquetipo del aspecto emocional de nuestra naturaleza). También descubre a un hombre mayor «sin rostro» completamente pasivo, silencioso, desconectado (clásicamente, el arquetipo de nuestro intelecto). Cuando Esther recibe las malas noticias, es Bee, o la mujer mayor, o su fuerza emocional, la que le da apoyo y la reconforta, mientras que el hombre mayor o su intelecto nunca entra en escena. A lo largo de su vida, estoy segura de que Esther ha hallado su mayor sensación de competencia e identidad a través de su profundidad emocional, mientras que ha sentido muy poca conexión con su potencial intelectual.

Lo que me encantaría ver en Esther es un sueño donde Bee y el hombre mayor, que no tiene nombre, mucho menos un propósito, estén igualmente ocupados, igualmente definidos e igualmente interesados en conectar con ella, para indicar que ha aprendido a confiar en la colaboración de ambos dones. Y prometo que eso sucederá si empieza a poner un poco de energía en todo el conocimiento que esté a su alcance. Quiero que haga una lista de tres temas que sean de especial interés para ella, y luego que empiece a indagar en ellos uno a uno. Que lea. Que vaya a clases nocturnas o tome cursos por correspondencia. Que conozca a otras personas con quien comparta intereses. Puedo decirle a Esther, tanto física como lógicamente, que debido a la maravillosa gama de su aspecto emocional y a su habilidad para simpatizar con la gente sin juzgarla, será una psicóloga con un talento especial, y que la psicología será el tema que la atraerá como si de un imán se tratase una vez que empiece a explorarlo. Esther ha de observar cómo empiezan a cambiar sus sueños sobre el equilibrio entre su lado emocional y su intelecto. Puesto que los arquetipos que ella emplea en los sueños son clásicos, le resultará bastante fácil interpretarlos.

Me creáis o no, ha habido un momento en vuestra vida en que no ha habido extraños en vuestros sueños y que habéis visitado astralmente El Otro Lado lo más a menudo posible, que os habéis sentido mucho más como en casa allí que aquí, donde intentáis adaptaros a la incómoda realidad de encontraros de nuevo en un diminuto, vulnerable e indefenso cuerpo. Muchas personas, incluso algunos «expertos», han pensado que no nos pasaba nada interesante mientras dormimos, porque no parece que a la mañana siguiente tengamos mucho que decir. ¿Cuánto podíamos haber dicho de todos modos aunque hubiéramos conocido el vocabulario? Al fin y al cabo no éramos más que niños.

11

Cuando los niños sueñan

No podría contar la cantidad de libros, artículos y estudios que he leído durante treinta años sobre el tema de los sueños infantiles. Muchos son interesantes, meticulosos, denotan una investigación exhaustiva y son serios. Pero la mayoría son aburridos, repetitivos, y tan clínicos en su visión que jamás adivinarías que están dedicados a algo tan fascinante como lo que está sucediendo en la mente y en el espíritu de un niño cuando duerme. Algo que me indigna respecto a la mayoría de la bibliografía sobre los sueños de los niños es que siempre se hace referencia a ellos con la tercera persona del plural. Sé que es una tontería molestarse por eso, y yo también utilizaré «ellos» en este capítulo. Pero ese «ellos» no nos parecerá que sean una especie exótica y extraña con gran potencial para ser investigada. Curiosamente, descubriremos que «ellos» no sólo son pequeños seres humanos valiosos, complejos y sumamente individuales, sino que «ellos» son quienes «nosotros» fuimos una vez. Hablar sobre los sueños de los niños es hablar de nuestros primeros sueños, la mayoría de ellos olvidados durante mucho tiempo, muchos de ellos adornados con el paso de los años, pero todos forman tanta parte del entramado de nuestra vida subconsciente como los sueños de nuestros hijos lo forman para ellos. Si tenéis problemas para recordar eso, espero que regreséis tantas veces como necesitéis al capítulo 7, el capítulo que trata de las visitas astrales, y observéis cuántos de esos «sueños» empiezan con alguna versión de las palabras «cuando era niño».

¿Qué hay detrás de los sueños de la infancia?

La mayoría de los investigadores especializados en los sueños de la infancia trabajan desde la premisa de que los niños nacen como *tabula rasa*, como una pizarra en blanco con sus características genéticas únicas, que empiezan desde cero y evolucionan de formas bastante predecibles. Esto significa que esos investigadores y yo vamos por vías totalmente distintas antes de empezar.

Yo trabajo desde la creencia —de hecho, el *conocimiento*— de que todos fuimos creados hace una eternidad, con una eternidad por vivir, en nuestro verdadero Hogar en El Otro Lado, y que de vez en cuando elegimos encarnarnos en la Tierra, bajo circunstancias por nosotros diseñadas, para avanzar en nuestra evolución espiritual. Nuestros espíritus, con el conocimiento y recuerdos de encarnaciones anteriores y también de nuestras vidas en El Otro Lado, entran en el embrión antes de nacer, de modo que todo recién nacido —en otras palabras, todos nosotros— nace poseyendo una vasta riqueza de sabiduría, almacenada en la mente del espíritu del subconsciente. Venimos de la perfección a la imperfección, de la libertad total de movimiento, habla y pensamiento a cuerpos diminutos, limitados, limitadores y preverbales, para experimentar plenamente tanto de cada una de nuestras nuevas vidas cuanto sentimos que necesitamos para cumplir las metas que nos hemos propuesto antes de abandonar este planeta y regresar al Hogar. Esperar que nos sintamos ilusionados por estar de nuevo en la Tierra en estos cuerpos sólo porque decidimos venir aquí es como esperar que los soldados disfruten en todo momento mientras están en el campo de entrenamiento sólo por el hecho de haberse alistado. En el fondo sabemos por qué estamos aquí, lo que hemos hecho antes, y que nos aguarda la exquisita y sagrada dicha de El Otro Lado cuando hayamos completado este relevo concreto del eterno viaje de nuestra alma. ¿Hojas en blanco cuando nacemos y que empezamos de cero? Ni por equivocación.

Cuando somos pequeños y la mente de nuestro espíritu se libera mientras dormimos, pasan un montón de cosas en nuestro interior. Los viajes astrales, nuestros amigos y seres queridos en el Hogar y la espectacular belleza de El Otro Lado forman parte de nuestro pasado reciente. Indefensos y vulnerables, estamos rodeados de extraños, y encontrarnos de nuevo en un cuerpo reaviva gran cantidad de recuerdos celulares de otras vidas, algunos encantadores, otros aterradores. ¿Quién puede culparnos si nos escapamos astralmente para visitar de nuevo el Hogar con cierta regularidad durante nuestros primeros años? ¿Quién puede culparnos si a veces nos despertamos asustados, preguntándonos si algún trauma que hemos vivido en otro tiempo y lugar se va a volver a repetir? ¿Quién puede culparnos si nuestra mente consciente, todavía por desarrollar, aún no retiene mucho de lo que la mente de nuestro espíritu vive mientras dormimos, o si nuestros casi inexistentes vocabularios no son adecuados para intentar describirlo aunque lo recordemos?

Ya he explicado otras veces esta historia, pero resulta que me encanta y también ilustra de una forma muy bella la aventura recurrente de un niño durante el sueño. Cuando mi hijo Chris tenía tres años y cada mañana le preguntaba si había soñado, él solía decirme que estaba jugando con sus amigos en la escalera de un gran edificio. No le daba más importancia a esta experiencia que cuando me contaba que jugaba con sus amigos durante el día, y no hay duda al respecto; sus descripciones eran sencillas, breves y directas. Le hacía unas cuantas preguntas sobre algunos detalles, intentando obtener más información sin darle pistas, pero siempre era lo mismo: sus amigos, la escalera, el gran edificio, y un gesto de «aquí no pasa nada».

Esto se repitió durante semanas sin que le diera demasiada importancia. Pero entonces, una mañana, tras otro breve informe de Chris sobre el mismo «sueño», mi espíritu guía Francine me pidió que tuviéramos una charla. Quería que yo hablara un poco más con Chris respecto a sus actividades nocturnas. Según parecía, él y otros niños de la Tierra se reunían con una frecuencia alarmante en la escalera de la Sala de la Sabiduría, uno de los edificios más espléndidos y emblemáticos de El Otro Lado, corrían, jugaban, reían y se perseguían por todo el lugar, alterando la paz, de modo que la población del Hogar apreciaría mucho que yo le pidiera que guardaran silencio, o que sus amigos y él se buscaran otro lugar para jugar.

Para vuestra información, amonesté gentilmente a Chris, me dijo que lo sentía sin tan siquiera preguntarse de qué diablos estaba hablando, y nunca volví a tener una queja de Francine o de ninguna otra persona en el Hogar.

En el interior del sueño de un niño

He trabajado con cientos de niños en mis profesiones como maestra y vidente, y entre mis hijos, nietos e hijos adoptivos, he educado a muchos. Como maestra de hipnotismo, también he tenido la oportunidad de observar maravillosos vislumbres de la mente subconsciente de los niños, que tan ocupada está mientras duerme. Así que me siento tan cualificada como cualquier investigador «formal» para hacer algunas observaciones propias respecto a sus sueños.

Cuanto más pequeño es el niño, más frecuentes son sus viajes astrales a El Otro Lado, como una escapada al Hogar y para ver a sus seres queridos allí, al lugar donde se sienten mucho más seguros que aquí durante sus primeros años.

Cuanto más pequeño el niño, con más claridad recuerda sus vidas pasadas, para bien o para mal, y más probable es que vuelva a visitar esas vidas mientras duerme, como memoria celular o reacción tipo *déjà vu* a estar en un cuerpo terrenal.

Los investigadores han descubierto que los niños muy pequeños, es decir, de menos de tres o cuatro años, nunca se incluyen en sus sueños. Eso es cierto. La razón por la que eso sucede es porque los niños de esas edades todavía no tienen el sentido de identidad de esta nueva vida. Tienen algunos recuerdos de sus personas en El Otro Lado y pueden recordar gran parte de quienes eran en sus vidas pasadas. Pero durante sus dos o tres primeros años son forasteros para ellos mismos, como las personas que padecen amnesia lo son para sí mismas, asimilan la información aparentemente inconexa que tienen a su alrededor, e intentan encajar las piezas del rompecabezas siguiendo algún tipo de orden. He trabajado con niños de dos o tres años que sabían sus nombres en El Otro Lado mejor que saben los de aquí, que recordaban ser el padre de su actual madre en una vida anterior, y que todavía estaban intentando recomponer las extrañas nuevas reglas de su presente relación, que tenían claros recuerdos de haber muerto en un campo de concentración, o en un terrible naufragio que más adelante podrán reconocer con sorprendente detalle como el *Titanic*. Cualquier niño pequeño que te pueda decir con más certeza quién había sido en lugar de quién es ahora, no es probable que esté lo suficientemente apegado a su identidad actual como para que ésta le resulte útil en sus sueños y viajes astrales mientras duerme.

Los investigadores también han descubierto que los niños no suelen incluir a personas extrañas en sus sueños hasta aproximadamente los seis años. Otra vez estoy de acuerdo. Entre el nacimiento y los seis años, los espíritus de los niños mientras duermen están muy activos y suelen gravitar en torno a lo que les resulta familiar. En esa tierna edad la familiaridad se puede hallar en las vidas pasadas, en El Otro Lado, y paulatinamente en las personas más inmediatas. De modo que sí es cierto que antes de los seis años no aparecen en los sueños de los niños personas extrañas. Pero los rostros amigos y conocidos con los que sueñan y a quienes visitan durante el sueño no son necesariamente los de alguna persona que podríamos reconocer, y podríamos confundirlos con «amigos imaginarios» si no estamos familiarizados con la sorprendente variedad que hay en la vida del espíritu de un niño.

Por cierto, aunque esto suponga irme un poco del tema, al igual que es un error subestimar la sabiduría y la eternidad de los recuerdos que los niños traen a esta vida, también lo es subestimar sus asombrosas facultades psíquicas. Obsérvalos desde la infancia cuando miran, se ríen sin más, conversan y juegan con algo o alguien, mientras a nosotros nos parece que no hay nada. En sus jóvenes mundos —y en *nuestros* mundos a su edad, no lo olvidemos— los espíritus son tan reales como lo somos las personas terrenales. Por desgracia, muchos niños pierden su acceso consciente al mundo de los espíritus a los diez o doce años, y en gran parte la razón para ello es que les hacemos sentirse estúpidos e inapropiados, hasta se les acusa de mentir, cuando intentan compartir su experiencia con los espíritus con los adultos. Por favor, anima a tus hijos a hablar sobre sus vidas pasadas, sus vidas en El Otro Lado, sobre las personas «invisibles» con las que hablan y los viajes que hacen mientras duermen. Puede que penséis que no es tan importante, pero os prometo que lo es. Una vez conocí a un niño que cuando tenía cuatro o cinco años, le encantaba llevarme a un lado y hablarme de gente que conocía de vidas pasadas que había encontrado en esta vida, y recuerdo los chascos que se llevaba con esas personas cuando él les intentaba recordar sus anteriores relaciones, y éstas no tenían ni idea de lo que él estaba hablando. Él no hablaba de estas cosas con sus padres, porque parecía que les molestaba y, si recuerdo bien sus palabras, «se escabullían». La siguiente vez que le vi tenía once años y no recordaba ninguna de nuestras conversaciones, ni nada de su conocimiento. En lo que a mí respecta, sin una mente abierta, sin un apoyo afectuoso de las personas que le rodeaban, en esos cinco o seis años perdió la incuestionable aceptación de su propia inmortalidad, y considero que ésa es una de las pérdidas más descorazonadoras que podemos sufrir.

Las pesadillas y los miedos nocturnos

«Cuando era pequeño tenía un sueño recurrente de que yo y otros dos niños caminábamos por una calle empedrada muy poco iluminada y con letreros colgantes de las tiendas, que a veces movía el viento y hacía que chocaran entre sí emitiendo un ruido metálico. Estábamos indecisos y queríamos entrar en algún sitio, en alguna parte donde hiciera calor. Creo que era una calle en Inglaterra, antes de que existieran los coches. Entramos en una casa y no había nadie. Bajamos de puntillas una escalera y llegamos a lo que creo que era un sótano, y uno de los peldaños crujió. Asomé la cabeza con sigilo por la esquina y vi a un hombre con un gran cuchillo que nos estaba mirando con un

rostro iracundo y el ceño fruncido. Nos quedamos aterroriza-
dos y corrimos escalera arriba, salimos por la puerta y volvimos
a la calle. Me giré para mirar atrás y vi que nos estaba persiguiendo con el cuchillo en la mano y gritándonos. Yo sujetaba
la mano de los niños que estaban conmigo y les decía que co-
rrieran lo más deprisa que pudieran, entonces me despertaba.»
(M. L.)

«Todavía recuerdo un sueño de cuando era niño. Vivía en
un apartamento en San Francisco. En la parte inferior, debajo
de los apartamentos, estaba el sótano, que tenía diferentes zonas de almacenaje. Estaba con mi padre y algunos de mis tíos.
Estaba oscuro y buscábamos el pasillo. Había algo detrás de mí,
algo que me aterraba tanto que estaba demasiado asustado
como para gritar socorro. Abría la boca, pero no me salía la
voz.» (J. H.)

«Cuando era pequeña, soñaba que un alienígena verde
muy pequeño entraba por mi ventana, recuerdo que intentaba
gritar pero no me salía la voz. ¿Sabes lo que significa?» (T. C.)

«Recuerdo que cuando tenía aproximadamente entre ocho
y diez años tenía un sueño con colores y sonidos muy vívidos.
Lo que recuerdo de ese sueño es esto: hombres extraños venían
a nuestra granja y yo les tenía miedo. Consigo llegar a nuestro
único teléfono situado cerca de la ventana de la sala de estar
para pedir ayuda (esto era en los tiempos de los teléfonos con
hilo, cuando no te podías desplazar por la casa hablando con un
inalámbrico). Me vieron a través de los visillos de las ventanas.
Solté el teléfono y eché a correr. Me dispararon a través de la
ventana. Entraron en la casa (creo) y me persiguieron por la escalera. Corrí más deprisa y me dirigí a la otra escalera para bajar y salir por la puerta de entrada. Me dispararon dos veces y
noté las balas en mi brazo (ahora no puedo recordar exactamente cuál de los dos brazos me hirieron, o si era dentro de la

casa o en el jardín). Traumatizado, corrí hacia el granero con la intención de rodearlo y esconderme debajo del porche de la entrada, debajo de los escalones de hormigón, hasta que se marcharan.» (M. M.)

Quería que leyerais los cuatro sueños seguidos sin interrupción para demostraros algo que sé que es cierto en la mayoría de las pesadillas infantiles: casi sin excepción implican una persecución. No estoy muy segura de cuál es la razón, pero tengo la fuerte intuición de que se trata de una combinación de momentos de terror de vidas pasadas y la conciencia cada vez mayor de elementos que los asustan en esta nueva vida, junto con algunas revisiones involuntarias que se hacen con el paso de los años y que propician que los sueños sean más complicados de lo que probablemente lo eran en su tiempo. Los investigadores han descubierto que los niños no empiezan a tener pesadillas hasta al menos la edad de tres años, lo cual les concede el tiempo suficiente para estar expuestos a un sentimiento de peligro potencial, ya sea por las riñas de sus padres (y nunca os autoengañéis pensando que vuestros hijos no saben que os estáis peleando sólo porque estáis en otra habitación en ese momento; aunque no puedan oíros, os vuelvo a recordar sus increíbles facultades psíquicas), por la televisión, o por algún odioso cuento o canción de cuna.

Cuando mis hijos y nietos eran muy jóvenes, nunca les permití que tuvieran acceso a nada que no fueran los programas de televisión realmente infantiles, a nada que fuera violento o que produjera miedo, ni a monstruos o alienígenas, ni a nada que ni tan siquiera *implicara* que es aceptable ser cruel o hacer daño a alguien. También me negué deliberadamente a contarles ningún cuento de brujas en casas de turrón que cocinaban niños para comérselos, o de gigantes encima de tallos de judías que perseguían niños asustados, ni de reinas malvadas con manzanas envenenadas, u osos que perseguían a niñas pequeñas que entraban en su casa y se quedaban dormidas. Jamás les insinué que existiera el «coco» [o el «cuco»], que hubiera un hombre debajo de su cama, o algún monstruo horrible que se escondiera en su armario, y, por supuesto, nunca les canté canciones de cuna en las que los bebés y sus cunas se caían de los árboles, ni les enseñé oraciones que incluyeran la posibilidad de morir antes de despertarse. Y te puedo jurar que ningún niño que haya sido educado en mi casa ha tenido pesadillas ni ha tenido miedo por la noche. Ni uno solo.

También hay otra razón importante para ello, de la que ya he hablado en otros libros y creo que es necesario volverla a mencionar aquí. Os anuncio de antemano que lo que voy a decir funciona y que supone una gran diferencia, de modo que, aunque no creáis ni una palabra de lo que digo y sólo lo hagáis para reíros a mi costa, no me importa, *hacedlo, por favor*. Cada noche, desde el día en que llevas a tu recién nacido a casa o hasta que ha comenzado a ir a la guardería o a escuela de párvulos, adopta la costumbre de estar de pie al lado de su cama cuando sabes que está dormido, hazlo con mucho cuidado para que no se despierte y le repites la siguiente afirmación: «Precioso hijo, esta noche mientras duermas, sean cuales fueren tus sueños o viajes, quiero que todo el miedo, sufrimiento, enfermedades y aspectos negativos que puedas tener almacenados en tu memoria celular de vidas pasadas se libere y se disuelva para siempre en la purificadora luz blanca del Espíritu Santo. Y, con la ayuda de Dios, permite que todo el gozo, el amor y el talento de esas vidas pasadas se manifiesten a través de esa misma memoria celular y te bendigan en esta nueva vida que has elegido compartir conmigo».

Puede que te estés preguntando cómo se supone que un bebé va a comprender una sola palabra de todo esto. Si es así, sólo recuerda el principio de este capítulo: no estás intentando comunicarte con la mente consciente de tu bebé, sino que te estás comunicando con la mente de un espíritu que se encuentra en el subconsciente de un niño que es tan viejo, sabio y sofisticado como tú, y la mente de su espíritu sabrá apreciar y responder a todo lo que le estás diciendo, te lo garantizo.

¿Todavía piensas que estoy equivocada o incluso loca? Está bien, pero contémplalo de este modo: aunque esté equivocada o loca, esa afirmación no puede hacerle ningún mal. Y puesto que es algo tan pequeño lo que te pido que hagas, que dura menos de un minuto, y sé que sólo quieres lo mejor para la salud emocional y espiritual de tu hijo, ¿qué puedes perder haciéndolo como si creyeras que tengo razón?

La única diferencia verdadera entre las pesadillas y los miedos nocturnos de los niños es el hecho de que nunca he conocido a un niño que pueda recordar la causa de sus temores. Es como si la mente consciente se negara a tratar con aquello que tanto le aterra durante el sueño y simplemente lo excluyera. Puesto que los niños no pueden recordar los miedos nocturnos, no pueden hablar de ellos, lo cual hace que resulte muy difícil para nosotros poder examinarlos.

Muchas veces me he preguntado si una gran mayoría de los miedos nocturnos no serían a causa de las experiencias que tienen los niños con la catalepsia astral. Dos de los cuatro sueños con los que he iniciado esta sección incluyen un par de signos clásicos de catalepsia astral, de los que hemos hablado en el capítulo 8: «Estaba demasiado asustado para pedir ayuda. Abrí la boca, pero no me salía la voz». La catalepsia astral no es tan rara en los niños por la razón obvia de que, a pesar que el viaje astral les resulte tan natural como a nosotros, todavía están intentando familiarizarse con el proceso de sus espíritus de abandonar el cuerpo y regresar a él a fin de poder realizarlo, que es todo lo contrario de la libertad total de movimiento a la que están acostumbrados en El Otro Lado. No es de extrañar que la entrada del espíritu en el cuerpo en el que temporalmente se albergan a menudo sea extraña e incómoda, y a raíz de ello el niño es consciente de que su espíritu está medio en el cuerpo y medio fuera, y lo experimenta todo, desde la parálisis hasta la incapacidad de gritar para pedir ayuda, sentir una presencia maligna que le está aplastando y todas las otras sensaciones que puede producir la catalepsia astral. Hay varias versiones en el capítulo 8 de este libro sobre lo aterradoras que pueden ser esas sensaciones en los adultos, que pueden investigar y saber qué es lo que les está sucediendo y por qué. Podemos imaginar cuánto más aterrador ha de ser para los niños, que no tienen modo de comprender por qué se han despertado con un miedo mortal.

Vuelvo a repetir que, dado que los niños parecen desconectarse de lo que sea que les provoca los terrores nocturnos, sólo puedo ofrecer esta teoría de que la catalepsia astral es una buena candidata. Yo sé que de pequeña padecía miedos nocturnos con bastante frecuencia. No recuerdo cuál podía ser la causa que los desencadenara. Pero si tengo en cuenta que no soy la viajera astral más entusiasta del mundo, no me cuesta mucho creer que despertarme y darme cuenta de que mi espíritu acababa de regresar del Hogar, tras haber pasado la noche fuera, me habría disgustado lo bastante como para desencadenar un miedo nocturno. Y estoy segura de que mi madre, que creía que las historias del coco encerrado en el armario y de monstruos debajo de la cama eran la mejor manera de que no me levantara de la cama por la noche y me pusiera a vagar por la casa, fue una gran ayuda para ayudarme a pasar esos tragos.

Preguntar y escuchar

Os pido que tengáis mucho cuidado con los cuentos y canciones de cuna que contáis o cantáis a vuestros hijos antes de acostarse, y ya os he dado una afirmación que los separará eficazmente de cualquier negatividad de una vida pasada que los esté perjudicando. También quiero pediros que les transmitáis a vuestros hijos que sus sueños son importantes, para ellos y para vosotros, que escuchéis pacientemente las pesadillas que comparten con vosotros, y que los ayudéis todo lo que podáis a comprender esas experiencias y a verlas objetivamente. Nada me gustaría más que la información de este libro lo facilitara.

Hace varios años un padre joven muy entusiasmado que asistía al curso de sueños que yo estaba dando en aquel entonces me preguntó si yo podría hablar con su hija de cuatro años sobre un sueño recurrente que ésta tenía. El sueño tenía que ver con navegar en un gran barco. A ella no parecía perturbarla lo más mínimo, pero no sucedía lo mismo con el padre. ¿Estaba expresando su hija un deseo de huir de casa y de su familia que tanto la adoraba? ¿Era eso alguna experiencia de una vida pasada con la que necesitaba algún tipo de ayuda, que yo podía desvelar a través de la videncia? Él quería que yo llegara al fondo de aquello que estaba causando que tantas mañanas su hija se despertara hablando de que estaba en un barco en medio del mar.

Me llevó menos de cinco minutos, y no fueron necesarias mis facultades psíquicas. Si el padre le hubiera hecho las mismas amables preguntas que yo le hice, habría resuelto el misterio con la misma facilidad que yo. Sí, la niña tenía sueños recurrentes de navegar en un gran barco. ¿Había visto alguna vez un barco semejante en la vida real? Sí, en la televisión. ¿Había alguien más con ella en ese barco? Sí, mamá y papá, sus dos hermanos y el perro. ¿Qué hacía en medio del mar en ese barco? Se divertían. ¿Y cómo se sentía cuando estaba en el barco? Feliz. En otras palabras, este sueño recurrente que tanto asustaba a su padre que indicara un deseo de huir, en realidad, era un sueño de deseo de pasárselo bien con su familia en un gran barco como el que veía en la televisión, y lo único que hubiera tenido que hacer para averiguarlo él mismo hubiera sido preguntárselo.

A muchos padres bien intencionados no les gusta hacerles a sus hijos más de una o dos preguntas de paso sobre sus sueños. Algunos no quieren forzarlos, no quieren que piensen que se enfadarán si no recuerdan todo el sueño, o si éste no era complicado o interesante. Otros temen que si los sueños son perturbadores, no sabrán qué decirles o cómo ayudarlos. Otros prefieren quitarle importancia a los sueños en general, mientras que otros no tienen tiempo o no le dedican tiempo a este tipo de conversaciones.

Dime, ¿habría sido útil, o tan sólo tranquilizador, que alguien hubiera fomentado tu relación con tus sueños cuando eras pequeño? ¿Y si te hubieran enseñado las diferencias entre los sueños de deseo, liberadores y proféticos y te hubieran hablado de las maravillosas personas, lugares y épocas que puedes visitar astralmente sin temor alguno mientras duermes? ¿Y si te hubieran ayudado a entender que las pesadillas pueden ser útiles, y que cuando algo o alguien te persigue en un sueño lo único que has de hacer es dejar de correr, darte la vuelta y enfrentarte a ello? ¿Y si te hubieran enseñado a reescribir los finales tristes o tenebrosos para que al final todo acabara bien? ¿Y si hubieran trabajado contigo para averiguar lo que tus sueños pueden significar, y hubieran plantado las semillas de una facultad que vale la pena desarrollar y explorar a medida que te haces mayor? ¿Y si hubieran compartido contigo la eterna y rica fascinación humana por los sueños y los viajes astrales y te hubieran hecho sentir que cuando duermes te conviertes en una parte de las bendiciones, de la magia y de misterios tan vastos y eternos como la propia creación?

Si la respuesta a cada una de estas preguntas es un sí, entonces puedes imaginarte lo que puedes ayudar a tu hijo con conversaciones regulares que empiezan con un simple «Cuéntame tus sueños».

12

Sueños lúcidos y soñar despierto: entre el consciente y el subconsciente

Hay momentos en los que nuestras mentes consciente y subconsciente colaboran de formas bastante comunes, pero fascinantes. Si consideramos normales dichas colaboraciones y no les prestamos demasiada importancia, se pueden quedar como simples diversiones interesantes. Si optamos por sacarles partido, nos pueden ofrecer oportunidades para proporcionarnos a nosotros mismos un suministro regular de afirmaciones maravillosas, y resulta que yo creo apasionadamente en el poder de las afirmaciones.

Sueños lúcidos

«Hace muchos años tuve un sueño que todavía me intriga hoy en día. Estaba sentado en la ventana del pequeño despacho que tengo en casa, escribiendo cartas en mi máquina de escribir. (¡Ya he dicho que hace muchos años de este sueño!) Mientras mecanografiaba, algo del exterior captó mi atención, y cuando miré vi que quizás a unos cien metros de distancia todas las palabras que estaba escribiendo en el papel aparecían en el alto muro de adobe que vallaba la casa de mi vecino. No podía creer lo que estaba viendo, de modo que escribí el número "2" mientras miraba a la pared. Sin duda alguna, al oír el sonido de teclear el "2", apareció el número "2" en la pared. Probé de nuevo con el número "3" y volvió a suceder. Hice aparecer varios números más con mi máquina de escribir hasta que de pronto me di cuenta de que estaba soñando, puesto que lo que estaba sucediendo era físicamente imposible. Recuerdo que me sentí aliviado cuando supe que estaba soñando, porque eso explicaba esa inexplicable habilidad de escribir sobre la valla de mi vecino. Y tan pronto como fui consciente de que era un sueño, ya no pude conseguir que lo que escribía se plasmara en el muro.» (Raymond)

Cuando en un sueño te das cuenta de que estás soñando, estás teniendo lo que se denomina sueño lúcido. Nueve de cada diez veces, lo que provoca un sueño lúcido es darse cuenta de repente de que hay algo en él que es muy poco probable o simplemente imposible para que esté sucediendo de verdad, lo cual hace del sueño de Raymond un ejemplo clásico.

Los sueños lúcidos han formado parte del mundo de los sueños desde que existen los sueños, pero el término «sueños lúcidos» procede del escritor y médico holandés Frederik van Eeden, a finales del siglo XIX. «Lúcido» simplemente significa claro o racional, y van Eeden estaba tan interesado por este fenómeno y era tan adepto al mismo que registró 352 sueños lúcidos propios en un período de más de catorce años, y los recopiló como parte de un libro llamado *Estudio sobre los sueños*. A continuación veremos su descripción del primer sueño lúcido que recuerda con sus propias palabras. «Soñé que estaba volando por un paisaje de árboles desnudos, sabía que era el mes de abril, y observé que la perspectiva de las ramas y de las ramitas cambió de forma bastante natural. Entonces reflexioné durante el sueño que mi fantasía jamás podría inventar o hacer una imagen tan intrincada como el movimiento en perspectiva de las ramitas que vi cuando estaba flotando.»

Personalmente he sacado dos conclusiones de este relato. La primera es que el estilo de Frederik van Eeden no es muy divertido. La segunda es que estaba a mitad de un viaje astral, no de un sueño, cuando se convirtió en una experiencia «lúcida». Por lo que he leído, no he deducido que van Eeden estuviera especialmente convencido de la idea del viaje astral, ni de que los muchos investigadores que están estudiando el sueño lúcido en nuestros días concedan demasiada importancia al mismo. Eso hace que exista una gran diferencia entre sus filosofías del sueño y las mías, pero sin duda no altera el hecho de que los sueños lúcidos, esos misteriosos encuentros de la mente consciente y subconsciente durante el sueño, realmente se produzcan.

En el capítulo sobre sueños liberadores recurrentes hemos hablado de lo positivo que puede ser reescribir o programar nuevos finales que transformen los sueños perturbadores en felices. Quiero que sepáis ahora mismo que no cuento con una gran cantidad de experiencia en investigación práctica personal con los sueños lúcidos, pero he estudiado los trabajos de quienes sí la tienen. Su insistencia en que se pueden conseguir resultados maravillosos al reescribir también los sueños lúcidos a mí me parece perfectamente lógica. Desde el momento en que en un sueño nos damos cuenta de que estamos soñando y somos conscientes de que podemos hacer todo lo que queramos sin que haya consecuencias, las posibilidades son infinitas.

Por ejemplo, supongamos que Raymond siempre hubiera sabido lo que eran los sueños lúcidos antes de que se produjera el primero, y éste no le hubiera pillado desprevenido. En lugar de pensar: «No puedo estar mecanografiando sobre el muro de mi vecino», o: «¡Ah, ya lo entiendo, estoy soñando, entonces seguro que es imposible!», podía haber pensado: «¡Ah, ya lo entiendo, estoy soñando, esto significa que nada es imposible, así que puedo escribir las obras completas de Shakespeare en el muro de mi vecino si así lo deseo, y luego haré que aparezca un elefante azul y que borre todo echándole agua con su trompa.

Si queremos conseguir algo un poco más significativo a través de los sueños lúcidos que mecanografiar y luego borrar con una manguera lo que hemos escrito en el muro del vecino, es lógico pensar que podemos utilizarlos como una herramienta de afirmación, para cualquier tipo de situaciones en la vida real. Si descubrimos que estamos soñando con una reunión que hemos de tener y que nos asusta, y la mente consciente interviene para convertirlo en un sueño lúcido, podemos aprovechar esa oportunidad para observarnos llevando esa reunión al mejor término posible gracias a nuestra propia habilidad e ingenio, rematada por una gran ovación por parte de todos los presentes si nos parece. Si un sueño de que estamos agotados se convierte en lúcido, podemos experimentar que nos sacamos de encima el trabajo con una sorprendente facilidad y que incluso acabamos antes de hora, o que irrumpimos en el despacho del jefe arrepentido y le decimos que nos marchamos de la empresa, mientras éste nos ruega que no lo hagamos porque no pueden funcionar sin nosotros. En un sueño lúcido nos puede tocar la lotería, sacar una puntuación de 10 en los Juegos Olímpicos, tener cincuenta clientes que intentan comprar una casa que queremos vender, subir al monte Everest, conquistar a quien deseemos, viajar por el mundo, bailar con Fred Astaire, superar a Barbra Streisand cantando, salvar una vida, acabar con el hambre en el mundo, o ser el mejor padre o la mejor madre del mundo. Al igual que sucede con los sueños liberadores, y con cualquier otro tipo de sueño, los sueños lúcidos son nuestros, para hacer con ellos lo que nos plazca sin despertar las críticas del mundo o desatar consecuencias, y no hay razón alguna para no utilizarlos para afirmar nuestro potencial, nuestro poder, lo mejor que hay en nosotros, y luego, por encima de todo, nuestro lugar en este mundo como hijos de Dios divinos y adorados.

Curarse a través de los sueños

Los investigadores de los sueños lúcidos insisten en que éstos pueden ser muy eficaces para promover la sanación y la recuperación de nuestra salud general. Vuelvo a decir que no tengo experiencia directa en este tipo de investigación de los poderes sanadores específicos de los sueños lúcidos, pero puedo decir esto sin dudarlo: me juego la vida a que tienen razón. ¿Por qué? Porque tengo treinta años de experiencia en investigación con el poder sanador de los sueños en general, y sé que los sueños son uno de nuestros mejores aliados en cuanto a bienestar físico.

Eso no es hacerse ilusiones, es una cuestión de lógica y de hechos. Nuestros cuerpos reaccionan de formas muy claras, literales e innegables a la información que procede de nuestro subconsciente. He utilizado muchas veces este ejemplo como maestra de hipnotismo, pero es totalmente cierto, por eso lo voy a usar de nuevo: si mientras estás hipnotizado te digo que un lápiz normal y corriente es una cerilla encendida y te toco el brazo con la punta de ese lápiz, se hará una ampolla en el lugar donde el subconsciente cree que se ha quemado el brazo. Multiplica esa verdad por mil y te harás una idea de lo literalmente que responde el cuerpo cuando el subconsciente le envía un mensaje de «Estás enfermo» o, mucho mejor, «Te estás curando, cada vez que respiras estás más sano». Esto me recuerda una de mis citas favoritas, que me encantaría poder decir que es mía, pero en realidad Henry Ford se me adelantó: «Cree que puedes, cree que no puedes; en cualquiera de los dos casos, tendrás razón».

Sabemos que cuando dormimos, nuestro subconsciente es el que está al mando, de modo que es perfectamente lógico que el tiempo que pasamos durmiendo lo utilicemos en beneficio de nuestra salud general. De hecho, todos hemos oído un millón de veces que hemos de dormir más cuando estamos enfermos. Puedo jurar que algunas de las propiedades recuperadoras del sueño se pueden hallar en esos sueños en los que nos visualizamos sanos y completamente recuperados. Programar nuestros sueños y viajes astrales para conseguir curarnos mientras dormimos es el suplemento más poderoso que podemos proporcionarnos después de seguir los consejos del médico.

Los investigadores del sueño, con la ayuda de los electroencefalógrafos han observado que nuestras ondas cerebrales están más activas durante la fase REM del sueño que cuando estamos despiertos. Si eso es cierto, ¿por qué malgastar toda esa actividad mental, cuando podemos utilizarla para despertarnos más fuertes y sanos que cuando nos acostamos? En el mundo de los sueños, de los lúcidos o de cualquier otro tipo, y de los viajes astrales, la palabra «imposible» no tiene sentido. Podemos levantarnos de una silla de ruedas y de la cama de un hospital y correr un maratón por los paisajes de Grecia o por las arenas de las playas de Maui. Podemos enviar una brillante luz verde sanadora a través de nuestras venas y arterias para que la sangre fluya limpia y libremente. Podemos viajar astralmente para visitar a los grandes sanadores de El Otro Lado y dejar que aviven nuestro debilitado corazón, nuestros órganos enfermos, pulmones congestionados, extremidades heridas, articulaciones y columnas dislocadas con la poderosa energía de sus manos sagradas. Jamás me oiréis menospreciar la importancia de un buen médico. Dios los bendiga a todos. Pero tampoco me oiréis decir que no podamos apoyar sus esfuerzos con nuestra disciplina subconsciente mientras dormimos.

Durante treinta días consecutivos, quiero que repitáis las siguientes palabras, tal como yo os las digo, o con vuestro estilo, en los tranquilos momentos antes de acostaros: «Queridísimo Dios, en estas horas en las que mi mente consciente y mi cuerpo están descansando, por favor bendice mis sueños y mis viajes astrales con afirmaciones de salud, fortaleza y bienestar, infunde cada célula de este cuerpo que habito con una oleada de tu adorable y compasiva sanación, y ayúdame a levantarme con la certeza de que cuando duermo me restaura y renueva tu divina gracia».

Puede que te lleve un día, una semana, dos semanas, pero te prometo que si adquieres la costumbre de ofrecer esta sencilla oración, tus sueños y experiencias astrales no sólo estarán más relacionados con la salud en las formas más positivas posibles, sino que también sentirás que tu cuerpo responde con agradecimiento, al igual que responde a cualquier otro mensaje que le da el subconsciente. Y para acabar de rematar esos sueños y viajes astrales, cada mañana cuando te despiertes, no importa cómo te sientas, da las gracias a Dios por tu buena salud. Te garantizo que tu cuerpo te escuchará, y Él también.

Soñar despierto

Soñar despierto es una diversión muy normal a la que rara vez concedemos mucha importancia. De hecho, solemos disculparnos por hacerlo. «Lo siento, estaba soñando despierto», decimos cuando alguien nos pilla con nuestra mente «a miles de kilómetros de distancia». Incluso los investigadores del sueño suelen menospreciar el soñar despierto, no tienen en cuenta lo positivo, informativo, lo que puede aliviar el estrés y lo expansivo que es soñar despierto.

Perdonadme por afirmar lo que es evidente, pero para vuestra información, soñar despierto es la creación espontánea de imágenes y escenarios, la mayoría de las veces relacionados con versiones reales o ficticias de acontecimientos del pasado, del presente o del futuro de nuestras vidas. Lo usamos para revivir momentos preciosos, para ensayar situaciones venideras, para representar una variedad de opciones en nuestra forma de ver las cosas respecto a una circunstancia externa o que está por llegar, para identificar alguna circunstancia externa que ha captado nuestra atención, o para escapar a la visión remota o a la fantasía pura. Si eres una de esas personas que crees que no puedes meditar, deja que te asegure que la única diferencia significativa entre soñar despierto y meditar es que no inducimos deliberadamente el soñar despierto. De hecho, rara vez lo vemos venir, y ni siquiera somos conscientes de ello hasta que ya lo estamos teniendo, o lo más frecuente, hasta que ha terminado. En general, cuando pensamos en soñar despiertos, pensamos en pequeñas, breves y placenteras oportunidades mentales de vagar durante unos momentos, en un pequeño engaño, sin mala intención, a todas las personas que están a tu alrededor y que jurarían que estás tan presente y atento como ellas. Y lo último que quiero o pretendo es quitarles la gracia al analizarlos en exceso, porque yo disfruto de los míos tanto como estoy segura que tú disfrutas de los tuyos. Al igual que hay formas de que nuestros sueños nocturnos actúen en nuestro favor, también las hay para que nuestros sueños diurnos hagan lo mismo.

Áreas donde soñar despierto

Podemos aprender mucho sobre nosotros mismos a través de nuestros sueños diurnos, y también podemos programarnos para reescribirlos, del mismo modo que lo hacemos con nuestros otros sueños, para hacer que sean positivos y afirmadores, en lugar de dejar que refuercen nuestra negatividad, como a veces intentamos hacer.

Nunca dejaré de enfatizar lo importante que es para nuestra salud mental, física y emocional tener «tolerancia cero» con la negatividad. Es una indulgencia que no necesitamos y que no nos podemos permitir, porque simplemente es un hecho que *para crear algo, primero hay que pensarlo.* Si lo dudas, mira ahora mismo a tu alrededor e intenta señalar algo que existiera sin que alguien lo hubiera pensado antes. Te predigo que te rendirás bastante deprisa y aceptarás que todo lo que existe empezó con un pensamiento. Los pensamientos son tan poderosos que son nuestro principal medio de transporte en El Otro Lado; dondequiera que queramos estar, basta con pensarlo. Son tan poderosos que aquí en la Tierra podemos curarnos de cualquier enfermedad con una pastilla que *pensamos* que nos va a curar, y luego descubres que no es más que un placebo. Son tan poderosos que, colaborando con las leyes más básicas de Dios, hacen cierto ese cliché de que «lo que pasa por ahí, llega hasta ti»: transmite negatividad, y recibirás negatividad; transmite engaño, y recibirás engaño; transmite amabilidad, y recibirás amabilidad. Ésta es la razón por la que hemos de controlar nuestros sueños diurnos y asegurarnos de que no nos resulten tan obvios que dejemos que nos hundan sin que nos demos cuenta.

Hay seis áreas básicas en las que los sueños diurnos parecen estar implicados, muchas de las cuales estoy seguro que todos hemos experimentado.

Éxito. Desde hacer bien una prueba hasta tener una actuación especialmente brillante en el trabajo, preparar la cena perfecta del día de Acción de Gracias sin problemas, destacar en un acontecimiento deportivo, cumplir con la fecha de terminación de un trabajo, rebatir con gracia e ingenio un argumento o negociar un asunto, dar una buena conferencia, interpretar de manera impecable una pieza musical, curar a un paciente, que te toque la lotería, ayudar a un niño con un problema difícil, animar a un amigo deprimido o mantener con seguridad una conversación difícil: nuestros sueños diurnos de éxito, tanto si son recuerdos como ensayos, son maravillosas afirmaciones, útiles recordatorios de nuestras prioridades, nuestras metas y de nuestro potencial.

Amor y romance. Volver a vivir momentos agradables del pasado con seres queridos, esperar otros nuevos, revivir con alegría y seguridad la sensación de pertenencia que puede proporcionarte el amor, anticipar alguna maravillosa sorpresa o vacación con algún ser querido, maravillarse en silencio de la ensalzada dulzura, responsabilidad y confianza en uno mismo que puede inspirar el amor: nuestro amor y romances de nuestros sueños despiertos son encantadores, son formas válidas de mantener y ejercitar esa parte tan esencial de nosotros mismos que podemos ofrecer.

Heroísmo. Sacar a una persona que no conocemos de un coche en llamas, descubrir una prueba que puede salvar a un acusado de ser sentenciado injustamente por un crimen, marcar el gol de la victoria, hacerse con la victoria en una reunión de negocios, encontrar a un niño perdido, dominar un avión de pasajeros sin rumbo sin ayuda de nadie, realizar una operación quirúrgica de emergencia, ser nombrado Guardián del Año, entregar a un ser querido el dinero que necesita para pagar su préstamo hipotecario y pueda salvar su casa, o realizar cualquier otro acto en el que nosotros solos salvamos el día: soñar despierto con actos heroicos puede ser emocionante, no cabe duda al respecto. Pero si observas que tus sueños de heroísmo son demasiado frecuentes, puede que tengas que empezar a preguntarte si está pasando algo en tu vida, o qué es lo que *no* está pasando, que debas considerar o para lo que necesites ayuda. Estos sueños despierto pueden indicar que te sientes poco importante, subestimado, o que te faltan al respeto por sistema, lo cual te puede conducir al odio y al resentimiento si no haces frente al problema. Los sueños despierto de heroísmo también pueden indicar que todavía te aferras a la culpa y a la lamentación de algún acontecimiento pasado en el que sientes que no hiciste algo por alguien, cuando sí podías haber cambiado las cosas, en lugar de ser un simple espectador. Si ése es el caso, estos sueños diurnos te están recordando algún fallo que has percibido. Una solución mucho mejor es perdonarte a ti mismo, pedir las disculpas que creas que has de pedir y empezar a vivir de forma diferente a partir de hoy mismo.

Fantasía. Estar tumbado en la reluciente cubierta de un yate cerca de la Costa Azul, rodeado de seres queridos felices y con unos atentos asistentes que te sirven la comida. Estar solo conduciendo y escuchando tu música favorita con tus posesiones más queridas, dirigiéndote hacia una nueva vida en cualquier ciudad que le apetezca a tu fantasía, empezar con un nuevo nombre, desde cero, sin más responsabilidad que tú mismo. Eres el instructor de esquí más popular de los Alpes suizos, estás recorriendo la exótica isla de los Mares del Sur que has comprado, estás en tu propia reserva de animales salvajes en el corazón de África con amables leones y tigres adorables que comen de tus manos.

No te preocupes, no voy a ponerme en contra de la fantasía de los sueños diurnos. No renunciaría a la mía, así que no voy a pedirte que tú lo hagas. Escaparnos soñando despiertos puede ser excitante, saludable, y una gran forma de aprender adónde nos conducen nuestras fantasías cuando les damos rienda suelta. Al igual que con otras cosas agradables de la vida, la clave es la moderación. Soñar despierto demasiado durante el día puede ser una señal de alerta de que nos sentimos atrapados, de que nos encontramos en un callejón sin salida y estamos cada vez más oprimidos y a punto de rebasar nuestro nivel de estrés aceptable.

Fracasos y crisis. Tu jefe te llama a su despacho y te dice: «Me he dado cuenta de que eres un inepto perdedor. Estás despedido». Un familiar está en el quirófano e imaginas la escena en la que te dicen que no va a salir. Eres una bailarina de ballet que está haciendo su número en solitario delante de una audiencia de miles de personas, apareces en escena haciendo una pirueta y te caes como un pato en el foso de la orquesta. Tu pareja o amante te dice que se marcha con otra persona y que, sinceramente, nunca te ha querido. Un tornado arrasa tu casa y no puedes sacar a tu familia a tiempo. Estás de pie frente a tus compañeros para dar una charla muy esperada, y de pronto te das cuenta de que te has dejado el guión en casa y no se te ocurre ni una sola palabra que decir.

Seamos sinceros, todos hemos tenido sueños de fracaso y de crisis. Es una defensa natural contra las posibilidades que nos asustan, ya que imaginándonos en el peor escenario posible nos sentimos más preparados para afrontar cualquier resultado. Ni siquiera hablaré de mis sueños despierta de fracaso que tuve la primera vez que hice mi aparición remunerada por televisión, que por alguna razón, incluso después de cuatro décadas de más conferencias e intervenciones televisivas que puedo recordar, me sigue aterrando hasta que piso el escenario y me doy cuenta de lo familiar que me resulta todo. Pero ésta es otra área que hemos de programarnos (y en eso sin duda me incluyo yo) reescribir para que tenga un final feliz, positivo y afirmador. Al igual que con los sueños liberadores durante el sueño, los sueños despiertos de fracaso y de crisis nos dan la oportunidad de reconocer y airear nuestros temores, pero permitir que terminen en derrota una y otra vez es reforzar nuestras dudas, nuestras inseguridades y cualquier negatividad que estemos fomentando. Desgraciadamente creamos los resultados que tanto tememos al dejar que nuestros pensamientos les den energía y una mayor sensación de realismo, y las seudo profecías a cuyo cumplimiento contribuimos con todas nuestras fuerzas pueden ser difíciles de cambiar.

Programarnos para escribir finales positivos para nuestros sueños de fracaso y de crisis es exactamente el mismo proceso que programarnos para escribir finales positivos para nuestros sueños liberadores; sencillamente ofrecemos la oración para soñar despierto después de despertarnos en lugar de hacerlo justo antes de irnos a dormir. No podemos prever los sueños que tendremos despiertos, del mismo modo que tampoco podemos prever los sueños liberadores, pero de lo que no cabe duda es de que soñaremos despiertos, y ya sabemos cuál es la naturaleza general de nuestras fantasías diurnas, de modo que es prácticamente seguro que si comenzamos el día con esta breve oración, tarde o temprano cumplirá su función: «Dios, en el transcurso de este día con tu constante presencia como guía, te pido que me ayudes a experimentar cualquier negatividad que pueda crear mi mente en mis sueños despierto y luego liberarla, transformándola en afirmaciones de mi poder, de mi valor, de mi capacidad de dar y recibir amor, y de mi conciencia de que, gracias a ti, no hay nada que no pueda soportar en el curso de la vida eterna que tú me has dado».

Viajes astrales espontáneos y visión remota. Técnicamente, los viajes astrales son demasiado reales para calificarlos de sueños diurnos, del mismo modo que lo son para calificarlos de sueños nocturnos. Pero dado que en algunas ocasiones nos encontramos haciendo escapadas astrales en lo que normalmente serían, por no encontrar un término mejor, nuestras pausas para soñar despiertos, creo que vale la pena mencionarlos.

Ya he mencionado en otros libros lo adepto que era mi hijo Chris a los viajes astrales cuando era muy pequeño, especialmente durante las clases de matemáticas o cuando yo estaba dándole una merecida regañina. No hay nada como sentarse con un niño y descubrir en medio de tu más lúcida perorata que esa parte que necesitas para comunicarte con él se ha tomado una deliciosa vacación astral, hasta el punto de que sólo le falta ponerse un letrero en la frente que ponga «cerrado por vacaciones».

Eso es algo que la mayoría hemos hecho alguna vez. En un momento estamos aguantando la reunión, película, cena, conversación, tarea o cualquier otra cosa más aburrida del mundo, y al momento siguiente, sin esfuerzo alguno por nuestra parte, estamos paseando por la casa de nuestra infancia, hablando con algún ser querido fallecido, reviviendo una vida pasada, flotando por encima de las personas con las que estamos, buscando un punto en blanco. Al igual que sucede con los viajes astrales nocturnos, siempre habrá una secuencia lógica de acontecimientos en los sueños astrales que tenemos despiertos, por breves que sean, y tener esa misma sensación de volar es bastante común.

Al menos según mi experiencia con clientes durante todos estos años, la visión remota espontánea durante el día es mucho menos común, pero sucede, tal como lo demuestra Anthony con su carta, y puede ser desagradable si nos pilla desprevenidos.

«Tengo un trabajo que se podría decir que no presenta ningún reto mental y he de admitir que sueño mucho, pero este soñar despierto nunca me había sucedido antes. Tenía un montón de papeles para archivar, y recuerdo que empecé a ordenarlos. Entonces, de pronto, me vi observando una escena de una carretera de dos carriles cerca de una pequeña ciudad de Utah. (Nunca he estado en Utah y nunca había oído hablar de esa ciudad. Ni siquiera sabía que existía hasta que lo comprobé en Internet.) Una moto Honda azul bastante nueva, en la que iban un hombre y una mujer, estaba tomando una curva sin visibilidad, y una camioneta «pickup» blanca con grandes manchas de pintura en el lado del conductor, invadió su lado de la calzada dirigiéndose frontalmente contra ellos y los sacó de la calzada. La Honda azul chocó contra un árbol y sé que sus pasajeros estaban heridos, pero no sé con qué gravedad. La camioneta los esquivó, redujo la marcha durante un segundo y luego el conductor se dio a la fuga sin comprobar si esas personas necesitaban ayuda. Vi su rostro claramente y podría reconocerle. De algún modo sabía que había estado toda la noche de juerga y que se durmió al volante provocando el accidente. Entonces, allí estaba de nuevo en mi mesa de despacho, sin recuerdo consciente de haber hecho nada. No conocía a ninguna de esas personas y no sentía que ese accidente tuviera nada que ver conmigo. ¿Qué podía haberme hecho tener semejante sueño despierto tan desagradable respecto a unas personas y un lugar que no conocía?»

Esto fue sin duda una experiencia de visión remota, y es especialmente interesante porque fue totalmente espontánea, inesperada, y sin duda nada tenía que ver con la rutina de Anthony. Si Anthony ha podido encontrar esa ciudad en Internet, también podrá encontrar los archivos de los periódicos y comprobar si hubo un accidente de estas características por las fechas en que fue «testigo» del mismo. Debería comprobar si las víctimas están bien y si el hombre que provocó el accidente fue arrestado. Si resulta que «vio» realmente lo sucedido y que muchos de sus detalles son exactos, puede llamar a la policía local o al reportero que escribió el artículo y ofrecerle compartir su experiencia. Nunca dejes pasar una oportunidad de ofrecer ayuda legítima, pero ten paciencia si eso requiere unas cuantas llamadas antes de que encuentres a alguien que te tome en serio. Por desgracia, todos pagamos las consecuencias de los embaucadores y los fraudes que se cometen en este mundo, pero no podemos quedarnos de brazos cruzados y permitir que se salgan con la suya.

Creo que «no dejar que pase una oportunidad» es el mensaje más importante en lo que a los sueños lúcidos y diurnos respecta, pensemos en ello. Una vez que los reconocemos como oportunidades, en lugar de pensar que son acontecimientos pasajeros que ni pedimos ni podemos controlar, los podemos usar como afirmaciones, como conexiones con los dones mágicos que se nos han dado, y como recordatorios de que nuestro espíritu brillante, incansable, ilimitado y eterno, la esencia sagrada de quien realmente somos, no descansa nunca en sus esfuerzos para probarnos que en cualquier momento podemos volar.

13

Los sueños a través de los ojos de una vidente

Tal como he dicho en la Introducción, cuando este libro estaba en la fase de planificación, tenía la intención de no escribir sólo sobre los sueños en general, quería escribir sobre *vuestros* sueños. Lo cual habría sido imposible sin vuestra ayuda y generosidad. Los sueños que he recibido han sido valiosísimos ejemplos que han ilustrado este libro, y estoy segura de que cuantos lo lean se sentirán tan agradecidos con vosotros como lo estoy yo por compartir algunas experiencias muy personales con una tremenda sinceridad.

He leído y apreciado cada uno de los cientos y cientos de sueños y viajes astrales que habéis enviado. Podría llenar un libro entero, fascinante, con ellos. No obstante, para el propósito de este libro he preferido incluir sólo un capítulo, fascinante, con vuestros sueños y mis interpretaciones. Si deseáis utilizar lo que habéis aprendido en los capítulos anteriores para interpretarlos conmigo, tanto mejor, os servirá de práctica para cuando lo hagáis en solitario. Estos sueños y viajes astrales están colocados deliberadamente al azar a fin de no llenaros con valoraciones antes de que tengáis la oportunidad de forjaros vuestras propias opiniones. Vale la pena repetir que la interpretación de los sueños es un arte, no una ciencia. No hay ni «correcto» ni «incorrecto». La recompensa no estriba en la precisión, sino que se encuentra en el proceso de construir una relación más estrecha entre nosotros y nuestros sueños, de honrar y aprender del duro trabajo que realizan para enseñarnos lecciones desde lo más profundo de nosotros mismos, de los seres queridos que se encuentran aquí y en El Otro Lado, y si escuchamos atentamente, del propio Dios.

«En este sueño estaba en la cama, esperando a quedarme dormida, pensando en un chiste que le iba a contar a mi madre a la mañana siguiente, cuando oí un ruido que sólo puedo describir como si fuera una bolsa de plástico que se rompe. Creí que era mi imaginación e intenté no hacer caso. Pero entonces sentí algo que se inclinaba sobre mí, que me aplastaba y que respiraba en mi oído. La presión era muy fuerte. Intenté varias veces abrir los ojos para poder ver a ese hombre, pero sentía como si mis párpados estuvieran cosidos y no podía hacer nada para liberarme de sus garras. En el sueño acabo despertándome y gateo hasta el pasillo en dirección a la cocina donde está mi madre. Recuerdo sentarme histérica en el suelo de la cocina y explicarle a mi madre que había un hombre en mi habitación, o un espíritu con la fuerza de un hombre fuerte. Ella me llevó a la cama y me preguntó si había intentado estrangularme. Le dije que no, pero le sugerí que quizá debería llevarme al hospital. Entonces me levanto el pijama y veo heridas en mi cuerpo que parecían hechas con una valla de espino. Llegado ese momento, en la vida real, algún ruido lejano acaba despertándome. Esta no es la primera vez que he sentido que algo diabólico me acechaba. Por favor dime qué me está pasando para que pueda deshacerme de estas pesadillas para siempre.» (M. P.)

No dejéis que el viaje de M. P. a la cocina, la conversación con su madre y la aparición de heridas os confundan. Éste sigue siendo un caso clásico de catalepsia astral, desde el extraño ruido, sentir que alguien o algo te sujeta a la cama, hasta sentir la presencia de algo diabólico en la habitación. El terror que puede experimentar la mente semiconsciente cuando descubre que su espíritu está medio fuera y medio dentro del cuerpo desencadena todo tipo de recursos del sueño para hallar un refugio seguro, según lo intenso que sea el sueño y lo que te cueste despertarte del todo. Algunas personas consiguen calmarse con una oración que hace que se despierten con bastante rapidez sin tener la sensación de haber dejado su cama en ningún momento. M. P., que está muy unida a su madre, la buscó para refugiarse, y las heridas que se vio en su cuerpo eran sólo una manifestación de que sinceramente creía que había sido atacada por algo terrible. Según la mayoría de los investigadores, los sueños duran una media de diez a cuarenta minutos. Puesto que la catalepsia astral es esencialmente un estado de sueño, el resultado de que la mente consciente equipare erróneamente la ausencia del espíritu con la muerte, estos sueños pueden adoptar cualquier forma histérica y durar cierto tiempo, pero siguen siendo una consecuencia de la catalepsia astral.

El mero hecho de ser consciente de lo que es la catalepsia astral y de cuáles son sus «síntomas» comunes puede disminuir su frecuencia y su impacto, y muchas veces pone fin a esta experiencia de una vez por todas. Pero las protecciones añadidas de rodearnos con la luz blanca del Espíritu Santo antes de irnos a dormir y de rezar para que si nuestro espíritu viaja durante la noche tenga una entrada en el cuerpo rápida y fácil, también pueden obrar maravillas. Entretanto, la catalepsia astral es un gran ejemplo del antiguo adagio «El conocimiento es poder». Sabed que, a pesar de todos los sentimientos y apariciones que os indiquen lo contrario, no corréis un peligro real, es tan sólo la sorpresa de descubrir al espíritu en el proceso de regresar al cuerpo.

• • •

«He estado en la cama últimamente debido a un problema de espalda que se niega a abandonarme. Mis médicos me han recetado calmantes, que acabo de interrumpir porque, aunque todavía tengo mucho dolor, me dejan como a un zombi. Pero mientras los tomaba, tuve muchos sueños de pérdida de personas y cosas que amaba. En un sueño recurrente, me veo obligada a dejar mi hogar en avión. Antes de marcharme, «ellos» vienen a llevarse mis gatos y me arrastran hacia el avión, y les grito suplicando que me dejen estar con ellos. Sé que sólo son sueños, pero no puedo describir lo mal que me siento cuando me despierto y cuánto me cuesta, a veces, recuperarme de la tristeza que me han provocado.» (B. B.)

Éste es sin duda un sueño liberador donde B. B. se enfrenta a su miedo de perder o ser separada de algo tremendamente importante para ella. Lo fascinante es que los sueños liberadores como éste son muy comunes bajo las dos circunstancias que ha estado padeciendo. Cuando tenemos dolor físico, especialmente cuando es continuo, sentimos la pérdida o la separación de nuestro habitual estado de bienestar corporal, aunque ese dolor no sea más que algo que se suma a una condición crónica a la que ya estamos acostumbrados. Cualquiera que sea el estado de salud de que gozamos la mayor parte del tiempo, es a lo que estamos acostumbrados y lo que aprendemos a definir como «normal» para nosotros. Cualquier cosa que altere y disminuya lo que consideramos normal está destinada a ser percibida por nuestro subconsciente como una pérdida o separación y se representa en nuestros sueños.

Lo mismo sucede con cualquier tipo de droga fuerte, ya sea de prescripción facultativa o para pasar un rato agradable. Ahora bien, no pretendo que hagáis caso omiso de las órdenes de vuestro médico. Psíquicamente soy muy buena con los temas de salud, y sin duda tengo la suficiente experiencia e instrucción como para ofrecer sugerencias, pero no soy médico, ni pretenderé serlo jamás, y por ello nunca os animaré a que tiréis los medicamentos que os han recetado sin antes consultarlo con vuestro doctor.

Éste es el problema con los fármacos —seamos sinceros, a veces es el *punto central* de los medicamentos—: que alteran la mente. Siempre me sorprende cómo las personas que toman drogas, especialmente si es por agrado, cuando les decimos que actúan como si no fueran ellas, juran que no es verdad. Dirán que disfrutan con las drogas, que no es que no puedan controlarse. De hecho, para nuestra información, «no les afectan en absoluto». ¡Chorradas! Por supuesto que les afectan. ¿Por qué si no se molestarían en tomárselas y pagarían tanto por ellas? Además del hecho demostrado de que las drogas interfieren en nuestro ciclo natural de sueño REM, es la capacidad que tienen para alterar la mente la que crea estos sueños liberadores tan comunes de pérdida y separación de algo o alguien importante para nosotros. Del mismo modo que sabemos lo que es «normal» para nuestros cuerpos, también sabemos lo que es «normal» para nuestra mente y su nivel de claridad. Las drogas fuertes nos hacen perder la mente y la claridad a la que estamos acostumbrados, o al menos sentirnos separados de ellas, y ¿qué puede ser más importante que eso? B. B. utilizó sus gatos como arquetipos de «algo importante» de lo que no podía estar separada. Sea cual fuere el arquetipo que aparezca en nuestros sueños liberadores, la primera pregunta que hemos de plantearnos al despertarnos es: «¿Qué parte importante de mi vida parece estar en peligro de desmoronarse y qué puedo hacer al respecto?»

Afortunadamente para B. B., ya ha dejado de tomar los calmantes y su dolor de espalda hallará alivio con la ayuda de un buen neurólogo al que le remitirá su médico ante su insistencia.

«En un sueño recurrente, subo por una escalera que no tiene fin. Cuando miro hacia arriba, lo único que veo son más escalones, y parecen conducir a un punto muy lejano. Aunque sigo subiendo, nunca me canso ni se me acorta la respiración. Una vez casi llego al final. Puedo ver el último peldaño delante de mí, pero no puedo ver lo que hay arriba. Me despierto antes de poder aclarar qué o quién me está esperando». (V. R.)

Este es un sueño liberador muy interesante, que representa muchos sueños similares que he recibido de subir y subir, caminar sin cesar, correr sin realizar progreso aparente, sin acercarse nunca al destino. Y el sueño de V. R. utilizó el significado clásico del arquetipo de la «escalera», es decir, aspirar a alcanzar un nuevo nivel en la vida.

Todas las personas que he conocido o con las que he contactado que han tenido alguna versión de este sueño recurrente de futilidad, en el que son incapaces de llegar a la meta por más que lo intenten, es que tienen un tema de perfección. Para comprender qué es lo que quiero decir, habéis de saber que todos cuando estamos en El Otro Lado preparándonos para una nueva vida en la Tierra, elegimos un «tema de nuestra vida», que es nuestra motivación más fuerte o fuerza motriz en esta existencia en particular, que se basa en lo que se supone que hemos de aprender en esta ocasión. Hay cuarenta y cuatro temas de la vida. Están listados junto con sus significados en *The Other Side and Back* y *Life on The Other Side*, por eso no los voy a repetir aquí. Pero las personas que tienen un tema de perfección tienden a ponerse metas demasiado altas y no realistas, e inevitablemente acaban con un sentimiento constante de decepción, insatisfacción y fracaso, y dado que la perfección no es una posibilidad terrenal, por más esfuerzo que ponga un perfeccionista nunca se acercará lo bastante a lo que está intentando conseguir. ¿Qué mejor simbolismo podrían utilizar los sueños para ese sentimiento que una escalera que no se acaba nunca, o correr incesantemente hacia algo que nunca parece estar más cerca?

V. R. evidentemente se encuentra en el proceso de conquistar esta dificultad de su tema perfeccionista. Observemos que en un sueño vio el último peldaño y que algo le esperaba allí arriba. Lo que le estaba esperando, lo que le *está* esperando, a él y a todas las personas que tienen este tema recurrente en sus sueños, es la dicha de ponerse metas desafiantes pero realistas, y luego apreciar todo el proceso de llevarlas a cabo: equivocaciones, imperfecciones, etc. Tan pronto como esa realidad se afiance y se ponga conscientemente en práctica, esos frustrantes sueños de futilidad desaparecerán, podéis estar seguros.

«No hace mucho tuve un sueño que me asustó de tal manera que me desperté a media noche. No recuerdo haber visto nada, pero oí claramente la voz de un hombre que decía: "Se te ha dado una elección. La mayoría de las personas no tienen esa oportunidad. ¡Estás en el camino!" No puedo imaginar qué quería decir. ¿En qué camino estoy?» (M. M.)

Al principio de este libro he hablado del hecho de que cuando tenemos un sueño que no entendemos, el primer lugar donde buscar las respuestas es en nosotros mismos y en nuestra situación. La respuesta a tantas preguntas cuando los sueños son confusos es: «¡Tú!». Este sueño liberador no es una excepción. Al igual que nos sucede a la mayoría con más frecuencia de la que admitimos, M. M. está interfiriendo en su propio camino. Ella es su mayor obstáculo para sí misma, la mayor dificultad entre ella y sus metas. Aunque no ha incluido esto en su carta, psíquicamente sé que se le ha dado más de una oportunidad para realizar la carrera que a ella le gustaría, y siempre busca excusas para rechazar estas oportunidades, porque en el fondo lo que le sucede es que tiene miedo al fracaso. No es un miedo del que sea consciente, pero su espíritu guía, que se llama Frederic, lo sabe. Es su voz la que oyó, señalándole que no todo el mundo tiene las mismas oportunidades que ella ha dejado pasar, y esto es un gran ejemplo de alguien que está en peligro de dejar que su miedo a algo produzca el resultado que tanto teme. Las oportunidades dejan de presentarse si las rechazamos demasiadas veces. Si M. M. aceptara el hecho de que el fracaso más trágico es el no intentarlo y practicara repetir como si fuera un *mantra*: «Hoy, y todos los días a partir de hoy, voy a mantenerme al margen», no tendría que volver a tratar este asunto en particular con Frederic y seguiría sin problemas ese camino hacia la carrera correcta a la que sabe que pertenece.

«Éste es un sueño que sucedió en un momento de mi vida en el que estaba creciendo espiritualmente a un paso muy rápido. Estaba en oscuridad total, de pie frente a lo que creía que era un mal espíritu. El sentimiento que me transmitió este hombre era puramente maligno. Se me acercó lo suficiente para estar con las narices casi pegadas, y, aunque era más alto y fuerte que yo, seguíamos estando frente a frente. Me gritó: "Yo soy Dios". Yo le respondí con calma: "No, no lo eres". Esto sucedió tres veces, y aunque yo gritaba intentando intimidarle, él permanecía tranquilo. Estaba realmente asustado cuando terminó el sueño, pero durante el mismo me sentí protegido y como si él no pudiera hacerme nada, y eso lo enfureció sobremanera. Fue un sueño muy corto, pero nunca lo olvidaré.» (D. D.)

Éste es otro sueño liberador, y en modo alguno la visita

que tan obvia parecía. Lo he dicho muchas veces y lo vuelvo a repetir: no hay nadie en el mundo del espíritu que tenga ni una fracción de la maldad que tienen los seres humanos con los que nos encontramos en la Tierra. Siempre que cualquier persona, incluida D. D., tiene un sueño donde se aparece un espíritu maligno (sin ninguno de los otros signos de la catalepsia astral), es casi seguro que es un símbolo de una persona en su vida a la que identifica como el diablo, tanto si su mente consciente lo sabe como si no. Os pido que leáis el capítulo en *The Other Side and Back* titulado «El lado oscuro». Os ayudará a reconocer a las entidades oscuras de la persuasión humana entre nosotros, y os daréis cuenta de que cuanto más espirituales os volvéis, más fuertes y agresivas se pueden volver. D. D. tuvo justamente la reacción correcta en este sueño, al saber con absoluta certeza que una confianza sosegada en nuestra gloriosa relación con Dios frustraría y en última instancia repelería a la entidad oscura.

«Mi esposo murió hace tres años y me dejó con cinco hijos a los que educar y mantener yo sola. Desde que falleció le he visto en tres sueños, y en los tres me decía que realmente no estaba muerto. En uno de ellos mi espíritu guía me llevó a verle. Estaba trabajando en un lugar muy inestable con cemento roto a su alrededor. Realmente me gustaría saber qué significaba eso.» (C. W.)

Por supuesto, esto no eran sueños sino viajes astrales para visitar a su fallecido esposo, y tiene toda la razón, su espíritu guía la acompañó en una de sus visitas. No quiero que esto entristezca demasiado a C. W. o a cualquier otra persona que haya tenido una experiencia similar, pero su esposo no ha llegado a El Otro Lado, con el tiempo llegará. No obstante, por el momento, dicho en los términos más sencillos, es un fantasma. Se ha quedado atrás debido a su excesiva preocupación por la situación en la que dejó a su esposa, en una especie de engañoso autocastigo por abandonar a su familia.

Hay dos indicios en estas visitas astrales de C. W. a su fallecido esposo que muestran que no se ha liberado y que vale la pena tener presente en cualquier experiencia astral. Una es que en las tres visitas él le dijo que no estaba realmente muerto. Los fantasmas, o los espíritus aferrados a la Tierra, realmente no saben que han muerto. Es una existencia descorazonadora y confusa para ellos. Imagina que te sientes tan vivo como ahora, pero de pronto todo lo que te rodea ha cambiado, tus amigos, tu familia y el mundo en general no te hacen caso, como si no estuvieras allí, y ves a tus seres queridos llorando y luchando, pero no puedes hacer nada para consolarlos, ni ayudarles. Estás perdido y nada de lo que antes tenía sentido, lo tiene ahora. Al final, todos esos espíritus acaban liberándose, mediante la intervención de los espíritus de El Otro Lado y de humanos compasivos, que los convencen de que están muertos y que lo único que han de hacer para poner fin a su triste confusión y encontrar la paz es entrar en el túnel y dirigirse hacia la luz que siempre tienen a su alcance.

La segunda pista de que el marido de C. W. está vinculado a la Tierra es que lo encontró trabajando en «un lugar muy inestable con cemento roto a su alrededor». Las palabras «inestable» y «roto» no se aplican ni pueden aplicarse ni a un centímetro cuadrado de El Otro Lado. Mientras trabajamos felizmente en el Hogar, en una gama de profesiones tan extensa como en la Tierra, no hay nada inestable ni roto en ese lugar real de perfección universal. Cada vez que veis a un ser querido fallecido trabajando en un lugar peligroso, o que parece infeliz, o bien estás visitando astralmente su espíritu vinculado a la Tierra y necesita ayuda para encontrar su camino al Hogar, o estás teniendo un sueño liberador para expulsar el pesar, el temor y el trastorno de la pérdida.

«En mi sueño estaba conduciendo el coche de mi madre y no sé cómo vuelco. Antes de morir vi y oí a los policías y a mi familia que estaban hablando sobre mi tumba y qué aspecto tendría. Entonces muero, y veo mi cuerpo yaciendo en el ataúd en mi funeral. Mientras me enterraban, vi mi lápida, aunque no pude leerla, alguien ponía flores sobre ella y decía: "Lo siento, Janet". ¿Quién era esa persona y por qué lo sentía?" (Janet)

Esto es fascinante y más complejo de lo que en un principio pueda parecer. Recuerda que cada vez que te puedas ver a ti mismo como le sucedió a Janet, es que estás teniendo una experiencia astral, no un sueño. Y aunque la acción es muy rápida de una escena a otra, sigue una secuencia lógica, que también ayuda a definir qué es una experiencia astral. Estoy totalmente segura al descartar que sea un sueño profético, porque quiero repetir que nunca he conocido a nadie, despierto o dormido, que haya podido predecir con exactitud su propia muerte.

Esto fue una visita astral a una vida anterior, en la que Janet se llamaba Janice. No me extraña que se confundiera. Si hubiera podido leer la lápida habría visto las fechas «1902-1941», los años que vivió en esa vida. Janet/Janice murió en un accidente de coche en el norte de Virginia donde vivía. La persona en su tumba que dijo: «Lo siento, *Janice*», era su consentida y egoísta madre, a quien Janice estaba intentando ayudar a resolver otra crisis creada por ella cuando el coche pisó una placa de hielo, perdió el control y volcó cayendo en una zanja. Su madre, por cierto, se sentía tan responsable de la muerte de su hija que el disgusto le costó la vida un año más tarde.

Hay una vieja superstición que espero que esta experiencia

astral pueda ayudar a desmentir. He oído cientos de veces, y probablemente vosotros también, que si sueñas que mueres, mueres realmente en el mismo momento de tu sueño. Esto no sólo no es cierto, sino que es absurdo. Mirémoslo de este modo: si fuera cierto, ¿cómo podría saberlo alguien? Para averiguarlo, tendríamos que preguntar a las personas que han muerto mientras dormían qué estaban soñando en el momento en que fallecieron, y creo que sería una conversación bastante unilateral. La próxima vez que oigas a alguien seguir con ese mito, por favor pídele que te desvele su fuente de información. Me encantaría oír la respuesta.

«Tuve un sueño que me acechó durante mucho tiempo. Soñaba que estaba estirada en la cama, muy despierta, y mi fallecida abuela y mi madre, todavía muy viva, estaban flotando por encima de mí conversando. Mi abuela le decía a mi madre que se había quemado el brazo con la sopa caliente de mamá, o algo igual de trivial. De pronto, mi abuelo, también fallecido, me miró aterrorizado y dijo: «Ahora te toca a ti». Unos pocos años más tarde, después de haber tenido este sueño, mi madre murió de leucemia. Tengo mucho miedo de ser la siguiente en morir. Por favor, ayúdame a comprender este horripilante sueño.» (P. S.)

Es bastante frecuente que se mezclen dos tipos distintos de sueños, como sucede con la experiencia de P. S. En lo que se puede llamar la primera parte, en un estado astral, observa una conversación astral entre su madre y su abuela. Ella oyó correctamente la conversación: su madre y su abuela estaban recordando una quemadura que le había dejado una pequeña cicatriz en el brazo a su abuela, y ésta le estaba demostrando que la marca había desaparecido de su «nuevo» cuerpo en El Otro Lado, como sucede con todas las señales de heridas, enfermedades y señales de discapacidad terrenales en el instante en que regresamos al Hogar.

Y luego viene la segunda parte, un sueño liberador desencadenado por la aparición de la fallecida abuela de P. S., donde P. S. utiliza la imagen de su también fallecido abuelo para representar su propio miedo a la muerte en general, pero a la de su madre en particular. Esto no es ni una impresión de una vidente ni una adivinanza, es una cuestión de analizar con lógica las claves dentro del sueño. P. S. vio a su abuela que estaba muerta hablar con su madre, lo cual la habría conducido a una comprensible y desagradable pregunta: si las dos estaban hablando en la misma dimensión y una de ellas estaba muerta, ¿significaba eso que su madre había muerto o se estaba muriendo? Sabemos que la pregunta a esa respuesta es no, puesto que nosotros, las personas «vivas», visitamos a las «muertas» regularmente mientras dormimos. Pero estoy segura de que tener esa visión inesperadamente fue perturbador para ella y desencadenó su alarma del miedo a la muerte, lo que la condujo a un sueño liberador.

Puedo garantizar que la segunda parte fue un sueño liberador, no una visita. Ningún espíritu de El Otro Lado miraría jamás a un ser querido «con terror» como lo hizo el abuelo de P. S., o de ningún otro modo que no fuera un amor puro, pacífico e incondicional. En cuanto a su mensaje: «Tú eres la próxima», veámoslo más detenidamente. Como mínimo, se equivocó. Sabemos que la madre de P. S. estaba viva cuando ella tuvo ese sueño y que murió unos años más tarde, de modo que es evidente que su madre fue la siguiente, si «siguiente» significa la «siguiente en morir». E incluso suponiendo que fuera eso lo que significaba, ¿cuál es exactamente el límite de tiempo para ese «siguiente»?

Os recuerdo los cinco puntos de salida que mencioné en el

capítulo 3, que todos escribimos en nuestros mapas de la vida antes de venir aquí. Ésas son las cinco oportunidades que nosotros mismos creamos para dejar esta vida y regresar al Hogar. Algunos puede que aprovechemos el primer punto de salida que se nos presenta y nos vayamos enseguida. Otras personas puede que prefieran esperar a la segunda o tercera oportunidad, mientras que otras deciden que todavía tienen que hacer más cosas y se quedan a esperar la cuarta o la quinta. No existe un patrón fijo entre los puntos de salida. Puedes tener los números uno, dos y tres en tu primer año de vida, tu cuarto punto a los cinco años y el quinto a los noventa. Cuando tenía cuarenta y cinco años experimenté los puntos tercero y cuatro, ahora tengo sesenta y seis, y según mi espíritu guía todavía me queda algún tiempo para poder regresar al Hogar.

Así mismo, suponiendo que todavía no hayamos adivinado que el mensaje en el sueño liberador de P. S. era, por decirlo de un modo suave, inexacto, ¿cuándo tendría que venir ese «siguiente» si es que ese mensaje encerraba alguna verdad? Voy a decirlo de otro modo: puedo ofrecerle a P. S. la certeza de una vidente de que va a estar por aquí durante muchos años más, y por cierto, hasta la fecha sólo ha dejado pasar dos de sus puntos de salida.

Quiero repetir, porque esto es importante, que cualquier tipo de sueño o de experiencia astral se puede combinar esporádicamente con cualquier otro tipo de sueño o experiencia astral, de modo que observa los indicios evidentes, como los que aparecían en lo que pareció un sueño muy perturbador, que a P. S. sigue preocupando tan innecesariamente.

«Tengo una hermosa hija de diecisiete años a la que quiero con locura. Sin embargo, desde que era pequeña he tenido muchos sueños de que ella estaba poseída por un demonio. En estos sueños tenía los ojos rojos y brillantes y hablaba en un tenebroso tono de voz muy profundo, como en la película *El exorcista*. Es verdaderamente terrible y angustioso tener este tipo de sueños diabólicos con mi propia hija; no entiendo de dónde vienen.» (F. R.)

Yo sí entiendo de dónde vienen, y antes de explicártelo, quiero aclarar unas cuantas cosas. Tal como muchos sabéis, fui educada en el catolicismo, judaísmo, luteranismo y episcopalianismo, y he asistido a escuelas católicas y he enseñado en ellas. He pasado cincuenta años estudiando las religiones del mundo por pura pasión. Ahora soy cristiana gnóstica, y guardo un amor y respeto eternos por todas las religiones que aman a Dios, sea cual sea el nombre que le den, así como la dignidad y la santidad de la vida.

De modo que os pido que comprendáis lo que estoy a punto de decir con ese mismo amor y respeto, y al mismo tiempo que sepáis con una certeza absoluta, bien fundada y explorada a fondo, que no existe el demonio. No existe el diablo. No hay nada ni nadie en esta Tierra que pueda poseer a nadie jamás, sin su pleno conocimiento y consentimiento, el cual, por cierto, un niño o una niña no son capaces de dar. Es evidente que existe el mal arraigado en aquellas personas que se han alejado de Dios. Pero creo que muchas religiones han puesto demasiado énfasis en todo este concepto de «diablo, demonio, Satán», lo que hace que sus seguidores sean guiados por el miedo y la culpa, en lugar de serlo por el ilimitado amor eterno y compasión que Dios nos ha dado desde el principio de los tiempos.

Tanto si estáis de acuerdo filosóficamente conmigo como si no, lo que os prometo que podéis creer es que cada vez que el diablo, un demonio, Satán, o cualquier otra «encarnación del mal», se aparezca en vuestros sueños, es un símbolo, un sueño li-

berador de algún temor que estáis albergando y que necesitáis
confrontar. Nada más ni nada menos. Con frecuencia, si habéis
tenido una estricta educación religiosa, el miedo en forma de demonio en un sueño puede indicar una amenaza constante de ser
un pecador, de no ser digno o de ir al infierno, y no, resulta que
yo no creo en ninguno de esos conceptos. En el caso de F. R. y
de la imagen que implica a una niña poseída, fácilmente puede
ser (y en este caso lo es) el temor que a veces asfixia a todos los
padres, el sentimiento de no ser lo bastante adecuado para res-
ponsabilizarse por completo de dar forma y guiar la moral, el carácter y el sistema de creencias, todos esos grandes fundamentos
para las vidas felices y exitosas que todos queremos para nuestros
hijos. Una vez tuve una clienta cuyos sueños con su hijo eran
«malignos», y eso procedía del hecho de que éste fue concebido
fuera del matrimonio, como si eso fuera culpa del niño o como
si Dios desaprobara esta pequeña vida inocente.

Así que recordemos, si el diablo —o para lo que aquí nos
concierne, esa persona encapuchada con la guadaña con la que
se representa a la Muerte, piensa en ello— aparece en tus sueños liberadores, no lo veas literalmente. El diablo no está mal-
diciéndote con una vida malévola (tampoco existen semejantes
maldiciones) y la muerte no es un signo de que te vas a morir.
Ambas representaciones son las formas que tiene el subconsciente de representar el «miedo» para que lo puedas reconocer y
probablemente recordar. Si miras a fondo en tu interior, casi
siempre podrás llegar al origen de donde surge tu miedo, e
identificar un temor es el primer paso que dar a fin de superar-
lo para siempre.

«De pequeña tenía un sueño recurrente de que me escon-
día en un desván al huir de algo o de alguien. Entonces, cuando cumplí los dieciséis, fui a la casa de la abuela de una amiga

que vivía en otra ciudad, donde nunca había estado antes. Su abuela nos pidió que fuéramos a buscar los adornos de Navidad que estaban en el desván, y cuando subimos allí para recogerlos, me encontré en el mismo desván que tantas veces había soñado en mi infancia.» (J. I.)

Esta carta sin duda implica sueños proféticos de la infancia, pero hay un giro interesante que todos debemos tener presente en nuestros sueños, una variación de los sueños proféticos que produce una sensación de *déjà vu*. Para entender estos sueños, has de comprender lo que realmente es el *déjà vu*.

He hablado mucho sobre los minuciosos mapas que escribimos en El Otro Lado antes de venir aquí para iniciar una nueva vida. La palabra «minucioso» se queda un poco corta. Rellenamos todo tipo de detalles complicados, en parte para asegurarnos de que cumplimos las metas que nos hemos propuesto, y en parte para proporcionarnos pequeños y aparentemente triviales indicativos en el sendero que nos indiquen que estamos en el camino correcto. De vez en cuando reconocemos uno de esos postes indicadores de nuestros mapas, y tenemos ese sorprendente y fugaz sentimiento de que estamos duplicando un momento que ya hemos experimentado antes. Rara vez es un momento que tenga alguna importancia aparente. Se parece más a «Yo estuve en este mismo coche, con la misma lluvia ligera, la misma canción en la radio, conduciendo justo por la misma calle, sacando algo de la guantera como estoy haciendo ahora». Lo que denominamos *déjà vu* es en realidad la llegada a uno de esos postes de señales que escribimos para nosotros en el Hogar, el maravilloso fenómeno, que dura un instante o dos, de recordar nuestro mapa y tener la seguridad de que estamos siguiendo las reglas del juego que con tanto esmero diseñamos.

Lo que le sucedió a J. I. también nos sucede a todos esporádicamente, que es que, cuando dormimos, nuestro subconsciente recuerda esos postes, o parte de ellos, y le gusta volver a reproducirlos, tanto debido a la añoranza del Hogar como por ser una forma de recordarnos un pequeño acontecimiento afirmador que hemos de tener en cuenta. En el caso de J. I., uno de los postes incluía el desván con el que había soñado repetidamente cuando era pequeña y donde se encontró a los dieciséis años. Por una parte podríamos decir que ese desván no tiene la mayor importancia en la vida de J. I.; no es que vaya a acabar viviendo allí, que se vaya a casar en ese lugar o que la vayan a secuestrar y retener allí contra su voluntad. Por otra parte, no creo que haya nada que sea insignificante cuando se trata de una señal de la mente de nuestro espíritu, y de nuestra vida en El Otro Lado, que nos está indicando que estamos perfectamente sincronizados con nuestros mapas.

«Mi madre murió en el mes de marzo de 2001. Había mucho sentido de culpabilidad en lo que respecta a su muerte, y sentía que estaba enfadada conmigo. Le supliqué que se me apareciera en un sueño o que me diera una señal de que había llegado a El Otro Lado, pero no recibí respuesta alguna de la que fuera consciente. Al final hablé con un vidente, que me aseguró que mi madre no estaba enfadada, sino todo lo contrario, muy complacida por lo bien que la habíamos cuidado y que había sido recibida por sus seres queridos cuando llegó. Tras hablar con el vidente, no sólo sentí algo de paz mental por primera vez, sino que ahora mi madre se me aparece en sueños de tanto en tanto. Créeme, me siento muy agradecido, pero ¿por qué esperó a aparecerse hasta que hablé con un vidente?» (C. O.)

En primer lugar quiero decirte que me alegro mucho de que tuvieras una experiencia tan buena con el vidente, y puedo asegurarte que, quienquiera que fuese, te hizo un relato exacto de cómo está tu madre, y sé, sin preguntártelo, que las visitas astrales de tu madre mientras duermes son adorables y sin peligro alguno. Pero, por favor, quiero que sepas que ningún vidente, incluida yo misma, tiene el poder de hacer que las personas fallecidas se te aparezcan o te eviten. Lo que nosotros podemos hacer, y lo que hizo el tuyo, es ayudar a eliminar algunos bloqueos comprensibles, como el miedo, la culpa y el dolor, que evitan que el mundo de los espíritus se pueda comunicar contigo, y te ayudó a abrir tu mente a sus visitas y a los signos que has de observar para saber que los tienes cerca.

He de añadir una seria advertencia sobre este tema, puesto que hay muchas personas a las que los supuestos videntes las estafan con cientos o incluso miles de dólares, que hábilmente se aprovecharán de sus miedos, pesar y vulnerabilidad, y que deberían ser perseguidos y encarcelados. Si algún llamado vidente, médium o «consejero espiritual» te dice alguna vez que tu ser querido fallecido está atado a la Tierra, atrapado o sufriendo en el infierno, en el purgatorio o en algún otro horrible lugar, y que sólo unas velas muy caras, unas oraciones muy caras, sesiones muy caras o «donaciones» muy generosas pueden asegurarle a ese ser un pacífico ascenso a El Otro Lado, cuelga el teléfono o levántate y márchate de su oficina *inmediatamente* sin darle ni un penique, y no dudes en informar al departamento de fraudes de tu policía local. Es descorazonador, pero cierto, que muchas personas inteligentes de todas las clases sociales se han dejado engañar por estos infames chanchulleros, y su temor a que ese «experto» pueda tener razón a veces supera el hecho evidente de que es nuestra personalísima y singular relación con Dios, no una tarjeta de crédito o un cheque bancario, lo que asegurará nuestro regreso al Hogar, y Él no necesita ni un céntimo de nuestro dinero. Afortunadamente, pues cada céntimo que demos se quedará en el bolsillo de la persona sin escrúpulos a la que se lo demos. Así que, por favor, tened mucho cuidado, especialmente cuando estáis afligidos y sufriendo, que es cuando sois más vulnerables.

«En este sueño recurrente, estoy mirando una antigua casa de estilo victoriano. Es una casa de tres pisos con todas las características que me gustan: una torre cuadrada, un porche envolvente y grandes ventanales saledizos. Mi esposo y yo estamos hablando con el agente inmobiliario que nos la está enseñando. Mi esposo está realmente interesado, y el agente inmobiliario y él entran juntos en otra estancia hablando alegremente. Todavía puedo oír sus voces cuando me giro y veo a una anciana allí. Es bajita y menuda y me mira directamente; cada vez que llego a este punto en el sueño, siento el mismo miedo, un sentimiento maligno que experimento durante breves instantes durante todo el día siguiente. Hay partes de esa casa en las que resulta difícil permanecer, como si alguna fuerza estuviera intentando sacarnos de allí. Esa mujer nunca me habla ni logro saber quién es.» (F. J.)

Éste es otro sueño combinado, unas cuantas experiencias distintas combinadas en una. Para empezar, la casa que F. J. ve en sus sueños fue su hogar familiar en el norte de Inglaterra a finales del 1600. Todavía se siente atraída por ese estilo de casa, con esas características específicas, porque sus recuerdos de su vida anterior allí fueron felices. Con esos recuerdos presentes, tiene un sueño profético recurrente de una casa que ella y su marido realmente irán a ver algún día, una casa que parece perfecta, pero ella recibe la advertencia de alejarse de la misma.

Aunque no hace falta decirlo, por si acaso lo vuelvo a repetir: nuestra capacidad para ver espíritus y fantasmas en los viajes astrales aumenta espectacularmente, por la sencilla razón de que nuestro espíritu viaja en la misma longitud de onda en la que viven los espíritus y fantasmas. F. J. no ha explorado su potencial para ver fantasmas y espíritus en sus horas de vigilia, y sin estos sueños proféticos sin duda se sentiría incómoda en algunas partes de esta casa de la que estaría a punto de enamorarse, hasta el punto que podría llegar a achacar su malestar a su «imaginación». (Una de las palabras más utilizadas en inglés, por cierto.)

De modo que F. J. no está sólo realizando un viaje astral profético a una casa que verá algún día y que estará tentada de comprar por su similitud a su casa en una vida pasada en la que fue muy feliz; en realidad ha conocido a un fantasma que vive allí. En este caso es el fantasma de una anciana que se llamaba Alice, que nació, vivió y murió en esa casa, más bien por ser la casa más lujosa del lugar que porque en realidad le gustara. Según ella, la casa la hacía superior al resto de sus vecinos, y se pasó la vida creyéndose con derecho a satisfacer sus caprichos y a ser servida por todos, aunque no hubiera hecho nada para merecerlo. A una edad ya madura se casó con un hombre, que equivocadamente creyó que era de su misma posición social y económica, para más tarde descubrir que la había engañado y que le estaba robando sistemáticamente su herencia. Ella lo mató y lo enterró en su propiedad, y legalmente hablando, le salió bien. Pero murió temiendo que la descubrieran, y se ha quedado en la casa para asegurarse de que nunca nadie, especialmente la policía, descubra el cuerpo de su esposo. Como fantasma es inofensiva, pero también está tan confundida como cualquier otro fantasma en su creencia de que todavía está viva, y es más ferozmente protectora que la mayoría, porque en su mente cualquier intruso podría descubrir su secreto y arrebatarle su libertad. En ese aspecto ella es maligna porque atormenta incesantemente a cualquiera que se traslade a esa casa. F. J. debería indicarle a Alice que está muerta y que ya no corre peligro de ser arrestada, pero aparte de eso debería alejarse de ella y de esa casa. Y todos nosotros, cuando tengamos un sentimiento desagradable respecto a una persona o lugar, despiertos o especialmente dormidos, hemos de hacer caso de esos instintos psíquicos y dejar de considerarlos como nuestra «imaginación».

«Mi mejor amiga falleció hace un año y ha empezado a aparecerse en mis sueños. Desde que empecé a soñar con ella, también he tenido otros sueños que siento que he de utilizar de alguna forma que aún no entiendo. Por ejemplo, en uno de esos sueños con mi mejor amiga, ella me dijo que estaría con la hija (que por aquel entonces todavía no había nacido) de nuestra amiga mutua. Eso es todo lo que me dijo, y no se me ocurre qué es lo que puede querer decir. El bebé nació con graves problemas de salud. Soñé que el bebé moriría, y dos días después la niña murió. Luego soñé con el hermano de mi marido, de veinte años de edad. En el sueño estaba muy lejos y muy confundido, y había dejado embarazada a una chica. Al día siguiente de haber tenido ese sueño, mi esposo recibió una llamada y se enteró de que el hermano con el que yo había soñado tenía problemas, que andaba con una banda muy peligrosa, que estaba involucrado en actividades ilegales y que nadie podía encontrarlo. (Nada se dijo de la chica embarazada por él.) ¿Es una coincidencia que nunca hubiera tenido este tipo de sueños hasta que muriera mi amiga? ¿Se supone que he de avisar a las personas cuando tengo esta clase de sueños con ellas? ¿O es que añoro tanto a mi amiga que me estoy volviendo loca?» (B. D.)

Todas las personas que habéis preguntado si las facultades proféticas o psíquicas significan que os habéis vuelto locas, ahora os daréis cuenta de cómo me he sentido yo durante la mayor parte de mi vida. Vamos a hacer el pacto de dejar la palabra «coincidencia» en el mismo cubo de la basura que «imaginación», ¿os parece bien?

Lo que me gusta de los «sueños» proféticos de B. D. es de dónde proceden, y eso ayudará a muchas personas que tienen la misma experiencia.

Tenéis que saber que nuestros espíritus no sólo tienen acceso a todos los mapas de la vida de la Sala del Registro de El Otro Lado, que nos permite recopilar información profética durante nuestros viajes astrales, sino que todos los residentes de El Otro Lado también tienen acceso a ella, y creedme, la Sala del Registro es una de las más concurridas, uno de los lugares más populares del Hogar. Mientras la mayoría de las personas conseguimos nuestra información profética de nuestras visitas astrales a esos registros, B. D. la consigue de su amiga fallecida, que lee los mapas y le transmite los acontecimientos futuros y sus percepciones. Las dos empezaron a tener una maravillosa comunicación astral casi inmediatamente después de la muerte de su amiga, y observad que fue ella la que empezó a dejar caer pistas sobre los problemas de salud que tendría su amiga mutua con su hija. El hecho de que B. D. recuerde más la información que le dan que de quién procede es apropiado, y mucho más productivo que si fuera de otro modo, pues ¿de qué le serviría despertarse con un bello recuerdo de haber pasado un rato con su mejor amiga durante la noche, pero sin recordar nada de lo que han hablado?

Sé que B. D. no es la única persona que recibe información de sus seres queridos fallecidos una vez que éstos han «investigado» los mapas en la Sala del Registro, aunque tampoco es tan común. Que quede claro: esto no significa que tu ser querido fallecido se haya convertido ahora en tu espíritu guía o en uno de tus ángeles. Los espíritus guías no son alguien que hayamos conocido en la Tierra. Son seres que conocemos de El

Otro Lado y que se comprometen antes de que vengamos aquí a ser nuestro inseparable compañero durante esta vida. Llegamos a la Tierra con nuestro espíritu guía y no añadimos otros nuevos, aunque nuestros seres queridos que se han ido sin duda también puedan ayudarnos en el camino. Y los ángeles, nuestros protectores más espléndidos y divinos, son una especie propia, y jamás se encarnan o pasan una sola vida en forma humana.

Tal como dije en el capítulo 3 sobre los sueños proféticos, aunque recibáis alguna información, es de suma importancia rezar para que ésta no sea tan vaga, inexacta o incompleta que no os pueda ayudar, y es igualmente importante que seáis escrupulosamente responsables de todo lo que se os dice. Yo puedo decir con alivio que mis dones proféticos se limitan a mis horas de vigilia, de modo que no estoy asediada por un incesante bombardeo de predicciones de las que no podría huir. Pero jamás predeciré más de lo que alguien quiere oír, jamás me veréis advertir a alguien de algo sin ofrecer alguna sugerencia de lo que puede hacer al respecto, nunca veréis que no he sido honrada con alguien, ni ser tan vaga en mis predicciones que la persona que haya venido a verme salga más confundida que cuando entró en mi despacho. Las predicciones hechas de una manera irresponsable, sin compasión ni sensibilidad, no sólo son contraproducentes, sino crueles, y un abuso de una herramienta humanitaria de un valor incalculable.

En cuanto al cuñado de B. D., cada noche antes de ir a dormir puede pedir que se le diga dónde está y compartir la respuesta con su marido, puesto que en este caso la familia realmente quiere saber dónde se encuentra y ayudarle. Lo que puedo garantizar es que ahora no quiere que le encuentren, pero eso es sólo porque se siente humillado, muy confuso, y no ve la forma de salir de todo esto. Todos los que recibís una parte de una historia que creéis que es importante debéis hacer lo mismo: hacer preguntas, pedir respuestas, preguntar más y seguir haciéndolo hasta que obtengáis respuestas. Éstas llegarán tarde o temprano. Si Dios te ha dado el don y la carga de los sueños proféticos, le debes no malgastarlos, después de todo lo que Él ha hecho por ti.

• • •

«Tuve un sueño con mi querida perra, a la que tuve que sacrificar hace cinco años. Estaba en el cielo comiendo de mi mano. Había otros animales a su alrededor, pero ninguno que pudiera identificar. Esa misma noche, mientras yo dormía, mi gato, que hacía al menos cinco años que estaba conmigo, desapareció. Lo he buscado durante diez días pero no puedo encontrarlo en ninguna parte. ¿Era el espíritu de mi perra que le decía a mi gato que se reuniera con ella, que ella cuidaría de él, o no es más que un deseo por mi parte?» (S. H.)

Nunca dudéis de que los animales se encuentran entre los espíritus más queridos de El Otro Lado; su transición de la Tierra al Hogar se produce en un abrir y cerrar de ojos, sin excepción, y cuando lleguemos al Hogar, seremos recibidos por todos los animales que hemos tenido en todas nuestras vidas en la Tierra. De hecho, mi espíritu guía, Francine, me ha dicho muchas veces que a nuestra llegada a El Otro Lado, las personas que nos esperan para darnos la bienvenida apenas pueden llegar hasta nosotros debido a todos los animales que se han reunido para recibirnos.

Los animales tienen más facultades de las que jamás tendremos nosotros, y nos vigilan desde el Hogar con tanta atención como nuestros espíritus guías, y con ese mismo amor puro e incondicional que nos dan cuando estamos aquí. Por tanto, no cabe duda de que la perrita de S. H. estaba con ella en El Otro Lado la noche en que desapareció su gato, sabía que el gato regresaba al Hogar, y quería ofrecerle el consuelo y la seguridad a S. H. de que todos volverían a estar felizmente juntos de nuevo, porque la vida de los animales es tan eterna como la nuestra. Esto no fue un sueño, sino una visita astral muy real, como lo es todo «sueño» feliz que tenemos con nuestras queridas mascotas que ya nos han dejado.

Abro ahora un paréntesis: en caso de que os estéis preguntando si los animales sueñan, la respuesta es afirmativa. Si habéis observado alguna vez a un perro o a un gato «correr» mientras duerme, probablemente ya lo habréis adivinado. Pero los investigadores han conectado a una serie de animales a los electroencefalógrafos mientras dormían y han descubierto que se produce la fase REM en los mamíferos y los pájaros (pero por alguna razón no sucede lo mismo en los reptiles), incluso con más frecuencia que en los humanos. Cada día estoy más convencida de que los seres humanos que nos consideramos superiores a los animales, en realidad nos estamos engañando a nosotros mismos.

«Éste es un sueño que me ha acechado desde la primera noche que lo tuve. Estoy en un coche, por la noche, conduciendo. Veo un hotel de carretera y me paro para pasar la noche. Al otro lado de la calle hay tres casas viejas, y también al otro lado y a la izquierda hay una estación de servicio Conoco; las luces están encendidas y los surtidores están cubiertos con cobertizos blancos, como la mayoría de los bares de carretera de Colorado. Entro en el hotel de carretera y me inscribo, luego decido cruzar la calle para ir al bar de la estación de servicio y tomarme una soda, pues he estado en el coche todo el día y necesito algo de aire fresco. Mientras cruzo la calle me doy cuenta de que la estación de servicio ha apagado las luces. De pronto, noto la presencia de un hombre alto y desgarbado que me está rodeando. Me refiero a él como «la sombra», pero no sé por qué. Mide más de un metro ochenta, es muy delgado, pero también muy fuerte. Me rodea varias veces, luego me ataca dándome un puñetazo en el pecho. No puedo decir si tiene un cuchillo o si sólo es su puño, pero me hace volar por los aires como si me hubiera atropellado un coche. Tengo la impresión de dar vueltas en el aire durante kilómetros antes de empezar a caer, y mientras caigo, pienso que el aterrizaje va a doler, que incluso puedo matarme. Cuando aterrizo no es doloroso en absoluto, sino sorprendentemente suave e indoloro. Ahora el hombre empieza a molestarme sexualmente y me sigue dando puñetazos en el pecho. Entonces me despierto.» (R. P.)

Éste es un fenómeno muy poco común y un tanto complicado de explicar, así que por favor ten paciencia.

En primer lugar, es una experiencia astral, no un sueño; la claridad de los detalles y la meticulosa secuencia lógica de los acontecimientos son inequívocos.

Te puedo decir con mis facultades psíquicas que no es algo que le haya pasado o que le pasará alguna vez a R. P. Le sucedió a otra persona, a alguien que R. P. ni siquiera conoce. No nos confundamos. R. P. no estaba ocupando el cuerpo de otra persona, sino que estuvo viendo un terrible asalto a través de los ojos de la víctima.

Cuando estamos en la Sala del Registro, ojeando los innumerables mapas que están meticulosamente archivados y guardados allí, en realidad tenemos unas cuantas opciones de cómo queremos revisar esos mapas. Podemos observar a la persona representándolo delante de nosotros, lo cual es cuestión de segundos y se asemeja a una película, aunque con una claridad tridimensional, como un holograma. Podemos escuchar un mapa, como si fuera un libro leído en una cinta en forma de realidad virtual, completo y con efectos de sonido, provocando nuestra integración total. O también podemos hacer lo que hizo R. P., que es entrar en el mapa y dejar que nuestro espíritu se «fusione» con el de la persona cuyo mapa estamos estudiando.

«Fusionarse» en el mundo del espíritu es la forma última de empatía. Nunca perdemos nuestra identidad ni asumimos la del espíritu con el que nos estamos fusionando. Sin embargo, somos temporalmente capaces de asimilar toda la realidad de su espíritu en el nuestro, de modo que, aunque no experimentamos literalmente los acontecimientos de sus vidas, sí sentimos todos los detalles sensoriales y emocionales que han vivido durante esos acontecimientos (pero sin el dolor físico, que es la razón por la que R. P. no resultó herida cuando cayó al suelo tras su larga caída, y nunca menciona dolor durante todo su brutal ataque).

La experiencia de R. P. de fusión de su espíritu con el de esta víctima en particular y su mapa es muy poco corriente, pero totalmente real. Me gustaría que revisara los archivos locales, especialmente los de Colorado Springs, para verificar este hecho y, lo que es más importante, para asegurarse de que hubo un arresto y que se arrestó a la persona correcta. R. P. podría identificar a ese hombre y, por increíble que suene, puede que fuera la única «testigo ocular».

«Mi padre falleció debido a un derrame cerebral masivo un sábado por la mañana del mes de julio de 1999. La próxima vez que le vi, con toda claridad, fue en un sueño. Estaba sentado en una silla y tenía el brazo derecho levantado. Con su acostumbrado tono de voz fuerte dijo: «¡Bueno, explícame esta historia de la muerte!» Parecía casi jovial al respecto, dando a entender que tan pronto como supiera lo que estaba pasando, todo iría bien. Papá era muy inteligente, muy culto y un líder. Nadie podía hacerle hacer algo contra su voluntad. ¿Realmente le vi pidiéndome una explicación? ¿Estaba haciendo lo mismo muerto que hubiera hecho en vida? ¿Realmente necesitaba una explicación antes de poder seguir?» (K. R.)

Es indiscutible que el padre de K. R. pasó rápida y fácilmente a El Otro Lado para que su espíritu pudiera visitarla astralmente tan pronto después de su muerte, y las demás personas que hayáis tenido una experiencia similar podéis estar seguras de que vuestros seres queridos llegaron al Hogar en un momento y que se adaptaron felizmente al mismo con igual rapidez. Os envidio. A mi padre le costó ocho meses venir a visitarme, porque primero tuvo que pasar por un proceso de Orientación, como hacen tantos otros espíritus cuando regresan a El Otro Lado.

Sí, el padre de K. R. hacía lo mismo muerto que en vida, como todos hacemos. Nuestros espíritus fueron creados hace una eternidad con ciertas cualidades básicas, muy distintas e individuales, del mismo modo que en cada vida nacemos con cualidades básicas, distintas e individuales. Mientras entretejemos estas cualidades en una serie de personalidades, una con cada encarnación, las mismas cualidades básicas están siempre presentes en un grado u otro. Algunos humanos tienen sentido del humor, otros no. Unos son tozudos, otros pasivos. Unos son líderes, otros seguidores. Unos extrovertidos, otros reservados. Las cualidades que Dios nos ha dado brillan en todo su esplendor cuando estamos en el Hogar. Pero nunca jamás, por más vidas que vivamos sobre la Tierra, seremos alguien que no sea nosotros mismos, así como, aunque con innumerables variaciones, somos la misma persona que éramos cuando empezamos a ir a la guardería, sólo que más vieja, sabia, alta, y con mejores modales en la mesa (unas más que otras).

De modo que con las mismas cualidades básicas que teníamos en la Tierra, el padre de K. R. la visitó desde El Otro Lado a la noche siguiente y le dijo: «¡Bueno, explícame esa historia de la muerte!» Una persona tímida que nunca da un paso sin tener la aprobación de los demás seguramente habría dicho: «Por favor, dime que me ha pasado para que pueda seguir adelante». Pero el padre de K. R., un hombre muy inteligente con la típica confianza en sí mismo de un líder natural, le estaba diciendo a su hija, casi en la forma de un concurso popular: «¡Muy bien, ahora ya soy un experto sobre lo que sucede cuando morimos. Vamos a ver qué es lo que piensas tú que pasa, para que pueda ayudarte al respecto».

Cuando un ser querido que ha muerto viene a visitarnos desde el Hogar, no cabe duda de que será amable, encantador, que estará en paz, sin ira, culpabilidad, ni otros aspectos negativos propios de nuestro planeta, pero también os quedaréis agradablemente sorprendidos al daros cuenta de que estáis sonriendo y pensando: «Esto suena exactamente como algo que él (o ella) diría».

«He estado soñando que mi esposo me engaña. La mayoría de las veces entro en una habitación y allí está con una chica de veinte años con la que había estado en contacto por Internet. Pero anoche tuve un sueño en el que yo entraba en una tienda y los encontraba juntos, y de alguna forma supe que él le estaba dando dinero y regalos. Me quedé tan desconsolada que salí corriendo de la tienda y me atropelló un coche. ¿Crees que todos estos sueños significan que realmente me está engañando?» (S.)

Debo haber recibido al menos una docena de cartas sobre este mismo tema. En algunos casos, son sueños liberadores de inseguridad que se manifiestan en la forma de un cónyuge o amante que en realidad no nos está engañando. En el caso de S., siento decirlo, pero puedo asegurarle psíquicamente que sí, tu esposo te está engañando. Tus sueños liberadores sólo te están diciendo algo que ya sabes y te están demostrando que huir de la verdad en lugar de enfrentarte a ella sólo te hará más daño; en este caso, provoca que seas atropellada por un coche, pero como sucede en la mayoría de los símbolos de los sueños liberadores, no se ha de tomar literalmente.

Incluyo este doloroso sueño no para salirme del tema y herir los sentimientos de S., sino para hacer frente a un temor común y utilizarlo como recordatorio de la importancia que tiene programarnos a reescribir los finales de cualquier sueño liberador en el que nos sintamos pequeños, no respetados e impotentes. Los sueños liberadores están para hacernos sacar nuestros miedos, no para reforzarlos. S. puede elegir reescribir el final de su sueño en el que encuentra a su esposo en una tienda con otra mujer por otro en el que ve que su marido la ve entrar en la tienda y se gira hacia la otra mujer y le dice: «Por última vez, soy un hombre felizmente casado, mi mujer es todo lo que he deseado siempre, y no voy a hacer nada que ponga en peligro mi relación con ella».

No obstante, lo que yo elegiría en su lugar, al igual que en el de muchas otras personas que están luchando contra esta situación como ella, sería lo siguiente: entras en la tienda, encuentras a tu pareja con otra persona (no todas las cartas son de mujeres), ni se te pasa por la cabeza salir corriendo y cruzar la calle como si fueras tú quien está haciendo algo malo, sino que por el contrario te afianzas en tu postura y le dices a tu cónyuge: «Me merezco lo mejor. Pensaba que eras tú. Me equivoqué. Dime cuándo quieres que terminemos y recoge tus cosas».

Por cierto, por tentador que resulte, por favor no volváis a escribir el final para incluir atacar a la persona con la que sospecháis que vuestra pareja se está viendo. Quienquiera que sea, no es ella la que está traicionando el compromiso que te hicieron a ti, no es la persona con la que has construido tu vida confiando en ella, y cuando llegues al fondo del asunto, verás que esa persona nada tiene que ver. Tengo una amiga cuyo esposo, el amor de su vida, la dejó para irse con otra mujer. Durante más de un año, sus sueños liberadores sobre el tema eran todos variaciones de la idea de atropellar a la otra mujer con su coche. Como ya he dicho, es comprensible, pero hasta que no la convencí de reescribir sus sueños y substituir a la otra mujer por su marido, no fue capaz de empezar a progresar. Pasarse un año reforzando, mientras dormía, la ilusión de que, de alguna manera, él no tenía nada que ver con eso, no hizo más que posponer enfrentarse a la situación y aceptar el hecho de que era él, no la otra mujer, el objetivo adecuado de su ira. (P. S. está ahora felizmente casada con otro hombre que la adora, y su anterior esposo y la otra mujer se divorciaron tras dos miserables años de matrimonio. ¿Sabéis qué? Él la engañó. ¡Buf!)

Una vez más, cualquier sueño liberador en el que te sientas impotente, indefenso e inferior no te está diciendo que eso es lo que eres, te está demostrando que no puede haber finales felices cuando *crees* que eso es lo que eres. Vuelve a escribir esos sueños con finales felices, y te juro que tu vida en estado de vigilia seguirá esos pasos.

«En este sueño estoy en una habitación, y en la pared hay estantes, y en los estantes hay paquetes de relojes de pulsera, de él y de ella, dos relojes por paquete. Entonces miro hacia abajo y veo una caja, y en la caja hay dos muñecas bebé. De pronto estoy en un bar del oeste, donde hay muchas personas vestidas como si estuvieran en una graduación del colegio, y todas están bailando un dos por cuatro. Después de bailar, me dirijo a una mesa donde un grupo de chicas está jugando al dominó. Cada ficha tiene dos puntos. Una amiga mía se levanta y dice que ha estado trabajando el doble de lo que le correspondía. Ése es el final del sueño. ¿Qué diablos significa?» (M. P.)

¿No es bonito cuando se produce un sueño esporádico que es tonto y liviano, que envía un mensaje aunque no sea uno de los que cambien especialmente la vida? Espero que M. P. disfrutara de la imagen de una habitación llena de personas con trajes formales de fiesta bailando un dos por cuatro en un bar típico del oeste, porque yo me he estado riendo desde que lo leí.

Esto demuestra que no todos los sueños liberadores son profundos, tortuosos y desconsoladores. Algunos de ellos sólo están para recordarnos un poco de la información, generalmente trivial, que nuestro subconsciente almacena. Siempre es el caso de los sueños como éste en que cierta cantidad de información se pasa tanto de la raya que acaba llamando nuestra atención. En el caso de M. P., el número dos hizo de todo salvo tatuarse en la frente, y sé que muchas personas han tenido «sueños similares con números» y se han preguntado qué querían decir esos sueños.

Veamos el caso de M. P., por ejemplo. No quiero irme por la tangente en un tema que necesitaría todo un libro, pero su principal número en numerología podría ser el 2, que según los que estudian esa ciencia significaría que probablemente es una persona práctica, solidaria, amable, paciente, amorosa, digna de confianza y dispuesta a comprometerse con tal de conseguir un consenso en una disputa. El número 2 podría significar que los acontecimientos importantes de su vida suelen sucederle el segundo día de cada mes, el segundo mes del año, o el día o el mes once (el 11 se puede traducir como 1 + 1, que es igual a 2). Puede significar que ha sido gemela en una o más vidas. Puede indicar la dirección de una calle que será importante para ella cuyos números se suman a un número que se puede dividir por 2. (El 641 de Maple Drive, por ejemplo, se podría traducir como 6+4+1, igual a 11, que sabemos que equivale al 2.) Puede significar que se ha programado tener dos hijos, dos maridos, dos carreras, o que tiende a sobresalir en lo que hace por segunda vez. En su caso, se puede suponer sin mucho riesgo de equivocarse que, cualquiera que sea el significado que el número 2 desempeñe en su vida, es más bien agradable que desagradable, puesto que no le sucede nada negativo en el transcurso de su sueño y todos los símbolos son inofensivos, desde los relojes de pulsera, las muñecas y las personas bailando hasta sus amigas jugando al dominó.

Si cierto número empieza a aparecer con evidente regularidad en tus sueños, empieza a observar si también lo ves en tus horas de vigilia y anótalo cada vez que lo veas. Tanto si puedes conseguir una definición específica como si no, de lo que significa para ti, sin duda podrás hacerte una idea de si lo asocias con algo positivo o negativo, y ésa puede ser la respuesta que necesitas.

«Hace diez años durante un semestre tuve un alumno que se llamaba Ricky. No estuve muy cerca de él. De hecho, siento tener que decir que no llegué a conocerle en absoluto. Al principio del mes de diciembre de este año, empezó a aparecerse en mis sueños y en mis pensamientos. Me extrañó, porque vivo lejos de esa comunidad y no es una persona con la que haya mantenido el contacto o haya preguntado por él. Pero siguió apareciéndose en mis sueños. A medida que avanzaba el mes me empecé a poner nerviosa y a deprimirme. Casi a final de mes, me entristeció leer la noticia de que Ricky había muerto con su padre en un accidente de coche el jueves antes de Navidad. Mi ansiedad y depresión se fue desvaneciendo después de ese hecho.» (N. L.)

A primera vista, se podría descartar que esto fuera una típica depresión de vacaciones que N. L. simplemente asoció después de leer las noticias sobre su antiguo alumno. Pero eso no explica los sueños ni los pensamientos que tuvo sobre él semanas antes, y creo que al saltar tan rápidamente a una «explicación racional», que a menudo todo parecido con la realidad es pura coincidencia, nos perdemos bastantes de los muchos y pequeños maravillosos detalles sobre nuestras vidas.

Es bastante frecuente y comprensible suponer que si conocemos a alguien en una vida pasada, o si hay alguien con quien hemos tenido amistad en nuestra vida en El Otro Lado, está destinado a ser importante para nosotros en nuestra vida actual. Por supuesto, éste suele ser el caso. Casi podría apostar a que, si te fijaras bien en todas las personas que conoces, podrías responder rápidamente con un «sí» o un «no» a la pregunta: «¿Conocías antes a esta persona?»

Pero luego están esas personas que, en el mejor de los casos, sólo son conocidas pasajeras, que no necesariamente atraen mucho de nuestro interés o curiosidad, y mucho menos llegamos a considerarlas importantes en nuestra vida, con quienes a veces tenemos una conexión telepática esporádica, cuyas vidas parecen seguirle la pista a la nuestra tanto si somos conscientes de ello como si no. No siempre es recíproco. Puede que ellas ni siquiera lleguen a concedernos un pensamiento consciente. Aunque eso no resta valor a la conexión, sólo significa que no son tan sensibles telepáticamente como nosotros, y que tenemos una memoria más buena que ellas.

Es imposible calcular cuántas personas conocemos del Hogar y de nuestras encarnaciones anteriores en la Tierra. ¿Sabéis qué?, calculad el número aproximado de personas que conocéis en esta vida, contando la familia, los amigos, los compañeros de trabajo, los vecinos, conocidos, etc. Siendo conservadores, pongamos que una cifra media podría ser cincuenta. Ahora multiplicad ese número por las vidas pasadas que habéis vivido. Si no lo sabéis, os invito a que utilicéis el mío, que es 54. Eso suma 2.700 personas, sin contar otros muchos amigos y conocidos de El Otro Lado. ¿Tenéis tiempo, energía o ganas de mantener una conexión espiritual cercana con 2.700 personas en esta vida? Yo tampoco. Me canso sólo de pensarlo.

Pero así es como terminamos teniendo conexiones telepáticas con personas con las que no estamos especialmente allegadas; las hemos conocido en otros lugares y tiempos, puede que incluso hayamos tenido relaciones muy íntimas con ellas, pero, por mutuo acuerdo, antes de venir aquí esta vez, habéis tomado caminos separados para cumplir vuestras metas en esta vida. Es lo mismo que asistir a una gran feria de muestras con un grupo de amigos. Todos tenéis agendas que seguir, contactos que establecer, personas que conocer y cosas que hacer. No haríais muchos progresos, o incluso ninguno, si todos fuerais juntos toda la tarde excluyendo a todas las demás personas, de modo que os separáis y hacéis vuestros negocios, siendo conscientes superficialmente los unos de los otros, pero quizá no intercambiéis más de cinco palabras; simplemente estáis esperando reencontraros más tarde para comparar vuestras notas y compartir vuestras experiencias.

De modo que cuando eres consciente de que de algún modo estás sintonizado con algún extraño virtual hasta el punto que se aparece repetidamente en tus sueños, no te sientas obligado a hacer algo al respecto. Sólo sonríe para tus adentros y toma nota para mencionárselo cuando vuelvas a verlo en el Hogar.

«Tuve un sueño recurrente cuando tenía unos seis años. Me despertaba aterrada, sólo era capaz de recordar fragmentos del sueño. Pero tenía alguna relación con un bebé que no podía nacer. Yo estaba flotando por encima de una camilla de metal, horrorizada, y luego había oscuridad y algo como unos arbustos. También recuerdo algo horrible respecto al color rojo en ese sueño, y en la vida real he odiado ese color durante toda mi infancia. Según mi madre, me despertaba de este sueño recurrente, corría a su habitación, me quedaba de pie a los pies de su cama y le hablaba en lo que le parecía un idioma extranjero. Recuerdo intentar contarle el sueño muy rápidamente antes de olvidarlo, y me sentía muy frustrada porque no me entendía.» (F. C.)

Estoy segura de que todos reconoceréis que esto era un viaje astral a una vida pasada, y psíquicamente sé exactamente lo que sucedió. F. C. estaba en la India, a principios del 1900, todavía en el útero de su madre esperando nacer de una joven que había quedado embarazada por su poderoso y rico padre, que no se arrepentía de ello. Para evitar la vergüenza y los problemas, la recién nacida fue llevada, tal como había planificado con antelación el padre de la joven y su madre obediente como una esclava, directamente desde el hospital a una masa de espeso follaje al lado del río, cubierta en una manta roja, donde se la abandonó para que muriera. Hay un par de aspectos en las visitas recurrentes de F. C. que vale la pena mencionar. En primer lugar, observemos que F. C. es consciente de que hay un bebé que «no puede nacer». De hecho, antes de que naciera en esa vida, oyó muchas peleas furiosas entre los miembros de la familia, donde se repetía una y otra vez que era un embarazo no deseado, que ese bebé no debería nacer, que la joven madre no podía quedarse con su bebé, y que puede que tampoco pudiera parirla viva porque su cuerpo y sus caderas eran demasiado pequeñas, y así sucesivamente, dominados todos por la ira de un hombre cruel y arrogante que se creía con derecho a violar a su hija y encima quejarse de las consecuencias. De esas discusiones entremezcladas el pensamiento «no puede nacer» quedó claro.

Ahora sé que muchas personas darán un suspiro cuando lean lo que voy a decir, aunque disto mucho de ser la única en mi convicción absoluta de que es cierto: desde el momento en que un espíritu entra en un útero, puede oír y comprender todo lo que se dice en su presencia. Rechazad la idea si lo deseáis, reíd a mi costa, pero complacedme y simulad que tengo razón, por si acaso, y haced todo lo posible por moderar las palabras y el tono de voz que empleáis en presencia de cualquier feto de este mundo. El pobre bebé que una vez fue F. C. en India, por ejemplo, ya había estado expuesto a su destino antes de abandonar el cuerpo de su madre. No me extraña que F. C. recordara estar «aterrada» mientras su espíritu planeaba por encima de la camilla del hospital en la que llevaron a su madre a una habitación para dar a luz a un bebé sentenciado. Cualquier bebé que venga a este mundo sabiendo que no es deseado, que no está a salvo, que hay resentimiento, que es una carga, que no es respetado y que no es querido, es una tragedia, y lo único que se requiere para evitar esto es discreción cuando hay una mujer embarazada en una habitación. ¿No vale la pena el esfuerzo si queremos el bienestar de un bebé indefenso?

También quiero que os paréis a pensar en la experiencia de una vida pasada de F. C. desde otro punto de vista. Tu hijo de seis años de pronto aparece en tu dormitorio a media noche para buscar refugio, te despierta de tu profundo sueño y empieza a soltarte una perorata en desesperado bengalí. Espero que tras leer el relato del viaje astral de F. C. a un descorazonador pasado y de leer el resto de este libro, dediquéis un tiempo a hablar con vuestros hijos mientras los consoláis, los calmáis y les pedís que os cuenten todo lo que recuerdan del sueño que tanto los ha afectado. Cuanto más les aseguréis que sus sueños os importan, más los animéis a hablar de ellos y los ayudéis a comprender lo que significan, más recordarán de ellos, y os doy mi palabra que también aprenderéis vosotros. Esto debería ayudaros a reforzar mi esperanza de que empecéis, cuando vuestro hijo o hija es un bebé, a rodearlo con la luz blanca del Espíritu Santo mientras duerme y que le digáis en silencio que libere cualquier negatividad que haya traído de una vida pasada y que se disuelva en la luz blanca. Esta vida que está iniciando seguro que será ya un reto suficiente como para añadirle la pesada carga de un doloroso equipaje que deba arrastrar en cada etapa de su camino.

Si realmente queréis tener una experiencia interesante con vuestro hijo o hija de vez en cuando, a partir de los tres años aproximadamente, lo primero que tenéis que hacer por la mañana o después de una siesta, cuando los viajes astrales que han hecho todavía están frescos en su subconsciente, es decirle: «¿Quién eras antes?». No los agarréis por las solapas ni les exijáis una respuesta. No deben creer que os están decepcionando si no se les ocurre nada, y si su respuesta es tan sencilla como «No lo sé», dejadlo correr y seguid intentándolo. Tarde o temprano, probablemente os hablarán de ello, y escucharéis algunas historias fascinantes como las que yo he escuchado de mis propios hijos y de los cientos de niños y niñas con los que he trabajado, desde ser un cowboy con un caballo llamado Cinnamon, hasta un detallado relato del naufragio del *Titanic*, o sobrevivir a un campo de concentración, curtir pieles de animales a la orilla del río, ser un conductor de tren, o cualquier otra cosa que se os pueda ocurrir, y que con frecuencia vuestro hijo o hija es demasiado joven para habérsela inventado.

Un día mis nietos y su madre estaban sentados por la casa manteniendo una conversación informal cuando, en uno de esos extraños momentos de amnesia de grupo, ni Gina ni mi nieta Angelia, que en aquel tiempo tenía siete años, podía recordar el monumento más famoso de París. Tartamudeamos y nos esforzamos, dibujábamos imágenes en el aire y nos maravillábamos de nuestro lapsus colectivo, cuando mi nieto Wilson, que todavía no tenía cuatro años, levantó su mirada del suelo en dirección a mí desde donde estaba jugando a mi lado y dijo, con una mal disimulada impaciencia, «la torre Eiffel». No me cuesta imaginar a un niño de tres años respondiendo a eso, si es parisino. Pero para un niño de preescolar de tres años de edad de San José, que apenas había salido del jardín de su casa en aquellos tiempos (y que, por cierto, no tiene nada de vidente), me pareció algo más que un hecho un poco notable.

La cuestión es que hay un brillante, sorprendente e infinito mundo tras los ojos de cada niño, que para ellos es más fácil de reunificar y explorar cuando duermen. Animadlos a hacerlo, enseñadles cómo, ayudadlos a abandonar el sufrimiento que hay en ese mundo, y aseguraos de que saben lo dispuestos y abiertos que estáis a oír todo lo que haga falta sobre ese mundo. Les estaréis dando un valioso regalo que guardarán durante el resto de sus vidas y más allá de éstas.

Al hablar de niños, no puedo evitar compartir una carta de la colaboradora más joven de este libro, una niña llamada Nina, que tuvo que renunciar a su perro y espera conseguir un hurón. Este «sueño» me hizo sonreír. Creo que a vosotros también:

«No hace mucho tuve un sueño. En mi sueño era feliz. Estoy emocionada, voy a conocer a una persona importante. Toda la familia viva de mi madre y mi tía ya muerta (ambas estábamos muy unidas) estaban allí. Los conocía a todos y eran felices. Mis primos y hermanos por parte de mi madre también estaban allí. Todo el mundo parecía feliz. Sin embargo, todos estaban en una habitación. Parecía una habitación feliz y familiar. Había una puerta en un lado de la habitación. Parecía que pasar a través de la puerta era como un rito de paso. Las personas entraban en la habitación, pero nadie salía. Cuando me tocó el turno, empecé a pasar por la puerta. Sin embargo, cuando lo hice, todo el mundo me dijo: «¡Espera!» Me detuve. Al cabo de lo que me pareció que fueron un par de minutos todo el mundo se dirigió hacia la puerta y me acercaron más a ella. Estaba un poco asustada. Cuando la puerta se abrió, salió una mujer. Tenía dos «asistentes» que la ayudaban a estar en pie, pero no parecía débil. Medía un metro cincuenta aproximadamente. Estaba un poco obesa. Tenía el pelo negro que le llegaba hasta los hombros. Tenía una amplia sonrisa. Nunca la había visto antes, pero sabía que era mi abuela Ruby. Parecía verme como una de las mejores creaciones de Dios. Lo siguiente que recuerdo es que nos estábamos abrazando, llorando y riendo al mismo tiempo. Sentí que después de esto todo iría bien.»

Eres una de las mejores creaciones de Dios, Nina, y toda tu familia, viva y muerta, lo demostraron organizando una reunión astral tan bonita en El Otro Lado para presentarte oficialmente a tu abuela tan especial Ruby, que te estará observando y amando toda tu vida. Para responder a la pregunta que me hacías en tu carta, sí, sin duda conseguirás tu diploma del instituto. Tu abuela Ruby y yo contamos con ello.

«Últimamente soñé que volvía a París, donde estuve de vacaciones hace seis años con mi sobrina que murió en la tragedia de las Torres Gemelas el 11 de septiembre. No puedo recordarla en el sueño, pero la sensación real de estar en París era innegable.» (I. B.)

Esto, por supuesto, es una visita astral con todas las de la ley que hizo I. B. a París, un lugar donde ella y su querida sobrina pasaron un tiempo tan agradable juntas. Muchas personas visitan lugares queridos cuando duermen, es la forma que tiene nuestro espíritu de consolarnos y ayudarnos a recordar que una vez fuimos felices y que volveremos a serlo. No dudéis nunca de que esas visitas astrales son tan reales como los viajes que hacéis cuando estáis despiertos, y siempre os animaré a que le pidáis a Dios y a vuestro espíritu guía que os organice un encuentro con vuestros seres queridos en esos lugares que, os prometo, siguen queriendo tanto como vosotros.

En cuanto a I. B. y el resto de vosotros que habéis tenido sueños y experiencias astrales con vuestros seres queridos que habéis perdido en los acontecimientos terribles del 11 de septiembre, y para aquellos que todavía estáis esperando sus visitas, nunca me cansaré de repetir que, ahora más que nunca, formáis parte de una familia global que está en duelo contigo y rezando por ti, y que tus seres queridos fallecidos se encuentran entre las legiones de ángeles que siempre están contigo en el abrazo infinito de los adorables y sagrados brazos de Dios.

Epílogo

Escribir este libro ha sido una dicha. Lo comencé con ganas de compartir todo mi conocimiento único y mi visión única con vosotros, con el deseo de profundizar en vuestro amor, comprensión y aprecio de vuestra propia relación íntima con el mundo de los sueños. Quería ofrecer información lógica y reflexiones sobre los sueños que no sólo leyerais, sino que también comprendierais. Quería afirmar el poder de la mente del espíritu, que reside sana y salva en nuestro subconsciente, como prueba de nuestra eternidad, el regalo genético de Dios. Pero luego, como tan a menudo sucede cuando estoy muy entusiasmada enseñando algo, cuando ya he terminado, me doy cuenta de cuánto he aprendido yo, y gracias a vuestros sueños y a ver este material a través de vuestros ojos mientras escribía, me he vuelto a enamorar del mundo de los sueños.

He pensado un millón de veces en mi abuela Ada, mi primera gran maestra de los sueños, mientras escribía estas páginas; recuerdo que lo primero que hacía por la mañana era sentarse en mi cama y escucharme como si nunca hubiera oído nada tan fascinante en su vida; cómo me enseñó a hacer las paces con las pesadillas, y por qué tantas veces sentía que había abandonado mi cama y viajado mientras dormía cuando era evidente que no me había movido de ella; y cómo, cuando me dirigía a dar mi primera clase de sueños unos pocos años después de su muerte, pensé que todos esos entusiasmados alumnos habrían tenido mucha más suerte si hubiera sido mi abuela Ada la que hubiera estado allí en mi lugar. Espero haber sido de tanta ayuda, haber estado tan interesada y haber sido tan comprensiva con los sueños de mis nietos como ella lo fue con los míos. Y sonrío al darme cuenta de que en vez de pensar que a la abuela Ada le habría encantado este libro, pienso que a la abuela Ada le *encantará* este libro. Por si todavía no lo sabéis, ya ha vuelto a la Tierra. Se llama Angelia Dufresne, tiene ocho años y es mi nieta. Nunca se os ocurra decir en mi presencia que Dios no es generoso.

Gracias a vosotros y a la experiencia de este libro, vuelvo a tener ganas de dar clases sobre sueños. Por el momento no es más que una idea. No sé de dónde voy a sacar el tiempo extra, pero hace ya muchas páginas dije que todo lo que existe es gracias a un pensamiento, de modo que si hay alguna forma de que exploremos juntos los sueños, no dudéis de que encontraré la forma de hacerlo.

Gracias a vosotros y a la experiencia de este libro, también he de confesaros algo. He hablado bastante sobre la importancia de tener un diario de sueños y un bolígrafo al lado de la cama y escribir todo lo que recordéis sobre un sueño o un viaje astral en el momento en que os levantáis. Y lo digo a conciencia. Puedo dar fe personalmente de lo fascinante que es volver a leer un diario de sueños bien documentado al cabo de unas semanas y descubrir los patrones, los arquetipos recurrentes y la frecuencia de los viajes astrales, así como todos los demás indicios sobre lo que está pasando realmente en tu mente consciente y subconsciente y qué es lo que puede que quieras trabajarte durante tus horas de vigilia. Tengo un especial cariño a todos los diarios de sueños que he tenido. Para ser sincera, hace años que no tengo ninguno. Estoy demasiado ocupada, centrada en mil cosas más, he estado viajando por el mundo como una loca, y en alguna parte en medio de todo esto, rompí mi costumbre de escribir los sueños. Escribir este libro me ha recordado que lo echo en falta y que ha llegado el momento de retomar el hábito.

Por favor, os ruego que no despreciéis vuestros sueños ni los rechacéis por considerarlos reproducciones triviales de vuestro día, contadas mediante un desfile de imágenes tontas, incomprensibles, que habéis ido entresacando a lo largo del camino.

Si ese fuera el caso, ¿cómo podrían soñar los recién nacidos? Y lo hacen.

Si ese fuera el caso, ¿cómo soñarían los ciegos? Y sueñan.

Los sueños nos conectan mutuamente, porque no hay persona en esta Tierra que no sueñe. Nos conectan con nuestros antepasados, porque los sueños son tan viejos como la humanidad. Nos conectan con los tiempos bíblicos, cuando los sueños lo predecían todo, desde el tiempo hasta la venida de Cristo. Nos conectan con una reducida civilización australiana, con los aborígenes, que veneran tanto los sueños que a la propia creación la llaman el Tiempo de los Sueños. Son una de las cosas que tenemos en común con las personas de países cuyos nombres ni tan siquiera sabemos pronunciar, y con los seres queridos que tienen sus propios sueños que contar si tenemos tiempo para escucharlos.

Mientras escribía este libro, le hablé de él a una buena amiga. Ella está muy ocupada, es una esposa y madre muy práctica, y no precisamente la persona que yo esperaba que estuviera interesada en este tema, pero nunca me preguntes qué hay de nuevo si en absoluto te interesa una respuesta. Le dije algo de los sueños lúcidos. «¿Qué son?», me preguntó. Se lo expliqué. Ella me respondió: «¡Oh, me encantan! Sólo he tenido diez o doce que puedo recordar, pero cada vez que tengo uno, si no me gusta el rumbo que toma, lo manipulo para que acabe como a mí me gusta». A partir de ahí siguió contándome que vivía en una gran colina cuando era pequeña, y cómo le gustaba bajar corriendo esa colina mientras dormía, abría sus brazos cuando llegaba al final y despegaba para volar por el vecindario. Hace muchos años que la conozco y yo estaba fascinada, porque todo eso era nuevo para mí. Por último, después de varios grandes sueños lúcidos y proféticos y algunas historias de viajes astrales, le dije: «¿Por qué no me lo has contado hasta ahora?» «Nunca me lo habías preguntado», respondió.

Preguntad. Compartid este libro con amigos y familiares de los que creéis saberlo todo. Os garantizo que los conoceréis mejor y os sentiréis todavía más conectados con ellos cuando utilicéis este libro para que os guíe en ese mundo que exploran cuando están durmiendo. Hablad de los arquetipos con los que se han encontrado y de los tipos de sueños y viajes astrales que tienen, practicad la interpretación juntos, como si fueran pequeños misterios que os habéis propuesto resolver. Es un hecho que, cuanto más se practica la interpretación de los sueños, menos te cuesta comprender los tuyos y hacer buen uso de ellos mientras estás despierto.

Recuerda que hay cinco categorías de sueños.

Sueños proféticos: siempre son en color y la acción se desarrolla en una secuencia lógica. Puesto que estáis «soñando» con acontecimientos que todavía no se han producido, y que de otro modo no podrías conocer, podéis contar con que vuestros sueños proféticos en realidad son el resultado de un viaje astral a la Sala del Registro de El Otro Lado, donde están archivados todos nuestros mapas de la vida y donde, por definición, está escrito el futuro a la espera de que se desarrolle. Nunca supongáis que no habéis tenido sueños proféticos porque durante el día nada tenéis de videntes. Yo soy vidente y jamás he tenido un sueño profético. Nunca olvido que si los sueños proféticos se encuentran entre nuestros dones, nos los dieron para que los utilizáramos con cuidado, compasión y responsabilidad; de lo contrario, mejor no usarlos.

Sueños liberadores: son nuestra forma de «exhalar emocionalmente» y de trabajarnos algunos de nuestros miedos, frustraciones, estrés e ira durante la noche, a fin de no tener que llevar toda esa carga durante el día. Las pesadillas se encuentran en esta categoría, y demos gracias a Dios por ellas, puesto que sin ellas todos estaríamos rematadamente locos o seríamos unos asesinos. Suelen ser amasijos de imágenes caóticas, tan turbulentas como la negatividad que nos ayudan a liberar. En el momento que en un sueño vislumbras algo que no tiene sentido lógico, aprecia saber que no es un sueño profético y que puedes reprogramar el guión para que tenga un final feliz, cuando te enfrentes a algo que te persigue o venzas a quienquiera que te atormente.

Sueños de deseo: son exactamente lo que parecen, pero a menudo son más profundos de lo que pensamos. A veces se pueden interpretar tal cual y soñar que compramos un coche deportivo o que hacemos un viaje a Disneylandia, no significa otra cosa que quieres un coche nuevo y un viaje a Disneylandia. Pero el valor real de los sueños de deseo reside en ir más allá de lo superficial y analizar las consecuencias emocionales y espirituales que obtendrás con ese coche deportivo («Quiero ensalzar mi imagen» o «Siento que nadie me hace caso y quiero destacar») o de ese viaje a Disneylandia («Necesito escapar» o «Me gustaría que mi familia pasara un día feliz»).

Sueños de información y resolución de problemas: nos conducen a despertarnos con soluciones que no teníamos antes de acostarnos, una garantía de que nuestros espíritus han estado muy ocupados mientras dormían, ya fuera recibiendo información o soluciones telepáticamente, o realizando viajes astrales a dondequiera que se encuentren, ya sea en la Tierra o en el Hogar. Es pura lógica: si algo no surge de nuestro interior, ha de venir de alguna parte, y nuestro espíritu sabe cómo llegar allí aunque nuestra mente consciente no lo sepa. Al igual que los sueños proféticos y las experiencias astrales, los sueños de información y de resolución de problemas se desarrollan en un orden secuencial lógico.

Visitas astrales: son una conexión real con los seres queridos, tanto aquí como en El Otro Lado, como siempre parece ser. Podemos viajar astralmente hasta llegar donde alguien a quien queremos ver y con nuestra ocupada y escéptica mente consciente a un lado, podemos disfrutar de maravillosas reuniones con cualquiera que venga a visitarnos. Cada vez que te encuentres volando en un sueño sin ir en avión, estás haciendo un viaje astral, y cuando te despiertas sintiendo que has pasado un tiempo con un ser querido mientras dormías, no te harías ningún favor desechando ese sentimiento por considerarlo fruto de tu imaginación. Nunca dudes del poder, la dicha y el consuelo que el mundo del espíritu puede ofrecer, y es un mundo que tu espíritu conoce como la palma de tu mano, porque cuando no está ocupando un cuerpo humano en una encarnación que ha decidido que necesita, tu espíritu está vivo y prosperando en ese otro mundo, una vez que ha regresado al Hogar.

También hay algunos términos que será conveniente que recuerdes mientras trabajas para descifrar tus sueños y hacerte amigo de ellos.

Arquetipos son los símbolos que utilizamos en los sueños para representar a personas, miedos, frustraciones y otros asuntos emocionales que estamos procesando mientras dormimos. Mientras existen innumerables definiciones clásicas y tradicionales de lo que significan esos símbolos en el contexto de los sueños, ninguna definición es más importante y precisa que tu propia conexión emocional y espiritual única con cualquier arquetipo que estás usando. Antes de recurrir a un «diccionario de los sueños», o a la lista de arquetipos y sus definiciones tradicionales en este libro, pregúntate siempre primero: «¿Qué significa este símbolo para mí?»

Catalepsia astral es un fenómeno estremecedor pero inofensivo que sucede cuando nuestra mente consciente se da cuenta vagamente de que el espíritu ha estado fuera del cuerpo y se encuentra en el proceso de volver a entrar en él, lo cual hace que la mente consciente entre en un estado de pánico. Y el término pánico se queda corto. Los símbolos clásicos de la catalepsia astral son: sentir una parálisis física y vocal, sensación de que hay una presencia maligna que nos está aplastando o que está encima de nosotros y nos está molestando, sonidos fuertes e inexplicables como de algo que cruje, o explosiones, o que todas las radios del mundo estén sintonizadas con una emisora distinta y suenen a todo volumen a la vez. La catalepsia astral es bastante común y, repito, a pesar de todas las terribles sensaciones que produce, éstas son totalmente inofensivas. Una sencilla oración nocturna para que tu espíritu regrese rápida y fácilmente al cuerpo puede curar la catalepsia astral para siempre.

Soñar despierto son, de algún modo, meditaciones espontáneas, bendiciones que se nos conceden cuando no las esperamos y que sólo somos conscientes de que suceden cuando están en curso. Suelen ser experiencias positivas y felices, pero cuando las usamos sin darnos cuenta para reforzar preocupaciones y miedos, podemos programarnos para rechazar caer en la negatividad y hacer que todos nuestros sueños diurnos se conviertan en afirmaciones.

Sueños lúcidos: pueden encontrarse en cualquiera de las cinco categorías de sueños anteriores, con la diferencia de que en un sueño lúcido te das cuenta durante el mismo de que estás soñando. En el momento en que eso sucede, el sueño es tuyo para hacer con él lo que te plazca, y los sueños lúcidos son una gran oportunidad para «lucirte» y practicar ser todo lo que siempre has deseado, e incluso más.

Telepatía es la comunicación directa y silenciosa de información, conocimiento o sentimientos de la mente o el espíritu de una persona a otra sin que ni el «transmisor» o el «receptor» utilicen ninguno de los cinco sentidos en el proceso. La telepatía se puede practicar mientras estamos despiertos o dormidos, pero es especialmente conveniente durante los sueños proféticos y de información y resolución de problemas, cuando la mente de nuestro espíritu está bien abierta para enviar y recibir conocimiento instantáneo.

Tótems son animales que escogemos de El Otro Lado para vigilarnos y protegernos durante la vida que estamos a punto de emprender. Aparecen con frecuencia en nuestros sueños, y los confundimos por animales amenazadores que nos persiguen para hacernos daño, cuando la verdad es que sólo corren porque nosotros también corremos, y sólo así pueden cumplir su trabajo de no abandonarnos jamás.

Visión remota es una habilidad que nos permite percibir detalles sobre un objeto o un lugar del que estamos alejados por barreras físicas, geográficas o temporales. Es un gran talento que puede desarrollar la mente consciente, puesto que ayuda a desarrollar ese «músculo» mental que nos abre a la realidad de que podemos ver todo lo que deseemos, y siempre que lo deseemos, sin tener que abandonar nuestra casa. Cuanto más hábiles somos con la visión remota durante nuestro estado de vigilia, con más facilidad recordamos los detalles de nuestros viajes astrales nocturnos.

A lo largo de todo este libro encontraréis oraciones que os ayudarán en todos los aspectos relativos a conectar con vuestros sueños y a acogerlos. Espero que las uséis y las ofrezcáis generosamente, con mis palabras o, mejor aún, con las vuestras. Dios escucha tantas veces mi voz que a veces me pregunto si no se cansará de oírla, aunque sé que no es así. Pero le encantará escuchar la vuestra, y sea lo que sea lo que tengáis que decir o cómo lo digáis, siempre os comprenderá.

Para vuestra información, las oraciones sirven tanto para mi propio beneficio como para el vuestro, porque el día que deje de reconocer que todo procede de Dios, es un día que nadie, ni el propio Dios, verá jamás.

Por eso, concluyo: «Querido Dios, te damos las gracias por todos los sueños que hemos tenido y los que todavía no hemos tenido, sabiendo que nos los concedes para el crecimiento y para alimentar a nuestro espíritu, que has creado en tu amor perfecto, eterno e incondicional. Como agradecimiento, ponemos la sabiduría que proviene de nuestros sueños a tu más compasivo servicio. Amén.»

Qué Dios os bendiga y a vuestros sueños también.

Qué durmáis bien.

Sylvia

Sobre la autora

Sylvia Browne es la autora de los *bestséllers The Other Side and Back; Life on The Other Side; Past Lives, Future Healing* (publicado por Ediciones Urano bajo el título *Recupera tu pasado, sana tu futuro*) y *Adventures of a Psychic*. Lleva casi cincuenta años trabajando como vidente, e interviene regularmente en el show de Montel Williams. También ha intervenido en *Larry King Live, Good Morning America*, en la CNN y en *Entertainment Tonight*.

Visita la página web de Sylvia en www.sylvia.org